シンプルで合理的な人生設計

橘玲 著

ダイヤモンド社

プロローグ

成功するためには、人生の土台を合理的に設計せよ

本書では、もっともシンプルな成功法則を提案したい。それが「合理性」だ。とはいえ、「人生を合理的に生きなさい」などというバカげた話をするわけではない。そんなものは「マシン（機械）」の人生だ。

自由に生きるためには、人生の土台を合理的に設計せよ

というのが本書の主張だ。

私は20年前から、「自由とは哲学的・心理的な問題ではなく、自由に生きるための経済的な土台（インフラストラクチャー）をもっているかどうかで決まる」と述べてきた。これはいまでは、ＦＩ（経済的独立：Financial Independence）と呼ばれている。

前著『幸福の「資本」論』（ダイヤモンド社）はこれを拡張して、幸福の土台を「金融資本」「人的資本」「社会資本」という3つの資本（キャピタル）で説明した（図1）。

これが画期的（だと自分で思っている）のは、幸福を客観的に定義できることだ。3つの資本をすべてもっていると「幸福」、なにひとつもっていないと「不幸」で、すべてのひとがこのスペクトラム（連続体）のどこかに収まる。

大きな資産をもち、仕事で成功し、社会的な名声もあるのに、自分のことを「不幸」だと感じているひとはかなりの数いるだろう。しかしこれは、定義上「幸福」になる。その一方で、一文無しで仕事もなく、家族も友人もいない孤独な身の上なのに、自分のことを「幸福」だと思っているひともいるかもしれない。だがこの場合は、定義上「不幸」だ。

「そんなのおかしい」と思うかもしれないが、このようにして幸福を主観から切り離すことで、そ

図1｜自由な人生と幸福の3つの資本

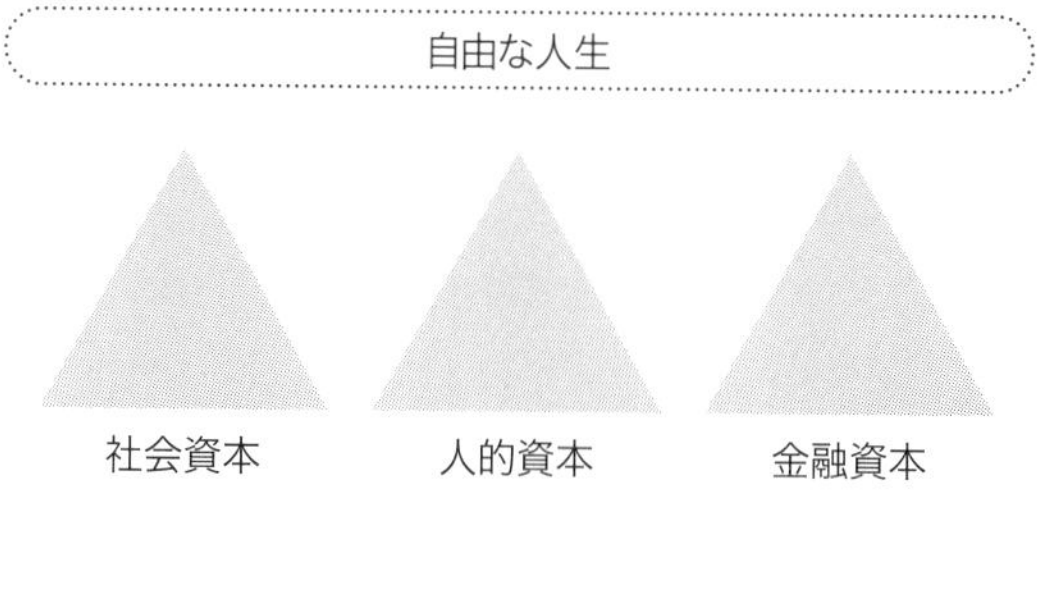

の土台を客観的に論じることができるようになる。本書では、この土台を「合理性」という枠組みからより詳しく見ていきたい。

合理性とは、**「投入した資源（リソース）に対してより多くの利益（リターン）を得ること」**と定義できる。100円を投じて100円しか返ってこない取引よりも、110円になる取引の方が合理的なことは誰でもわかるだろう。

ただし、こうした意味での論理的（経済的）合理性の役割は、それぞれの資本で異なっている。図1に「合理性」という補助線を引くと図2になる。

金融資本の活用は金融市場に資金を投じて利益を得ることで、ほぼ合理的意思決定理論（ファイナンス理論）で説明できる。「損をしたけどよい

図2｜幸福の3つの資本に合理性の補助線を引く

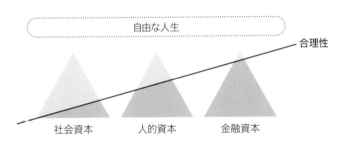

投資」というのは、原理的にありえない。ただし例外もあって、その典型がマイホームだ。あとで詳しく説明するが、ファイナンス理論では、マイホームという「大きなレバレッジをかけた不動産投資」を正当化することは難しい。それにもかかわらず多くのひとがリスクをとってマイホームを購入するのは、それが（合理性では説明できない）〝夢〟だからだろう。

人的資本の活用は労働市場に個人の労働力を投じて利益を得ることだが、「単位時間当たりの収入が多い方がよい仕事」と一概にいうことはできない。仕事の選択には、やりがいや自己実現、社会的評価など、金銭以外の要素が大きく影響するからだ。とはいえ、タダ働きでもみんなのためになることをしたいという、「やりがいがすべて」の理想論は早晩、破綻するだろう。人的資本の活用においても、半分、あるいはそれ以上は経済合理性で判断する必要がある。

社会資本は人的ネットワーク、すなわち「絆」や共同体への帰属意識（アイデンティティ）のことだ。わたしたちはごく自然に、愛情や友情を経済的な合理性とは切り離している。――セックスのあとにダイヤの指輪をプレゼントするのは愛情だが、一万円札を差し出すと買春になってしまう。

とはいえ、パートナーを選ぶときや、友人のうちの誰と関係を継続し、誰と縁を切るかを選択するときには、合理性の要素がまったくないわけではない。ネットワーク理論では、あなたはもっとも親しい友人5人の平均だとされる。相手のことをなにひとつ知らなくても、社会的な関係を見るだけでだいたいのことは判断できてしまうのだ。

本書のＰａｒｔ１は理論編で、「合理的な選択」とはどういうことかについて論じる。それを受けてＰａｒｔ２では、幸福の３つの資本を合理的に設計するにはどうすればいいかを具体的に考えてみたい。

舞台がしっかりしていれば、その上で演じる物語の選択肢は大きく広がるだろう。そんな〝強靭な土台〟をもっていることを、本書では「成功」と定義したい。

いったん人生の土台を合理的に設計すれば、そこでどのような人生の物語を紡いでいこうとあなたの自由だ。それがとんでもなく不合理なものであってもまったくかまわないし、それでもあなたは「成功者」なのだ。

4 成功に至る意思決定 95

Part 2

【実践編】合理的に人生を設計するための戦略 133

8 社会資本の成功法則 250

エピローグ
シンプルで合理的な「成功のライフスタイル」

あとがき
日本人は合理性を憎んでいる。だからこそ、合理的に生きることが成功法則になる

Part 1

【理論編】合理性の基礎知識

1 コスパ・タイパ・リスパ

アマゾンの創業者ジェフ・ベゾスは早寝早起きを習慣とし、午前中は新聞を読んでのんびり過ごし、最初の会議は午前10時からで、午後5時には仕事を終える。そしてもっとも重要なのは、8時間寝ることだ。「よく寝れば、よく考えられる。元気も出る。機嫌もよくなる」としてこう述べる。*1

たとえば、一日6時間寝たとしよう。またはもっと極端に、4時間睡眠だとしよう。すると4時間分、いわゆる「生産的な」時間が増える。それまで一日12時間働いていたとすると、それがいきなり4時間増えて16時間働くことができる。決定を下せる時間が33パーセント伸びることになる。それまでに下していた決定の数が100件なら、さらに33件の決定が下せる。

だが、疲れていたりヘトヘトになっていたりで、決定の質が下がるとしたら、本当にそ

*1 ジェフ・ベゾス、ウォルター・アイザックソン『Invent & Wander ジェフ・ベゾス Collected Writings』関美和訳、ダイヤモンド社

の時間に価値はあるだろうか？

本書でこれから述べることも、これとまったく同じだ。

もちろん、資産15兆円のベゾスと私はまったくちがう。グローバル企業の創業者ではないし、宇宙に行ったこともない（行きたいとも思わないが）。しかしそれでも、共通するものがある。それが**「進化的・生物学的な制約」**だ。

人間が「生き物」である以上、貴族であろうが奴隷であろうが、あるいは大富豪だろうが貧困に喘いでいようが、すべてのひとに共通する条件がある。それは大きく3つに分けられるだろう。

①物理的制約：夢やVR（ヴァーチャル・リアリティ）でないかぎり、人間は空を飛ぶことはできない。

②資源制約：人生に投入できる資源にはきびしい制約がある。ジェフ・ベゾスはやりたいことを実現するためにほぼ無制限に金銭を投じることができるが、1日は24時間しかないし、成功しようと思えば1日8時間の睡眠が必要だ。――後述するように、近年の科学的知見では、仕事や勉強のパフォーマンスを最大化するのにもっとも重要なのは熟睡することだ。

③社会的制約：3つの制約のなかでもっともきびしいのがこれで、人間は社会（共同体）のなかに埋め込まれているため、つねに他者の評価を気にしていなくてはならない。ベゾスは大きな権力をもっているが、だからこそ社会の良識に反することはいっさいできない。このことは、その富でハーレムをつくろうとしたらなにが起きるのか考えてみればわかるだろう。

幸福は進化的合理性からしか得られない

神は無限の資源をもっているのだから、選択する必要がない。やりたいと思うことを、なんでもすることができる。

資源が有限だからこそ、わたしたちは選択しなくてはならない。これを**「トレードオフ」**という。

トレードオフとは、資源の制約があるために、好ましい結果のすべては実現できないことだ（「あちら立てればこちらが立たない」）。

リンゴとミカンがいずれも100円で、財布に100円玉が1個しかないとしよう。このとき、100円という資源制約があることで、「リンゴとミカンを両方食べたい」という欲望を満たすことができない。すなわち、リンゴかミカンのいずれかを選択しなければならない。
この単純な例からわかるように、選択というのは有限な資源（この場合は100円）を適切に配分し、（リンゴかミカンを選んで）トレードオフを解消することだ。

わたしたちの人生は、ありとあらゆるトレードオフから構成されている

この原則は、本書の最後まで一貫している。**解決できる問題は、すでに解決されてしまっている。**だとしたら残された問題は、なんらかの制約があるために単純な解決が不可能なもの、すなわちトレードオフだけだ。

意思決定には、「短期的な最適化」と「長期的な最適化」がある。テーブルの上にある美味しそうなケーキを頬張るのが短期的最適化で、ダイエットや健康のために我慢するのが長期的最適化だ。

短期的な最適化の特徴は幸福度が高いことで、脳の報酬系が刺激されて大きな快感を得られる。それに対して長期的な最適化は面白みがなく、「冷たい」「血が通っていない」などといわれることもあるが、将来的には幸福度（効用）がもっとも大きくなる。

短期的な最適化は**「進化的合理性」**、長期的な最適化は**「論理的合理性」**と言い換えることもできる。わたしたちはつねに、この2つの合理性のあいだで引き裂かれている。そして多くの場合、幸福度が高い方（進化的合理性）を選んでしまうが、現実には、幸福度が低い方（論理的合理性）を選択することでより大きな利益を手にできることが多い。

「合理的な選択」とは、さまざまな認知の歪みに惑わされることなく（進化的合理性を排除して）論理的合理性を一貫させることだとされる。これはもちろん間違いではないが、人間の本性を無視している。**幸福感は進化的合理性からしか得られない**のだ。

選択とは「有限な資源の配分問題」で、意思決定の目的は、**「短期的にも長期的にも幸福度（効用）が最大化するような資源の最適配分を達成すること」**だ。しかしこの目標は、そもそも矛盾しているので簡単には実現できない。当たり前の話だが、「なにかを得るためには、なにかをあきらめなくてはならない」のだ。

「重力問題」は原理的には解決できない

人生の選択において最初に理解すべきなのは、「重力問題」だ。スタンフォード大学でライフデザインの人気講座をもつビル・バーネットとデイヴ・エヴァンスは、次のような例で説明している。[*2]

＊2　ビル・バーネット、デイヴ・エヴァンス『スタンフォード式 人生デザイン講座』千葉敏生訳、ハヤカワ文庫NF

「大問題を抱えて困っているの」

「どんな問題だい?」

「重力よ」

「重力?」

「そう。頭がおかしくなるの! どんどん体が重くなる。自転車で坂をのぼるのもきついし、どうしても消えてくれないのよ。どうしたらいいと思う?」

重力問題というのは、原理的に解決することができない問題だ。重力はなくせないから、「電動自転車を買えばどう?」などという対症療法のアドバイスしかできない。

バーネットとエヴァンスは、しょっちゅうこのような「重力問題」を耳にするという。

「アメリカ社会では詩人になっても食っていけないし、社会的な地位も低い。どうすればいいでしょう?」

「わたしが勤めている会社はファミリー企業で、五代前からずっと一族が経営しているんです。わたしのような外部の人間は絶対に幹部になれません。どうすればいいでしょう?」

「もう五年も失業中で、仕事を見つけるのは難しくなる一方です。不公平ですよ。どうすればいいでしょう?」

「学校に戻って医者になりたいのですが、最低一〇年はかかります。いまの年齢になって、そんな時間はかけられません。どうすればいいでしょう?」

これらはどれも、真の問題ではない。**対処不可能な問題は「問題」ではなく、状況であり、環境であり、現実だ。**「人間と現実が闘ったとき、勝つのは一〇〇パーセント現実のほうだ。現実は出し抜けない。現実はだませない。現実は自由自在に曲げられない」のだ。

だとしたら、(革命などで)世界を変えることに挑むよりも、現実を所与の(与えられた)条件として受け入れてしまった方がいい。

詩人として食べていけないのなら、別の仕事をしながら趣味で詩を書き、子どもが独立して生活が安定したあとで、大学に入り直して本格的に詩を勉強し、年金収入で暮らしながら創作や講演をする。

ファミリー企業の社員であれば、会社を改革するのではなく、自分が転職するか、ファミリー企業のよさ(定年まで安定した地位が約束されている)を再認識して、ワーク・ライフ・バランスのいい人生を設計する。

5年間も失業していたら、職歴の空白によってますます再就職が難しくなる。だとしたら、理想の仕事を求めて無駄に履歴書を送りつづけるのではなく、ボランティア（無給）でもいいからなにかの仕事に従事し、それを経歴に書けるようにする。

医師免許を取得するのに10年かかるという現実は変えられないのだから、それだけの価値があるのかを考え、自分で決めるしかない。その価値があると思えば医学部に入り、そうでなければヘルスケアの分野に進んだり、保険会社で健康プログラムに携わってもいいだろう。**解決できない問題を解決しようとして悩むのは、人生の無駄**なのだ。

選択が少ないほど人生はゆたかになる

選択という行為は、つねに2つのコスト（費用）を発生させる。

ひとつは認知能力を消費すること、すなわち**処理コスト**だ。脳は大量のエネルギーを消費する臓器なので、デフォルトは「できるだけ考えない」ように設定されている。選択するためにはこの設定を意識的に切り替えなくてはならず、そのたびに処理コストが発生する。多くのトレードオフに直面し、つねに選択していると、脳は疲れ果ててしまうのだ。

もうひとつは、「なにかを選べばなにかを失うこと」で、これは**機会費用**と呼ばれる。財布に100円しかないという資源制約下では、リンゴを選べばミカンを食べる機会を失ってしまう（あるいはその逆）。

このようにトレードオフでは、つねに機会費用が発生する。「よい選択」とは処理コストと機会費用を最小化することで、選択のコストをゼロにすることは原理的に不可能だ。

このように考えると、成功にとって重要な原則が導き出せる。

選択をする必要が少なければ少ないほど、人生はよりゆたかになる

選択のコスト（処理コストと機会費用）が減ればリターンはその分だけ増えるのだから、これは当たり前の話でもある。そのリターン（資源）をより重要な選択に投じることで、社会的・経済的に成功し、人生はよりゆたかになる。逆に、いつも選択に追われていると、人生の幸福度は大きく下がってしまうだろう。

合理的に考えれば、リンゴとミカンのトレードオフを軽減する賢い方法は、同じ悩みを抱えている買い物客を見つけて、一方がリンゴを、もう一方がミカンを買ったうえで、それを半分ずつ分け合うことだ。これで当初の望みどおり、リンゴとミカンを両方食べることができる。

しかし、それよりずっと簡単で効果的な方法がある。それは、財布に200円入れて買い物に行くことだ。これで資源制約は解消し、選択の必要もなくなる。

ここから、次の身も蓋もない原則が導ける。

もちろん、「億万長者でなければ幸福になれない」などといいたいわけではない。だが家計に余裕があれば、スーパーマーケットの食品売り場で値札をいちいち確認して財布の中身（今月の食費）と相談することもなく、食べたいものを買い物かごに入れ、さっさと精算して店を出ることができる。これだけでも日々の幸福度は確実に上がるはずだ。

選択を避けるもっともシンプルな戦略はお金持ちになること

「時間がない」のは「お金がない」のと同じ

「お金」という資源制約よりもさらに重要なのは、「時間」という資源の制約だ。理屈のうえでは、経済的な制約は資源を増やす（お金持ちになる）ことで解決できるが、時間の制約は物理的・生物学的な限界なので、そもそも解決方法がない。

脳はどうやら、「お金がない」ことと「時間がない」ことを区別していないらしい。これらはいずれも、「食べ物がない」ときと同じ脳の部位を活性化させる。

飽食の時代では、わたしたちはもはや食料の欠乏を心配することはなくなり、先進国の深刻な社会問題は肥満（食べすぎ）になった。とはいえ、これはつい最近のことで、ヒト（ホモ・

サピエンス）だけでなくそれ以前の人類の数百万年の歴史を通して、あるいは生き物としての40億年の歴史のなかで、飢餓はもっとも重大なリスクだった。

脳は食べ物が欠乏する世界で進化してきたため、食べ物があり余る世界でも、すこしでも空腹を感じると「このままでは死んでしまう！」と全力で警報を鳴らす。これがダイエットが失敗する理由で、「やせたい」という意志はほとんどの場合、無意識の「死の恐怖」に打ち勝つことができない。

遺伝子の変化はきわめてゆっくりで、環境が変わったからといって、電化製品のように次々と新しい機能を脳に付け足すことはできない。大きな変化にも、これまで使ってきた「ありもの」で対応するしかないのだ。

農耕の開始とともに穀物を貯蔵できるようになり、その交換に貨幣が使われるようになったのはおよそ3500年前とされる。それ以前の人類には、「食べ物がない」という恐怖はあっても、「お金がない」という体験はありえなかった。

だがその後、生きていくうえでお金はどんどん重要なものになっていく。貨幣経済では、お金がないと実際に死んでしまうのだ。こうして脳は、「食料の欠乏」と「お金の欠乏」を同じものとして扱うようになった。

貨幣経済に移行しても、ほとんどのひとは「時間がない」という体験をしたことはなかっただろう。人類史の大半において、日々は定型的な作業の繰り返しで、そのなかで成長し、結婚して子どもを産み育て、老いて死んでいった。

江戸時代でもヨーロッパの中世でも、武士や王侯貴族は戴冠や襲名、婚姻などの儀式に巨額の費用と何日（場合によっては何カ月）にも及ぶ長大な時間をかけてきた。そんな彼らに、「時間の欠乏」などという意識は微塵もなかったはずだ。

ところが産業革命以降、知識社会化が進むと、学校でも会社でも、決められた時間のなかで一定の作業を終わらせなければならないという要請が生まれた。当たり前と思うかもしれないが、これは人類にとってまったく新しい事態で、そもそもヒトはこのような「異常」な環境に適応するようには進化していない。

このようにして現代人は、「時間が足りない」という前代未聞の体験をするようになった。当然のことながら、脳はこれを「食べ物が足りない」「お金が足りない」と同じものとして扱った。「大事なものが足りなくなる」という経験をしたときに、脳が使いまわせる機能はそれしかないのだ。

わたしたちがいつも時間に追われているように感じるのは、時間が足りないときに、（食べ物が足りないのと同様に）脳が全力で「このままでは死んでしまう！」という警報を鳴らすからなのだ。*3

＊3 センディル・ムッライナタン、エルダー・シャフィール『いつも「時間がない」あなたに欠乏の行動経済学』大田直子訳、ハヤカワ文庫NF

「このままでは死んでしまう！」という警報を止めろ

すべての生き物にとって、死を避ける以上に重要なことは（生殖を除けば）ない。脳に警報が鳴り響くと、わたしたちはそれを止める以外のことを考えられなくなる。「食べ物が欠乏している」というアラームが鳴れば、どんなことをしてでも食料を探し出し、（他人のものを奪ってでも）空腹を癒やさなければならない。

同様に「お金／時間が欠乏している」というアラームが鳴ると、わたしたちはそれに対処する以外のことができなくなる。この状態は高層ビルの屋上の端に立たされているとか、銃口を頭に突きつけられているのとさして変わらないから、仕事や勉強（試験）のパフォーマンスは大幅に下がるだろう。

この極限状況から逃れるにはどうすればいいだろうか。

「お金の欠乏」については、あらかじめお金を手にしておくという、きわめてシンプルで効果的な解決方法がある。そうすれば脳の警報は止まり、課題に対して余裕をもって対処でき、パフォーマンスは上がるだろう。これが、お金持ちの子どもが優秀な成績を収め、貧しい家庭の子どもが学校で苦労する理由のひとつだとされている。

欠乏にさらされながら高いパフォーマンスを維持するには、意志のちからで「このままでは死んでしまう！」という警報を止めなくてはならない。貧困家庭に生まれ、社会的・経済的に成功した者は、その代償として心疾患などさまざまな病気を発症して老化が早まり、寿命が短くなるとの不穏な研究がある。過度の意志力を使ったことがストレスになり、健康を損ねてしまうというのだ。*4

この知見は、貧困をなくすための政策を擁護する強力な理由になる。だが現実には、母子家庭を中心に、日本にもいまだに「お金の欠乏」に苦しめられているひとたちがたくさんいる。こうした事態に国や行政の支援が必要なのはもちろんだが、それが届かないのであれば、いつまでも待っているのではなく自分でなんとかしなければならない。これが、幸福の土台として「金融資本」が重要になる理由だ。

お金が幸福と結びつくのは、ミシュランの星付きレストランで食事をしたり、ブランドものを身にまとったり、豪邸に住んでスーパーカーを乗りまわせるから（だけ）ではない。じゅうぶんな金融資本があれば、「お金が足りない」という警報が鳴らないようにできる。それによって余裕が生まれ、身心にストレスをかけずにパフォーマンスが上がり、成功へとつながるのだ。

それに対して「時間の欠乏」には、この効果的な方法が使えない。誰であれ、1日を48時間

*4 Gregory E Miller et al. (2015) Self-control forecasts better psychosocial outcomes but faster epigenetic aging in low-SES youth, *PNAS*

や64時間に延ばすことはできない。こうして年収数千万円、あるいは数億円のビジネス・エグゼクティブが、時間に追われストレスに苛《さいな》まれることになる。彼ら／彼女たちの頭のなかには、大音量で「このままでは死んでしまう！」という警報が鳴り響いているのだ。

よい選択とは、コスパとリスパを最適化すること

資源が有限であれば、当然のことながら、それをいかに有効に使うかが重要になる。これが**コスパ＝CP（コストパフォーマンス）**で、同じ費用でできるだけ大きなリターン（利益）を得ることを目指す。

100円のコストで120円分のリターンが得られればコスパは20%、200円分のリターンならコスパ100%だ。このようにコスパは、リターンとコストの比率（リターン／コスト）でシンプルに表わすことができる。

これとよく似た指標に、（私の造語だが）**リスパ＝RP（リスクパフォーマンス）**がある。「同じリスクならより大きなリターンがある方がいい」というルールで、これを逆にすると「同じリターンならリスクが小さい方がいい」になる。リスパを理解するには統計の知識が必要になるので、これはあとで説明する（難しい話ではない）。

よい選択は、コスパだけでは測れない。小さなコストで大きなリターンを得られる可能性があっても、失敗したときのリスクがとてつもなく大きければ元も子もない（1万円を投資すれば99％の確率で100万円もらえるが、1％の確率で死んでしまうという賭けを考えてみよう）。

よい選択とは、コスパとリスパを最適化すること

なのだ。

コスパとリスパは、もともとはファイナンス理論の用語なので、金融資本（資産運用）を考えるときにもっとも有用だ。しかしこの原則は、人的資本（働いてお金を稼ぐ能力）や社会資本（人間関係）を考えるときにも意識しておく必要がある。

同じ仕事をするのであれば、給料／報酬が高い方がコスパがいい。同じ給料／報酬なら、安定していた方がリスパが高い。

だが人的資本の場合は、ここに「やりがい」や「自分らしさ」という心理的要素が加わる。報酬が低くてもやりがいのある仕事もあれば、報酬の高いブルシット・ジョブ（クソどうでもいい仕事）もあるだろう。

金融資本を扱うときのように、人的資本をファイナンス理論でクリアに論じることはできない。だがそれでも、資本からリターンが生まれる以上、コスパとリスパはやはり重要だ。

社会資本になると、そもそも金銭で数値化することができないので、コスパやリスパはより曖昧になる。それ以前に、愛情や友情を「コスト」で語ること自体を忌避するひとも多いだろう。

もちろん、子は親を選択することはできないし、親も子を（養子でないかぎり）選択できない。だが、恋人や友だちは「選択」できる。

選択できるものには必然的にトレードオフが生じ、相応のコストがともなう。それを回避しようとして、2人のパートナーと同時につき合ったり（俗に「二股をかける」という）、結婚していながら夫／妻以外と性的関係をもっていたりすると、ほとんどの場合、悲惨な「末路」を迎える。すなわち、リスクが顕在化する。

そもそも「結婚」自体が典型的なトレードオフだ。結婚には生活の安定とか、夫婦で子どもを育てるとか、いろいろなメリットがある。しかしその一方で、独身時代の自由を失ったり、自分で稼いだお金を好きに使えなくなるなどのデメリットもある。だとしたら、どちらがコスパがいいか誰もが考えるだろう。

その結果、結婚という選択に躊躇するひとが増えているからこそ、日本でも世界（先進国）でも婚姻率が顕著に低下しているのだ。

タイパの本質は人間関係のコスト

若者のあいだでは、映画を1・5倍速で観たり、会話のないシーンを飛ばしたりすることが広く行なわれている。なぜそんなことをするのか訊かれたとき、彼らの答えは「タイパがいいから」だという。**タイパ＝TP（タイムパフォーマンス）**は、同じ時間でできるだけ大きなリターンを得ようとすることをいう。いわばコスパの時間版だ。

ライターの稲田豊史さんによると、タイパが重視されるようになった背景には「コンテンツが多すぎる」という事態がある。*5 かつてはテレビ、ラジオ、映画、マンガくらいしかなかったのが、いまではインターネット上に膨大な動画や音楽（あるいはブログ、小説、マンガなど）がアップされ、しかもその多くがタダかほぼ無料だ。

若者たちのSNS（ソーシャル・ネットワーキング・サービス）には、友人から「この映画が面白いよ」というメッセージがリンク付きで毎日のように送られてくる。それを知らないと話に入っていけないので、ファスト映画であらすじを確認し、ネタバレサイトで重要なシーンをチェックし、そのうえで1・5倍速で映画を再生するのだという。

従来の市場経済では、企業は「消費者のお金」という有限な資源をめぐって競争した。ひと

*5 稲田豊史『映画を早送りで観る人たち　ファスト映画・ネタバレ　コンテンツ消費の現在形』光文社新書

びとはお金がなかったかもしれないが、休日にウィンドウショッピングを楽しんだり、カタログを見比べて商品を選択する時間はあった。

しかしいまでは、「ユーザーの時間」というより稀少な資源をめぐる熾烈な競争が行なわれている。貨幣経済から**「関心経済（アテンション・エコノミー）」**に移行しつつあるのだ。

SNSやソーシャル・ゲーム（ソシャゲ）では、ユーザーが費やす時間と企業の利益が直結している。その結果、個人（ユーチューバーなど）を含むすべての企業＝市場のプレイヤーがユーザーの関心（アテンション）を獲得しようとして、ひたすらコンテンツをつくりつづけている。

市場にコンテンツが氾濫すると、それを処理するため、ユーザーはますますタイパを意識する。その結果、同じ時間でより多くのコンテンツを消費できるようになるので、企業はさらにコンテンツを投入する。この「軍拡競争」によって、コンテンツの量は人間の認知の限界を大幅に超えてしまった。

稲田さんによると、若者たちが映画を早送りしてまでタイパを最大化しようとするのは、「友だちとの会話についていくため」だ。音楽、アニメ、ドラマなどには旬があり、SNSなどで勧められたコンテンツに素早く反応しないと、場が白けてしまう。

だとすれば、そもそも友人がいなければこんなことをする理由もないのではないだろうか。

ここからもうひとつ、重要なことがわかる。

人間関係には大きなコストがかかる

いまの若者は、友だち関係を維持するために膨大な時間資源を消費し、それでも時間が足りなくなって動画を早送りしたり、飛ばしたりしている。だがこれは、逆にいうと、**「友だちを減らせば大量の時間資源（リターン）が生まれる」**ということでもある。だったらなぜ、そうしないのか？

このあまり触れられない問いについては、「社会資本」のところであらためて論じることにしよう。

マルチタスクは生産性を下げるだけ

タイパを上げる方法として、一時期、マルチタスクが唱えられた。コンピュータがいちどに複数の作業をこなすように、「企画を考える」「メールの返事を書く」「子どもが学校で起こしたトラブルについて妻の愚痴を聞く」などの異なる作業を同時にできるようになれば、作業効率が飛躍的に向上するのだという。

しかしその後、マルチタスクのブームは急速に廃れ、いまではこの言葉を口にするひとは（ほとんど）いなくなった。脳科学の実験によって、脳はそもそもマルチタスクができるような仕組みになっていないことが明らかになったからだ。

モニターに映った「垂直で青い棒」を探すには、「水平で青い棒」や「垂直で赤い棒」と区別しなければならない。サルにこの課題を与えて脳の活動を調べた実験では、「赤色か青色か」あるいは「水平か垂直か」を見極めているとき、異なるパターンのベータ波（19〜40ヘルツ）が検出された。

より興味深いのは、この課題を行なっているあいだに、瞬間的にアルファ波（6〜16ヘルツ）が現われたことだ。この低周波の脳波はタスクの切り替えスイッチで、「赤／青」と「水平／垂直」とのあいだで注意を切り替える役割があるらしい。*6

タスクを切り替えるには無関係な思考を止めなくてはならず、そのたびに認知資源が消費される。当然、パフォーマンスは下がることになる。

携帯電話を使いながら車を運転していると、ブレーキ反応が遅れる。会話は意識が、運転は無意識が担当し、役割分担できているように思えるが、急ブレーキを踏むような事態（サッカーボールが路上に転がってきた）では、無意識はどうすべきかを意識に問い合わせる。このとき意識が別のタスク（電話での会話）を行なっていると、その分だけ反応が遅れてしまうのだ。

＊6　ジュリア・ショウ『脳はなぜ都合よく記憶するのか　記憶科学が教える脳と人間の不思議』服部由美訳、講談社

実験では、運転中の携帯電話の使用は飲酒運転と同程度のリスクだった。こうしてハンズフリーへの切り替えが進んだが、じつはこれでは反応時間の遅れはほとんど改善しない。ドライバーのパフォーマンスを引き下げていたのは片手でハンドルを操作していることではなく、運転中に電話で会話することなのだ。*6

マルチタスクで仕事の効率を上げようとすると、酔っぱらいながら仕事をするのと同じことになってしまう。「時間が足りない」という問題を解決しようと思って、状況をさらに悪化させているのだ。

時間制約というのは「冷酷な現実（変えることのできない重力問題）」なので、簡便な方法でそれを回避することはできない。このことをまずは確認しておこう。

満足度を最大化するのではなく、後悔を最小化する

コスパやタイパが意識されるのは、現代社会では選択肢が多すぎて、選ぶことができなくなっているからだ。アメリカの心理学者バリー・シュワルツは２００４年に、「選択肢が多すぎると決められなくなり、幸福度が下がる」と主張して大きな反響を呼んだ。*7

シュワルツは、すべてのことに最高を求めるひとを**「マキシマイザー（利益最大化人間）」**

＊7　バリー・シュワルツ『新装版　なぜ選ぶたびに後悔するのか』瑞穂のりこ訳、武田ランダムハウス講談社

と名づけ、選択肢が飛躍的に増えている高度消費社会では、この戦略はいずれ破綻するほかないと論じた。どれを選んでも「もっとよい決断ができたのではないか」と後悔し、その結果、なにも決められなくなって、「あのとき決断しておけばよかった」とふたたび後悔するのだ。

選択肢が多いと選べなくなることは、心理学者のシーナ・アイエンガーが行なった有名な「ジャムの実験」でも確認されている。インドから北米に移住したシーク教徒の家庭に生まれ、幼い頃に遺伝性の視覚障害を発症し、高校生になる頃には完全に失明したアイエンガーは、それでもアカデミズムへの道をあきらめず、数々の独創的な研究で注目を集めてきた。

1990年代、アメリカの高級スーパーマーケットの食品売り場では、15種類のミネラルウォーター、150種類のビネガー、250種類のマスタード、同じく250種類のチーズ、300種類のジャム、500種類の農産物を揃えていた。

店長は豊富な品揃えに勝るものはないと信じていたが、それでも顧客にどの程度の選択肢を与えればいいのか知りたいと思った。そこでアイエンガーの実験に協力することにした。

アイエンガーは食品売り場にジャムの試食コーナーを設け、豊富な品揃え(24種類のジャム)と貧弱な品揃え（6種類のジャム）で買い物客の反応がどうちがうのかを調べた。

買い物客が試食コーナーに立ち寄った割合は、24種類のジャムのときが60%、6種類のジャムのときが40%だった。予想どおり、豊富な品揃えは多くの関心を惹くことに成功した。

買い物客には、ジャムに使える1週間有効の1ドルのクーポン券が渡された。試食したジャムが気に入ると、ほとんどのひとがこのクーポン券を使って（1ドル引きで）購入した。

そのクーポンを集計した結果は、予想とは大きくちがっていた。6種類の試食に立ち寄った客の30％が実際にジャムを購入したが、24種類の試食の場合、購入に結びついた割合はわずか3％だった。その結果、ジャムの売上は貧弱な品揃えの方が6倍以上も多くなったのだ。[*8] 選択肢が多いとそれだけ認知資源を消費するから、「1ドル（約130円）安くなるくらいどうでもいいや」と思って購入する気がなくなってしまうのだ。

とはいえ、わたしたちが選択する際、親切な誰かが選択肢を減らしてくれるわけではない。そんなときはどうすればいいのだろうか？

この問いに対してシュワルツは、マキシマイザーではなく**「サティスファイサー（満足化人間）」**になりなさいという。サティスファイサーは「まずまずいいものでよしとして、どこかにもっといいものがあるかもしれない、とは考えない」ひとのことだ。自分なりの基準をもち、「サイズ、品質、値段の基準をみたすセーターが一軒目の店でみつかったら、それを買ってしまいだ。角を曲がった先の店に、もっといいものがあるかもしれない、もっと安く買えるかもしれない、とは考えない」という。

このサティスファイサー戦略なら、「選択肢が多すぎる」現代にうまく対処できそうに思える。

＊8 シーナ・アイエンガー『選択の科学 コロンビア大学ビジネススクール特別講義』櫻井祐子訳、文春文庫

だが残念なことに、これも万能とはいえない。

結婚は人生でもっとも重大な選択のひとつだ。そして現在では、婚活サイトに魅力的なパートナー候補の写真や経歴、年収などが大量に掲載されている。そのとき、「最低限の基準は満たしているから、この相手で満足しよう」と思えるだろうか。

現代人の幸福度は選択肢が多すぎることで下がっているが、だからといって選択肢を強制的に減らしたり、自由が制限された前近代の社会に戻したりすることはできない。こうしてわたしたちの人生は、選択と後悔の繰り返しになった。

とはいえ、**「満足度を最大化するのではなく、後悔を最小化する」**というこのサティスファイサー戦略は、合理的に人生の土台を設計するときにきわめて重要な示唆を与えてくれる。だがそれについて論じる前に、まずは成功にとってもっとも重要な「睡眠」と「散歩」について見ておこう。

2 睡眠と散歩は最強の自己啓発

ジェフ・ベゾスはなぜ、毎日8時間寝ることを最優先しているのだろうか。それは、**睡眠こそがもっとも効果の高い成功法則**だからだ。

近年の睡眠の科学は、次々と驚くべき事実を明らかにしてきた。寝不足だと仕事や勉強のパフォーマンスが下がり、身体的な健康やメンタルヘルスを害するし、アルツハイマー型認知症のリスクが高まるだけでなく、睡眠は記憶・運動スキルの向上やイノベーション（思いがけないアイデア）にも強く関係している。まさに「最強の自己啓発」なのだ。[*9]

そしてここから、次のような重要な前提（資源制約）が明らかになる。

1日は24時間ではなく10時間しかない

まずは、この意味をじっくり考えてみよう。

＊9 アントニオ・ザドラ、ロバート・スティックゴールド『夢を見るとき脳は　睡眠と夢の謎に迫る科学』（藤井留美訳、紀伊國屋書店）

眠らないと死んでしまう

そもそもヒト（動物）はなぜ眠るのだろうか。じつはこれはずっと謎で、１９７０年代には「睡眠にはなんの役割もない」と大真面目に唱える学者もいた。

だが、睡眠が必要なことは明らかだ。これは動物実験でも証明されていて、ラットを眠らせないと平均15日で死亡する。

睡眠を奪われたラットは体中の肌がぼろぼろになり、足や尻尾も傷だらけだった。死後の解剖では、肺に液体がたまり、内出血があり、胃の内壁にはあちこちに潰瘍ができていた。肝臓、脾臓、腎臓などの内臓はサイズも重さも減少していたが、ストレスに反応する副腎は逆にかなり大きくなっていて、副腎から分泌されるコルチコステロン（不安と関係があるホルモン）の量が突出して多かった。

研究者たちは、睡眠を奪われたラットの死因が、ラット自身の腸内にいたバクテリアによる敗血症であることを突き止めた。**睡眠不足により代謝機能だけでなく免疫機能もまともに働かなくなったことで、通常ではなんの問題もないバクテリアが暴れ出して生命を失うことになったのだ。**

眠る理由としてもっとも有力なのは、「ハウスキーピング機能」説だ。オフィスビルを掃除するには、昼間よりも誰もいない夜間の方が効率がいい。同様に睡眠は、昼間の活動中にはできないことを行なう時間なのだ。

1950年代に、睡眠中に覚醒時と同じように眼球がすばやく動くことが発見された。これがレム睡眠で、この浅い眠りのときにわたしたちは夢を見る。

それに対して、急速眼球運動のないノンレム睡眠はN1、N2、N3と眠りが深くなり、脳波が大きくゆっくりしている深い眠りは「徐波睡眠」と呼ばれる。

この徐波睡眠（N3）のとき、脳の基底部にある下垂体から成長ホルモンが分泌される。子どもは眠っているときに成長するが、その役割が徐波睡眠に割り当てられたのは、この時間の身体にはほかにやることがないからだろう。

睡眠は抗体の産生やインスリン分泌の調節にもかかわっている。睡眠中は免疫反応が活発になり、抗体生産性が上がるので、ワクチンの効果を最大限に引き出すにはじゅうぶんな睡眠が欠かせない。インスリンの調節にも睡眠は必須で、「**健康な大学生でも、4時間睡眠を5日間続けただけで前糖尿病状態になった**」という報告がある。

睡眠は、アルツハイマー型認知症とも関係がある。認知症の原因のひとつがアミロイドβという老廃物で、これが脳の神経細胞のあいだに蓄積されると認知症の引き金になる。

このアミロイドβは、覚醒時より睡眠中の方が2倍の速度で除去される。逆に、ひと晩徹夜しただけで神経細胞の間隙に存在するアミロイドβは5％も増加する。認知症の最大の予防は、ちゃんと眠ることなのだ。

夢を見ることで能力が向上する

現在に至る「睡眠ブーム」のきっかけは、睡眠研究の第一人者マシュー・ウォーカーが2000年に行なった睡眠と記憶についての講演のあとの、一人の聴衆との会話だった。ピアニストだと自己紹介した彼は、「睡眠中に記憶を整理しているのではないか」というウォーカーの仮説について、「お話を聞いていて思い出したのですが、ピアノの練習でも同じようなことがよくあります」と感想を述べた。

「夜中まで練習していても、どうしてもマスターできない箇所があるとします。いつも同じところで間違えてしまう。そしてマスターできないまま眠ってしまっても、翌朝になるとなぜか弾けるようになっている。完璧に弾けるのです」

睡眠研究者のアントニオ・ザドラとロバート・スティックゴールドは、ほんとうに眠っているあいだに能力が向上するのかをタイピングを使って検証した。

被験者に「4－1－3－2－4」の順番でひたすら数字をタイプしてもらうと、最初の5、6分で約60％速くなったが、そこで頭打ちとなり、10分間の制限時間が終わるまでに速さは変わらなかった。午前中に練習して夜にテストしたところ、指はちゃんと覚えていたようで、練習終了時と同じ速さで入力できたが、速くはなっていなかった。ところが、**夜に練習して翌朝テストすると、タイプが15～20％速くなり、間違いも減っていた**のだ。

同様の学習効果は視覚や聴覚の識別課題でも確認されていて、どれも睡眠後に成績が上がった。

睡眠時の学習は、眠りの深さによって役割がちがっている。タイピングのような運動能力は深夜のN2睡眠、言語記憶はN3睡眠、情動記憶や問題解決に関係するのはレム睡眠で、視覚的な識別能力課題では、夜早い時間のN3睡眠と深夜のレム睡眠が長いと翌日の成績が上がった。このように眠りの質によって学習分野が変わることが、レム睡眠からN3まで異なる睡眠の段階が生まれた理由かもしれない。

睡眠時の学習に夢はどのようにかかわっているのだろうか。それを知るためにザドラとスティックゴールドは、一酸化炭素中毒などで脳深部の海馬が損傷した患者5名に3日間で合計7時間テトリスをしてもらった。

海馬は記憶にかかわる脳の部位で、ここが損傷すると、今朝何を食べたか、午後どこへ行ったかなどを思い出すことができなくなる。健忘の患者たちは、寝る時間になると自分がテトリスをやったことをまったく覚えていなかった。

ところがひと晩たつと、目覚めたときに5名中3名がテトリスの夢を見たと報告した。意識的な記憶が消えていても、無意識はテトリスをしたことをちゃんと覚えていて、それを夢で再現したのだ。——これは「テトリス効果」として有名になった。

次いで2人が指導する若い研究者が、夢を見ることが学習能力に影響するかどうかを調べた。被験者（先の実験とはちがって、脳に損傷を受けていない）はヴァーチャル迷路の課題を行なったあと、90分間の仮眠をとり、そのあとふたたび同じ課題に取り組んだ。

その結果は驚くべきもので、仮眠から目覚めたとき迷路の夢の記憶がなかった被験者は、迷路を脱出するまでの時間が仮眠後に1分半延びたのに対し、夢を見たと報告した被験者は反対に2分半短縮したのだ。

仮眠中に被験者を起こし、そのときに見ていた夢を報告させる追加実験でも、夢の効果は確認された。課題に関係する夢を見ていた被験者は、迷路の攻略を平均91秒短縮させた（成績が10倍ちかく上がった）。一方、迷路の夢を見なかった被験者の時間短縮は10秒に満たなかったのだ。

ぼーっとしている時間がアイデアを生む

ＬＳＤはセロトニン1A受容体と結合し、脳の各所でセロトニンの放出を阻害することで幻覚効果を生じさせる。同様に、ノンレム睡眠中にセロトニン濃度が（覚醒時に比べて）下がっていき、レム睡眠に入ると放出が完全に停止する。

レム睡眠時には、ノルアドレナリンの放出も阻害される。ノルアドレナリンはアドレナリンの脳内版で、いま目の前にあることに注意を集中させる効果がある。レム睡眠時にノルアドレナリンが消えると集中がほぐれ、セロトニン濃度もほぼゼロになることで、**覚醒時には無視していた弱い連想が活性化し、つながりを強く感じるようになる**らしい。

この現象に重要な役割を果たすのがＤＭＮ（デフォルトモード・ネットワーク）だ。文字どおり、脳が（なんのタスクもしていない）デフォルト状態のときの活動で、「マインドワンダリング」ともいわれる。要するに、「ぼーっとしている」ことだ。

ＤＭＮは、「環境に重大な変化がないか監視して、危険を察知するサブネットワーク」「過去の出来事を思い出し、未来に起きることを想像するサブネットワーク」「空間を上手に動きまわるためのサブネットワーク」「単語と他者の行動を解釈するサブネットワーク」など、複数のネットワークで構成されることもわかってきた。

ぼーっと考えごとをしているとき、わたしたちは無意識のうちに、過去（あのときこうしていたら、こんなことにはならなかったのに）と未来（いまこうしたら、こんなことが起きるだろう）をシミュレーションしている。ＤＭＮが自己と関連するのは、過去から未来へと向かう一貫した「自分」がいなければ、そもそもシミュレーションが成立しないからだ。「過去の自分」や「未来の自分」が「いまの自分」となんの関係もなければ、そんなことを考えてもなんの意味もない。

レム睡眠で夢を見ているとき、ひとは「拡張マインドワンダリング」とでも呼べる状態になり、さまざまな連想をつなげている。実際、睡眠中の脳画像でＤＭＮの変化が大きいほど、翌日の課題の成績が向上していた。

夢のなかでアイデアを思いついたり、ぼーっとしているときに問題の解決策に気づいたりした経験は誰にでもあるだろう。これはＤＭＮが、脳の記憶を探索してさまざまな要素をつなげているからだ。それによって、思いもかけない要素が結びついてイノベーションが生まれる。

覚醒時には、脳は目の前の課題を処理しなくてはならないから、強い関係を優先し、弱い関係を脇にどけておく。だがこれは弱い関係を忘れてしまうのではなく、「気になること（気がかり）」を無意識にタグ付けしているらしい。そして夢を見ているときや所在ない時間にＤＭ

Nが活性化すると、こうした記憶が呼び出されてさまざまな連想が生まれるのだ。

これがジェフ・ベゾスが睡眠を優先し、1日8時間ぐっすり眠ることにしている理由だが、そうなるとわたしたちは、きわめてきびしい時間制約を突きつけられることになる。

1日は24時間で、そこから睡眠の8時間を引けば16時間。さらに、食事や運動、着替え、片づけ（あるいは子どもの世話）などどうしてもやらなければならない時間を差し引けば、**1日のうちに自由に使える時間はせいぜい10時間程度になってしまうのだ。**

午後のコーヒーは不眠につながる

現代社会では、およそ9人に1人が医学的な不眠症と診断されている。アメリカでは4000万人が不眠に悩んでいて、（理由はわからないものの）不眠症は男性より女性に多く、およそ2倍にもなる。

自己啓発本のなかには睡眠を4～5時間に短縮できるとうたうものがあり、「ショートスリーパー」なら短い睡眠時間でも通常の日常生活を送れるともいわれる。だが睡眠の研究者マシュー・ウォーカーは、ショートスリーパーだと自称する志願者のなかで、短い睡眠時間で健全な認知機能を維持できた者は1人もいなかったと注意を促す。*10

＊10 マシュー・ウォーカー『睡眠こそ最強の解決策である』桜田直美訳、SBクリエイティブ

慢性的な不眠症の理由は「悩みや心配事」「落ち込みや不安」のようなストレスだが、生理学的には交感神経系の過活動で説明できる。

危機に直面すると交感神経が興奮し、「逃走／闘争」に備えるために代謝率が上がる。これによって身体の中心の体温（中核温）が高くなるが、眠るためには逆に中核温を1度ほど下げる必要がある。その結果、（代謝率が高いことで中核温が下がりにくくなり）眠るのが困難になるのだ。

さらに、交感神経が興奮すると、コルチゾールやアドレナリン、ノルアドレナリンなどのストレスホルモンが分泌され、心拍数が上がる。通常であれば、浅い眠りから深い眠りへと移行するにつれて心血管システムの活動が穏やかになるのだが、脈拍が速い状態ではこの移行がうまくいかず、さらに眠るのが困難になる。

熟睡できるひとと不眠症患者の脳のはたらきを比較した研究では、熟睡できるひとは、感情にかかわる部位（扁桃体）と記憶にかかわる部位（海馬）、そして脳幹のなかにある緊張や注意を司る部位がすぐに静かになった。それに対して不眠症患者は、この3つの部位がつねに活動していた。**不眠症とは「脳がずっと緊張状態にある」こと**なのだ。

感情と記憶のプログラムが処理中のままだと、いくら目を閉じてもスリープモードに入れないし、たとえ眠れたとしても睡眠の質が悪くなる。ノンレム睡眠のあいだも、脳波に力強さがなく、波形も浅くなっている（浅い眠りしかできない）。

ウォーカーは、ＡＤＨＤ（注意欠如・多動症）と診断された子どもの半数以上が、実際は睡眠障害ではないかという。それにもかかわらず、集中力を高めるために、強力な覚醒作用のあるドラッグが「治療薬」として処方される。その結果、夜になっても眠れなくなる悪循環にはまりこんでしまう。

眠りを阻害するドラッグのなかで、世界中で広く使われているのがカフェインだ。

脳内の化学物質であるアデノシンは「起きている時間を計測する装置」で、脳内でアデノシンが増えるにつれて眠りたいという欲求が高まる。これが「睡眠圧」だが、カフェインにはこのアデノシンから出る睡眠信号を消し、眠気を覚ます効果がある。

やっかいなのは、カフェインの半減期が平均して5〜7時間と長いことだ。午後7時半に夕食後のコーヒーを1杯飲むと、午前1時半になってもまだ半分のカフェインが体内に残っている。これが不眠の大きな原因になっているとウォーカーはいう。

最近よく眠れないなら、**午後はカフェインを含む飲料を摂らない**ようにしてみたらどうだろう。

アルコールと睡眠薬は眠りの質を下げる

アルコールは鎮静剤に分類されるドラッグで、脳内の受容器と結合し、ニューロンの発火を抑えるはたらきをする。その効果は睡眠ではなく、前頭前皮質の麻痺だ。

アルコールはもっとも強力なレム睡眠抑圧因子のひとつで、夢を見ることができなくなる。それが劇的に現われるのがアルコール依存症者の振戦譫妄《しんせんせんもう》で、顕著な自律神経機能亢進のほか、幻覚などの症状が出る。睡眠時のレム睡眠の不足がマグマのようにたまった結果、それが覚醒時に噴き出してくるのだ。

アルコールは眠りによる学習効果も阻害する。被験者に新しい言語の文法を学ばせたあと、初日にアルコールを摂取させたグループでは、1週間後には「部分的な記憶喪失」とでも呼べる状態になり、覚えたことの半分を忘れていた。

ここまでは従来の研究で確認されていたが、驚いたことに、初日と2日目を熟睡し、3日目の夜にアルコールを摂取したグループでも、覚えたことの40%を忘れていた。これは、複雑な知識を脳に定着させるのに数日間のレム睡眠が必要なことを示している。

こうした悪影響を考えると、**アルコールの摂取量を減らすだけでなく、できるだけ夜には飲**

まないようにした方がいいだろう。とりわけ寝酒（ナイトキャップ）は、睡眠の質を大きく下げるようだ。

アルコール以上に睡眠を阻害するドラッグが睡眠薬（催眠鎮静薬）だ。「薬で眠った脳は、いちばん大きく、いちばん深い脳波が欠けている」「自然な深いノンレム睡眠がなくなる」「ただ脳の外側だけを眠らせているにすぎない」と、ウォーカーは睡眠薬への依存を警告する。

睡眠薬で眠っても、すっきり目覚めることができない。そうなると日中に眠気が残っているため、コーヒーやお茶を飲み、カフェインのちからを借りて1日を乗り切ろうとする。そしてカフェインのせいで寝つきが悪くなり、しかたなくまた睡眠薬に頼るという悪循環から逃れられなくなる。

睡眠薬がないと眠れないというひともいるだろうが、本物の薬とプラセボ（偽薬）で眠りの深さにちがいはない。寝つきのよさについても、薬でもプラセボでも摂取したひとはいつもより10～30分寝つきが早くなったが、両者のあいだにほとんど差はなかった。この調査をまとめた研究者は「現在市場に出ている睡眠薬は、すべて医学的な重要性が低く、その効果には疑問が残る」との結論を出している。

睡眠薬は深い眠りを奪うのだから、睡眠の恩恵を受けることもできなくなる。記憶の定着についても、睡眠薬で眠ったグループは、最初の学習でつくられたつながりの50％を失ってしまった。記憶を強化するどころか、むしろ記憶を消すはたらきをするのだ。**「睡眠薬を飲んだ人は、夜はいつもよりほんの少しだけ早く寝つけるが、朝には昨日の記憶をなくしている」**らしい。

睡眠薬を飲んでいるとがんの発症リスクも高くなる。そればかりか、年間132錠を超える「ヘビーユーザー」は、睡眠薬は飲んでいないが同じような条件のひとと比べ、死亡リスクが5・3倍になった。年間にたった18錠でも、死亡リスクが3・6倍になるという報告もある。睡眠薬によって免疫機能が低下するほか、交通事故、夜間の転倒、心臓病や脳卒中の原因になるからだ。

よく眠るためにすべきこと

眠れないのは、就寝時の環境のせいかもしれない。ひとつは青色LEDで、寝る前にiPadを2時間使うと(入眠作用のあるホルモンである)メラトニンの分泌が23%も抑えられる。寝室にはスマホなどを持ち込まず、暖色の灯りを使い、寝ているあいだは遮光カーテンで部屋を真っ暗にするといい。

睡眠を阻害する大きな要因が目覚まし時計だ。記憶の定着やスキルの向上に重要なレム睡眠は、起床前の最後の2時間がもっとも長いが、目覚まし時計は貴重なレム睡眠を中断させてしまう。

どうしても目覚まし時計に頼らなくてはならない場合でも、スヌーズボタンは使わない方がいい。短時間のあいだに何度も目覚ましで起こされるのは、そのたびに心臓にショックを与えるのと同じで、「これを週に5回のペースで長年続けていたら、一生のうちに心臓や神経系がどんなにダメージを受けるか想像に難くないだろう」と、ウォーカーは不穏な警告をする。

人類はアフリカ東部の赤道付近で進化したが、そこは年間を通じて平均気温の変化がほとんどないものの（プラスマイナス3度ほど）、夜と昼の寒暖差は大きく、冬は8度、夏は7度の差がある。わたしたちはこのような環境で眠るように進化してきたのだから、セントラルヒーティングやエアコンによって管理された室温は暖かすぎる。「ほとんどのひとにとって、理想的な寝室の温度は摂氏18・3度」とのことなので、寝室の温度を下げるとよく眠れるようになるかもしれない。

現代社会では朝起きたら夜まで寝ないのがふつうだが、これは工場労働に合わせた近代の習慣で、狩猟採集社会を見れば、昼に短い睡眠をとる「二相睡眠」が進化の適応であることがわかる。スペインやギリシアなどの南欧では最近まで昼寝（シエスタ）の習慣があり、それをやめたところ、心疾患などが急増したとの報告もある。これはなかなか難しいだろうが、昼食後に60~90分の午睡をとるようにすれば眠りのパワーをさらに引き出せるだろう。

熟睡のためのテクノロジーも次々と開発されている。全身の温度をパーツごとに上げ下げできる「睡眠スーツ」を装着し、手足の体温をわずかに上げる（0・5度）と、その部位の血流が増して身体内部にたまっていた熱が放出され、健康なひともふだんより20％早く寝つけた。就寝のすこし前に風呂に入るとよく眠れるのも同じ理由で、健康な大人で深いノンレム睡眠が10～15％増えたという研究がある。入眠時だけでなく、ひと晩にわたって体温が下がるように調節したところ、不眠症患者が熟睡できるようになり、睡眠の質も上がったという。

日中の運動は睡眠を促す効果があるが、眠る直前に運動すると体温が上がってしまうため、逆に眠りにくくなる。過度なダイエットは眠るのを難しくし、深いノンレム睡眠も減少する。炭水化物が摂取カロリーの70％を超えると、眠りに悪い影響が出るという研究もある。

もうひとつ重要なのは、日中の覚醒度を上げすぎないようにすることだ。

わたしたちは昼間のぼーっとした時間に、睡眠時の処理に備えてさまざまな「気になること」をタグ付けしている。ところがスマホなどによってマインドワンダリングする時間がどんどん少なくなると、このタグ付けができなくなる（ぼーっとするのは「生産性が低い」のだ）。

睡眠研究の第一人者であるウォーカーは、じつはこれが不眠症が増えている理由のひとつではないかという。ベッドに入ったとたんに心配事が一気に押しよせてくるのは、昼間の時間に「気がかり」を処理できなかったからで、入眠前が「記憶の識別と標識づけという大事な作業ができる唯一の時間」になってしまうのだ。

現代社会では、仕事や勉強に「集中」することが重要だとされる。だが**もっと大切なのは、なにもせずに「ぼーっとする」こと**なのかもしれない。

毎日25分の散歩で長生きできる

睡眠と並んで成功にとって重要なのは、歩くことだ。これにも大量かつ頑健なデータがある。[*11]チンパンジー、アウストラロピテクス（猿人）、ネアンデルタール人（旧人）、初期のホモ・サピエンス（新人）の関節部の化石をCTでスキャンし、海綿骨密度を計算したところ、いずれも30～40％だった。ところが現代人の骨密度は20～25％と大幅に低い。わずか1万年でこのような遺伝子の変化が起きるとは考えられないから、その理由は環境の変化にあるにちがいない。それは、わたしたちが祖先よりも動きまわらなくなったことだ。

女性は、骨形成を促進するエストロゲンのレベルが加齢や閉経によって低下すると、骨が自然に細くなっていく。現代人はもともと骨密度が低いため、加齢によるさらなる低下が骨粗《こつそ》鬆症《しょうしょう》や骨折につながるおそれがある。

アメリカ国立がん研究所が65万人の10年間のデータを調べたところ、**毎日25分間の散歩に相**

＊11 ジェレミー・デシルヴァ『直立二足歩行の人類史　人間を生き残らせた出来の悪い足』赤根洋子訳、文藝春秋

当する運動をするひと（肥満者を除く）は、運動不足のひとより4年ちかく長生きすることがわかった。毎日10分のウォーキングでさえ、寿命に2年の差が見られた。

ケンブリッジ大学の研究チームが30万人以上のヨーロッパ人のデータを調べた研究でも、運動不足による死亡リスクは肥満によるそれの2倍で、**毎日20分の散歩が死亡リスクを3分の1下げる**ことがわかった。

アメリカ人女性の8人に1人が一生のうちに乳がんと診断され、毎年アメリカで4万人、世界で50万人以上が乳がんで死亡するが、散歩が乳がん（とりわけ乳がん全体の3分の2を占めるエストロゲン受容体陽性乳がん）の発症リスクを下げるとの研究もある。運動が性ホルモンに結合する分子の産生を高め、エストロゲンの血中濃度を10～15％低下させるからららしい。

変異が起こった場合でも、運動には傷ついたDNAの自力修復を助けるはたらきがあるようで、1日に少なくとも20分運動する被験者は、DNAのコピーミスを修復する能力が1・6％高かった。乳がんと診断された女性5000人ちかくを対象にした調査では、運動（週1回1時間のウォーキングだけでも）が死亡リスクを約40％低下させた。――同じ研究で、男性についても、中強度の運動で13種類のがんのリスクが低下することが明らかになった。

ウォーキングは心疾患を防ぐ効果もある。頻繁に歩くひとは座りっぱなしのひとより心拍数が少なく血圧が低い。1日30分歩くと、冠動脈疾患のリスクが18％下がるという。

そもそも冠動脈疾患は、狩猟採集民にはまず見られない。タンザニア北部のハッザ族は年をとっても血圧やコレストロール値が低く、心疾患は皆無だ。

運動しないと炎症反応が起きる

人類学者ハーマン・ポンツァーは10年にわたってハッザ族とともに生活し、彼らの運動量とエネルギー消費量に関するデータを収集した。ハッザ族の成人は、1日に6〜9マイル（約9・7〜14・5キロ）歩いている。

ところが驚いたことに、ハッザ族の1日のエネルギー消費量は、（1日に6時間テレビを見ている）平均的なアメリカ人と同じだった。彼らは非常に効率的に歩くので、ほとんどエネルギーを消費しないのだ。

ここからポンツァーは、**「1日あたりのエネルギー消費量は世界中どこでも同じ」**だと考えるようになった。しかしそうなると、ハッザ族が歩いたり、登ったり、走ったりするのに使うエネルギーを、現代人はどこで使っているのだろうか。それは**「炎症反応を強化すること」**だ。

炎症反応とは、感染症と戦ったり外傷を治したりするためにマクロファージというアメーバ状の大きな細胞が活性化することだ。貪食《どんしょく》細胞とも呼ばれるマクロファージは、TNF（腫瘍壊死因子）という感染防御タンパク質を産生する。そしてこのＴＮＦが、心疾患を引き起こす要因のひとつとされている。――うつ病など精神障害の原因のひとつが脳の炎症（自己免疫疾患）だという研究もある。

ホルモンなどを産生する内分泌器官には、膵臓、脳下垂体、卵巣、睾丸などがある。だが１９９０年代になると、筋肉からもさまざまなタンパク質の分子が血液中に放出されていることがわかり、マイオカインと総称されるようになった。

マイオカインの一種であるインターロイキン６は筋肉の運動によって産生され、ＴＮＦを抑える抗炎症作用がある。さらには、（すくなくともマウスでは）がん性腫瘍を攻撃・破壊するナチュラルキラー細胞を動員するはたらきがあることもわかった。

毎日のウォーキングは筋肉を刺激し、マイオカインをつくることで、特定の種類のがんや心疾患を予防する。そればかりか、自己免疫疾患を防ぎ、血糖値を下げることで２型糖尿病を予防し、不眠を改善して血圧を下げ、コルチゾール（ストレスホルモン）の血中濃度を下げることでストレスを軽減する効果もあるようだ。

さらには、散歩は脳の老化やアルツハイマー（型認知症）を予防する。

健康な高齢者を２つのグループに分け、週３回、40分間の散歩をしてもらうか、ストレッチだけをしてもらったところ、１年後にはストレッチをしたグループは海馬の体積に１～２％の減少が見られた。ところが散歩を習慣にしたグループは海馬が小さくなっていなかったばかりか、逆に体積が平均して2％増加していた（それにともなって記憶力も改善していた）。

筋肉から産生されるマイオカインには、脳に到達して海馬のニューロンを変性から守るものがある。このマイオカインはＢＤＮＦ（脳由来神経栄養因子）というが、研究者は「脳のスーパー栄養剤」と呼んでいる。

ただし、マイオカインを注射や飲み薬によって投与することはできない。理由はまだわからないものの、マイオカインは身体を動かしているときに（運動中の筋肉によって）しかつくられないのだ。

マイオカインを効果的に産生するためには、1日にどれくらい運動すればいいのだろうか。

平均年齢72歳の1万7０００人ちかい女性を被験者にした研究では、1日に４４００歩以上歩いている女性は、２７００歩しか歩いていない女性よりはるかに生存確率が高かった。この健康効果は1日７５００歩までは歩数が多くなるほど高まったが、それ以上はちがいが見られなくなった。

これは高齢者を対象とした結果なので、健康効果をもたらすのに必要な歩数は年齢や活動レベルによってちがうだろう。研究者は、**同世代の平均的な歩数よりも２０００歩多く歩く**ことを勧めている。「1日1万歩」という目標は、たんに区切りがいいだけではないようだ。

もっとも効果なエクササイズは何か

現代の進化論では、ヒトは進化の大半を過ごした旧石器時代の環境（進化適応環境：ＥＥＡ）に最適化するように「設計」されていると考える。現代の狩猟採集民の環境がＥＥＡにもっとも近いとするならば、タンザニアの狩猟採集民であるハッザ族の成人は、軽度の活動に約4時間、中強度の活動に2時間、高強度の活動に20分を費やしている。それに対してアメリカなど先進諸国の典型的な成人は、軽度の活動を約5時間半行ない、中強度の活動はわずか20分、激しい活動はほんの1分未満しか行なっていなかった。[*12]

活動の強度は心拍数を基準にし、「軽度の活動」は料理やゆっくり歩くこと、「中強度の活動」は早歩き、ヨガ、庭仕事など、「高強度の活動」はランニング、跳び箱、山登りなど最大心拍数の70％以上まで上がる運動だ。

ここから、現代人に求められているエクササイズの基準はあまりも高すぎることがわかる。進化論的にいえば、日常生活でハッザ族程度の活動をすればじゅうぶんで、それ以上の運動にさしたる意味はない。

「もっとも効果なエクササイズは何か」については諸説が入り乱れているが、大量のエビデン

＊12 ダニエル・Ｅ・リーバーマン『運動の神話』中里京子訳、早川書房

スに基づいて世界各国の保健機関が推奨するのは、「週に少なくとも150分の中強度または75分の高強度の有酸素運動を行ない、それに加えて2回のウェイトトレーニングを行なう」に集約できるという（子どもについては一日最低1時間の運動）。

運動嫌いなひとへの朗報は、健康を維持するのに、雨の日でも走ったり、ジム通いしたりする必要はないことだ。運動の限界効用が逓減するからで、まったく運動していないひとが軽いエクササイズを始めると大きな効果があり、そこからウォーキングやジョギング、ウェイトトレーニングなどに進むとさらに効果が上がるが、高強度のトレーニングでフルマラソンや筋肉むきむきを目指しても健康効果はほとんど変わらない。逆に一部でいわれているような、極端なレベルの運動が悪影響を及ぼす（長距離ランナーの心室が肥大化して「スポーツ心臓」になるなど）証拠も、ケガをするリスクを除けばまったくないという。

これをまとめると、**散歩するときはできるだけ早歩きで、可能なら、それに軽いジョギングや腕立て伏せを加える**といいようだ。

睡眠と散歩・運動は誰でもいますぐ始められる最強の成功法則だ。これは朗報だが、しかしそうなると、時間制約はますますきびしくなる。運動する時間や、日中、ぼーっとしている時間も加えれば、1日のうちに自由に使えるのは6〜8時間になってしまうだろう。

こうして話は最初に戻ることになる。

3 進化的合理性と論理的合理性

いまは銀行にお金を預けても「ゼロ金利」だが、「金利のある世界」では、預金は複利で増えていく。それに対してタンス預金では、いつまでたっても100円は100円のままだ。

アインシュタインは複利を「人類最大の発明」「宇宙で最強のちから」だと述べたという。この「名言」は出典が曖昧で事実ではないようだが、それでも複利に強力なパワーがあることは間違いない。

日本だけでなく世界的に経済格差が拡大している。その背後にはなにかの「陰謀」があるに違いないと主張するひともたくさんいる。陰謀の主体はこれまでずっと「ネオリベ（新自由主義）」だったが、最近は「資本主義」が人気のようだ。

だが複利を理解すると、なにひとつ陰謀がなくても格差が拡大する理由を理解できる。必要な条件はたったひとつ、「平和」だ。

イソップ寓話の「アリとキリギリス」を例に、10万円の貯金がある友だち2人がいて、1人

図3｜複利のパワー

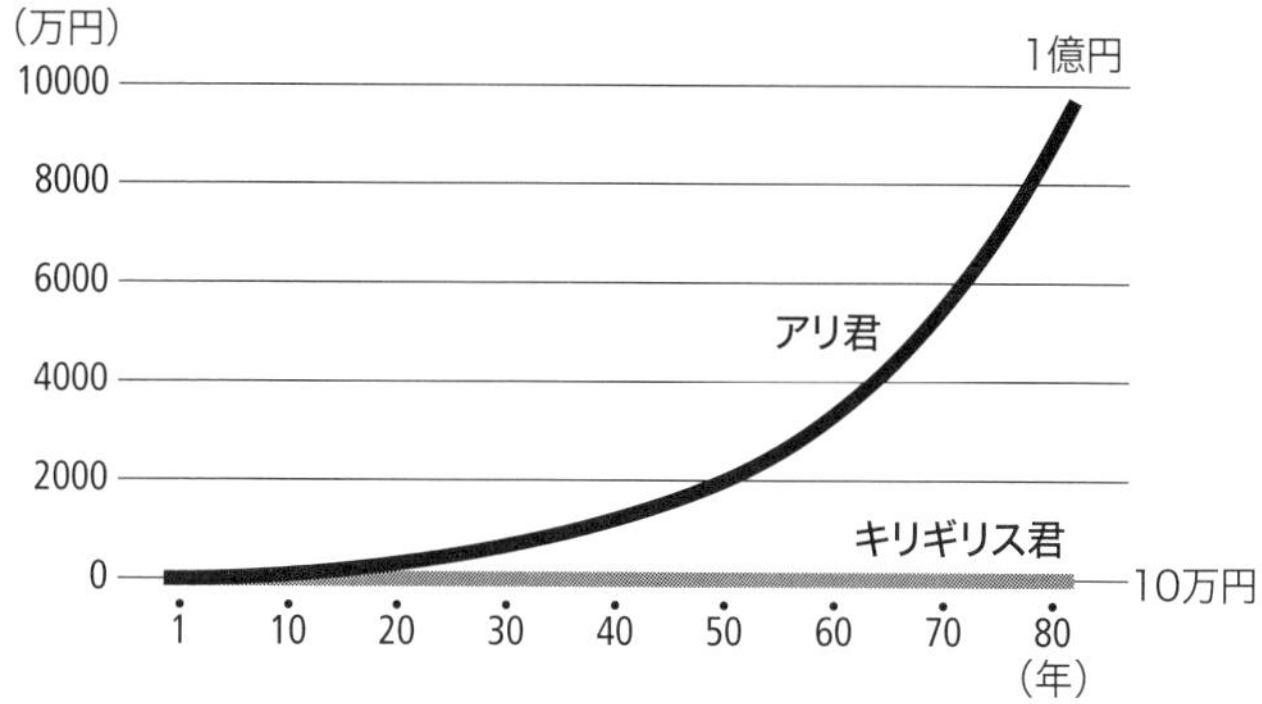

は稼いだお金をすべて使ってしまい、もう1人は毎年10万円を貯金し、それを年利5％で運用したとしよう。キリギリス君は1円も貯金しないのだから、いつまでたっても銀行口座は10万円のままだ。それに対してアリ君の貯金は、10年で125万円、20年で330万円と増えていく。同じことを子ども、孫、ひ孫と続けていくと、アリ君一家の貯蓄は80年（4世代）でほぼ1億円に達する。それに対してキリギリス君一家は10万円のままなのだから、2人のあいだには1000倍の格差が生じたことになる。これが複利のパワーだ（図3）。

このように「陰謀」などなくても、社会が安定していれば（銀行が80年にわたって預かったお金を運用してくれれば）格差は拡大していく。実際、人類の歴史を見ても、平和が続くと不平等が拡大することがわかっている。*13

＊13 ウォルター・シャイデル『暴力と不平等の人類史　戦争・革命・崩壊・疫病』鬼澤忍、塩原通緒訳、東洋経済新報社

これと同じことは、人生の選択にも当てはまるだろう。よい選択をすると、改善した状況を前提として次のよりよい選択が可能になる。悪い選択をすれば、悪化した状況で次のより不利な選択をするしかなくなる。その結果、正のスパイラル（よい選択の連鎖）と負のスパイラル（悪い選択の連鎖）に二極化して、人生が天国と地獄に分かれるということが起きる。

選択の結果は累積する

というのは、ものすごく重要だ。このことをまずは頭に叩き込んでおこう。

よいことも悪いことも慣れていく

人生の選択を考えるときに重要なのは、「限界効用の逓減」を理解することだ（逓減とは「すこしずつ減っていく」こと）。これは経済学の用語だが、わかりやすくいうと「よいことも悪いこともすぐに慣れてしまう」という、誰もが知っている経験的事実だ。――この話は何度かしたが、次の議論に必要なので、既読の方は読み飛ばしてほしい。

ビールは最初のひと口がものすごく美味しくて、2杯目、3杯目とジョッキをお代わりするにつれて美味しさが減っていき、最後は惰性で飲むようになる。このとき、ビールの美味しさ

図4 限界効用の逓減

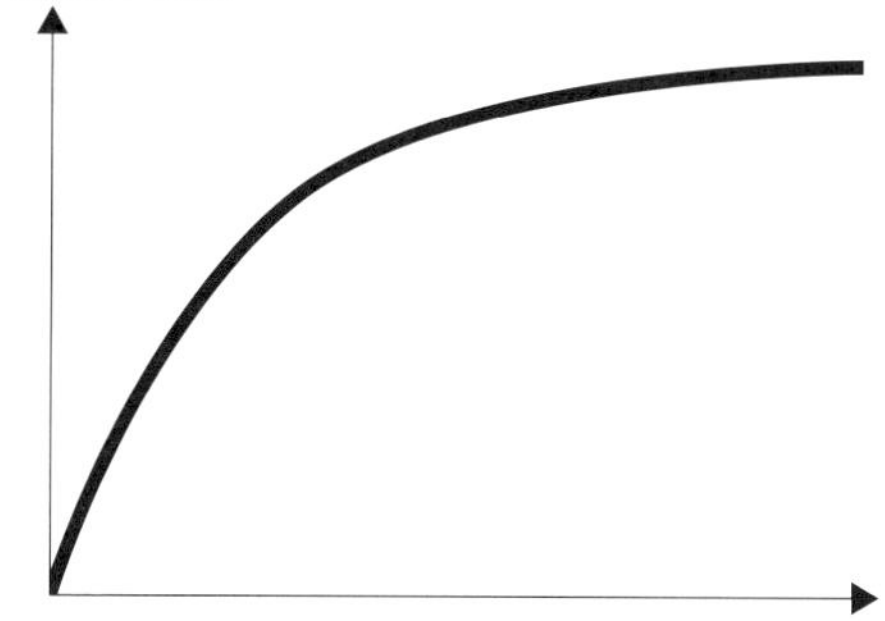

を「効用(幸福度)」という。ビールを1単位(ひと口目からふた口目、ジョッキ1杯目から2杯目へ)追加したときの美味しさ=効用の変化が「限界効用」だ。ビールを飲めば飲むほど(投入する量を増やせば増やすほど)美味しさ=効用はすこしずつ減っていくので、限界効用は逓減するのだ。

これはヒトだけでなく(神経系のある)すべての生き物に普遍的な法則で、あらゆる効用は逓減する。なぜこんなことになっているのか。それは、生存や生殖のためにやらなくてはならないことがたくさんあるからだ。

空腹のときの最初のひと口の美味しさがずっと続くなら、手当たり次第に食べ尽くすまでその場にとどまり、ひたすらドカ食いすることになる。しかしこれでは捕食者の格好の餌食になってしまうし、生殖活動を行なえず子孫を残すこともできない。このような強欲な個体は進化の歴史のなかで真っ先に淘汰されてしまうから、限界効用はすみやかに逓減し、縄張りを守ったり、つがい行動（パートナー探し）をしたり、もっと大事なことができるようになっているのだ。

愛するひととのセックスは素晴らしい快感と幸福感を与えてくれる。しかし、いつでも最高の快感が得られるのなら、あまりにも幸せすぎてほかになにもしなくなってしまうだろう。これでは、生まれてきた子どもは世話をしてもらえずに死んでしまい、「利己的な遺伝子」は自分の複製を後世に残せない。そんな「バグ」はすぐに淘汰・排除されてしまうから、同じ相手とのセックスの限界効用も逓減するのだ。

「よいことはだんだん消えていく」からといって、絶望するのはまだ早い。脳のこの仕組みは、「悪いこと（つらい体験）」にも同じようにはたらくのだ。

愛するひとと別れたら、絶望してなにもする気力がなくなってしまうだろう。だがずっとこのままだと、やはり「利己的な遺伝子」は複製を残せない。だからこそ「負の効用」も時間とともに逓減し、つらい記憶を忘れ（あるいはさほど気にしなくなり）、新たな希望とともに人生を歩みはじめることができるのだ。

年収800万円と金融資産1億円

市場経済では貨幣の多寡が幸福度に大きく影響するので、誰もがお金持ちになりたいと（こころの底では）思っている。しかし、無限の富をもてば無限の幸福が手に入るわけではない。**お金（収入や資産）の効用も逓減する**からだ。

興味深いことに、収入の限界効用がゼロ（平坦）になる金額は、アメリカの研究では年収7万5000ドル（約900万円）、日本の大学の調査では年収800万円だとされる。これは個人単位なので、夫婦と子どもの世帯では年収1500万円程度になる[*14]（これはあくまでも平均で、もっと多くの収入を望むひともいれば、そんなにいらないというひともいる）。

幸福度が上がらなくなる金額とは、「世間一般で幸福とされている暮らしが、お金のことをさほど気にせずにできる」下限だと考えればいいだろう。

独身なら好きなブランドを着たり、恋人と高級レストランで食事したり、年にいちどくらいは海外旅行を楽しめる。結婚していれば、子どもを私立学校に通わせ、夫婦で月に何回か外食し、夏冬の休みには家族旅行に行く。

このように、みんなから「幸せだね」といわれる条件をクリアしてしまうと、ブランドのラ

＊14 大竹文雄、白石小百合、筒井義郎『日本の幸福度　格差・労働・家族』日本評論社

ンクをコーチからエルメスやシャネルに上げても、食事の場所を近所の洒落たビストロからミシュランの星付きレストランにしても、家族旅行を国内からハワイに変えても、幸福度が劇的に上がるようなことはないのだろう。

収入だけでなく資産の限界効用も逓減する。日本では、持ち家とは別に1億円の金融資産があると、それ以上貯蓄が増えても（平均的には）幸福度は上がらないとされる。これはおそらく、「1億円」が老後の不安から解放される基準になっているからだ。

人類史上未曽有の超高齢社会に暮らす日本人にとっての最大の不安は、将来、年金制度が破綻して、80代や90代で〝貯金寿命〟が先に尽きて住むところもなくなり、公園でホームレス生活をすることだ。金融庁の報告書では、持ち家でも年金だけだと老後に2000万円不足するとされたが、1億円相当の金融資産があれば、今後、日本経済になにが起きても、自分と家族の最低限の生活は維持できると思えるはずだ。だからこそ、いったんこの「安心の基準」をクリアすると、それ以上資産が増えても幸福度が劇的に上がるようなことはないのだろう。

幸福は直観と理性の綱渡り

進化的合理性とは「直観」、論理的合理性は「理性」のことだ。そして一般には、直観に頼

図5｜お金と効用の関係

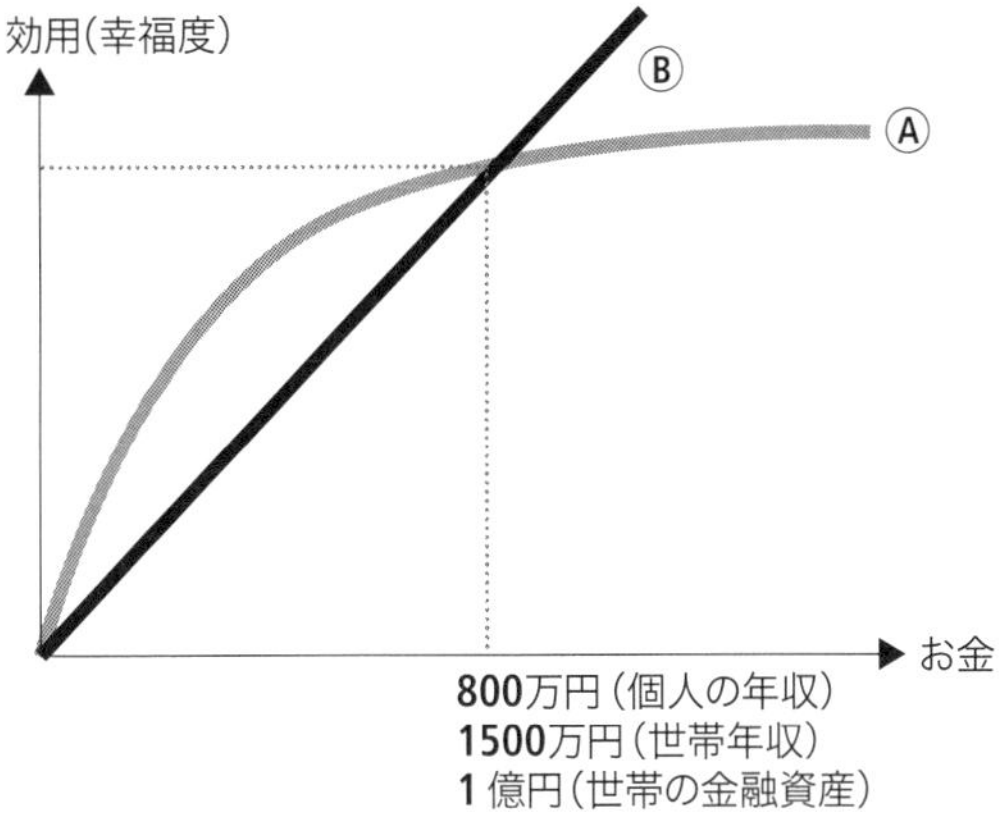

るよりも理性的に考えた方がものごとはうまくいくとされる。

これはもちろん間違いではない。目の前の快楽(テーブルの上のケーキ)に飛びつくのではなく、長期的な利益を考えた方がダイエットも成功するし、健康にもいいのは間違いない。

しかしこれは、論理的合理性がつねに正しく、進化的合理性がいつも間違っているということではない。

収入や資産の額が増えると効用が逓減することは、図5のⒶで示されている。それに対して20は10の倍で、200は100の倍なのだから、お金と効用の関係では、数学的に正しいのはⒷになる。しかし現実には、わたしたちはこのように感じることはない。それは、脳が数学的に「設計」されているわけではないからだ。

人生の目的は合理的に生きることではなく、幸福度（効用）を最大化することだ。だとしたら、論理的合理性に従うのではなく、幸福をもたらしてくれる進化的合理性（限界効用の逓減）を前提としたうえで、よりよい選択・行動を考えるべきだろう。

従来の経済学は、人間を経済合理的に選択・行動する「エコン（経済人）」だと想定してきた。それに対して行動経済学は、わたしたちが多くのバイアス（歪み）をもつ「ヒューマン」であることを明らかにした。その後、実験によってさまざまなバイアスを見つけ出し、脳がどのようなプログラムになっているかを解き明かすリバースエンジニアリングが流行した。*15

これは多くの重要な発見を生み出したものの、その一方で、「合理性＝善／不合理＝悪」という単純な善悪二元論の誤解を広めることにもなった。

つねに目先の幸福度（効用）にとらわれていては破滅が待っているだけだ。これはたしかに正しいものの、その一方で、脳が論理的合理性でつくられているわけではない以上、合理的な選択・行動が幸福（効用の増大）を保証してくれるわけでもない。

幸福とは、直観（進化的合理性）と理性（論理的合理性）の微妙な綱渡りのなかでしか見つからないのだ。

＊15 ダン・アリエリー『予想どおりに不合理　行動経済学が明かす「あなたがそれを選ぶわけ」』熊谷淳子訳、ハヤカワ文庫NF

もっとも効果的に幸福になる方法は、お金持ちになること

ここでひとつ、大事な指摘をしておこう。「お金の限界効用が逓減するのなら、お金持ちを目指すことに意味はない」というひとがいるが、これはどうしようもないくらい間違っている。「お金と効用の関係」の図が教えてくれるのは、**「もっとも効果的に幸福になる方法は、お金持ちになること」**というまったく逆の原則だ。

図5を見ればわかるように、一定の閾値（独身なら年収800万円、家族なら世帯年収1500万円、世帯の金融資産なら1億円）を超えるまでは、どの金額でも、実際に感じる幸福度Ⓐは理論的な幸福度Ⓑを上回っている。年収800万円（独身）や世帯年収1500万円（家族）、あるいは預金通帳や証券会社の報告書の残高が1億円に向けて増えていくときは、幸福感や安心感は合理的な想定よりもずっと大きくなる。

年収や資産を増やすことは、ドラッグやギャンブルで一時的に幸福度を上げるような副作用も（ほとんど）ないし、短期的な効用だけでなく長期的にも人生によい影響を与えるだろう。幸福になるための方法は星の数ほどあるだろうが、「お金持ちになる」ことほどシンプルかつ効果的な戦略はほかにはない。

限界効用の逓減は、一定の閾値を超えると効用（幸福度）が上がらなくなることだが、それと同時に、**その閾値に至るまでは効用が大きく上昇する**。だとすれば、これを利用しない手があるだろうか。

もちろんこれは、「すべてのことを犠牲にして金持ちを目指せ」ということではない。そんなことをすれば、失うもの（恋人や家族、生きがい）の方が多くなるだろう。だがそれでも、**幸福になりたいひとが真っ先に取り組む課題は金融資本を大きくすること**なのだ。

利益の快感より損失の苦痛の方が大きい

限界効用が逓減することは従来の経済学でも知られていたが、行動経済学の大きな発見は、「正の領域に比べて負の領域では、限界効用はなかなか逓減しない」ということだ。これをわかりやすくいうと、**「よいことはすぐに慣れてしまうが、つらいことの痛みの方がずっと大きい」**になる。これが「プロスペクト理論」だ。

図6では、正の領域（幸福）と同様に、負の領域（不幸）でも限界効用は逓減するが、そこに至るまではずっと大きな苦痛に耐えなくてはならない。これは理不尽なようだが、進化の仕組みとしてはきわめて合理的だ。よいこと（食べ物にありつく）よりも悪いこと（ライオンに

図6 | 負の領域では限界効用はなかなか逓減しない

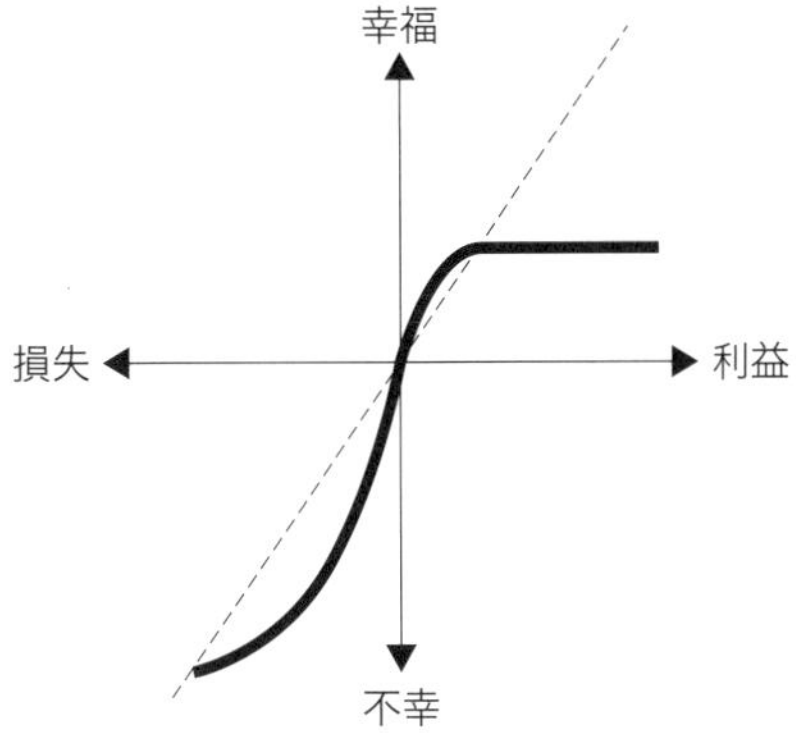

襲われて死んでしまう）の方がはるかに重要だから、それに合わせて快感よりも苦痛にずっと高い感度をもたせたのだ。

しかしそうなると、損失に対しては、論理的合理性よりもはるかに大きな心理的苦痛（トラウマ）を感じることになる。

2万円が1万円に減ることと、200万円が100万円になってしまうのは、数学的な割合としては同じだが、実際の痛みはまったく異なる。2000万円が1000万円に減ってしまえば、その痛みはさらに大きくなるはずだ。

だが負の限界効用も、いずれは逓減する。10万円を消費者金融から借りて、返済できずに催促の電話がかかってきたらものすごく気になるだろう。借金が100万円に膨れ上がれば生活が成り立たなくなったり、離婚を迫られたりするかもしれない。

しかしさらに借金の額が増え、1億円を超えたとしたらどうだろう。「どうせ返せない」と開き直り、負債がさらに100万円、あるいは1000万円増えたとしてもほとんど気にならないのではないだろうか。

このように、正の限界効用と負の限界効用には、かなり大きな非対称性がある。そしてこのことが、脳が損失を嫌う進化的な理由になっている。脳にとっては利益が快感である以上に、損失は（殴られたり蹴られたりするような）耐えがたい苦痛なのだ。

わたしたちはほとんどの場合、論理的合理性による最適解は選ばず、リスクを避けて保守的に選択・行動する。しかしいったん下限を超えてしまえば、そこから先はもはや苦痛の量は変わらないのだから、大きなリスクをとって一発逆転のギャンブルを好むようになるはずだ。そして多くの実験から、こうした認知の歪みが繰り返し証明されている。

無意識は意識より賢い

わたしたちは、「進化的合理性」と「論理的合理性」という2つの合理性のあいだで揺れ動いている。

一般には直観と呼ばれる進化的合理性は「速い思考」で、理性に相当するとされる論理的合理性は「遅い思考」だ。行動経済学を創始し、心理学者としてはじめてノーベル経済学賞を受賞したダニエル・カーネマン（共同研究者のエイモス・トヴェルスキーはその前に死去）は、ファスト（速い思考）とスロー（遅い思考）の「二重過程理論」を唱えた。*16

脳に2つの思考回路があることは脳科学でも確認されている。神経系を通じて脳に送り込まれた膨大なデータは、情動（感情）に関与するとされる大脳辺縁系に行く短いルートと、思考にかかわる前頭葉に向かう長いルートに分かれて処理される。

こうした脳の仕組みが明らかになってくると、論理的合理性から外れるさまざまな「脳のくせ」が研究されるようになった。これが「バイアス」で、進化の過程で生まれた「思考のバグ」だ。

するとここから、プログラミングと同様に、「バイアスに気づき、思考のバグを取り除いて論理的合理性に近づければ、よりよい意思決定ができる」との主張が現われるのは必然だった。これはもちろん間違ってはいないが、実際にやろうとするとうまくいかないことが多い。

なぜそんなことになるのかはこれから説明するとして、その前に、直観と理性は対立するものではないという話をしておこう。人間は、速い思考と遅い思考を組み合わせて正しい意思決定をするように進化してきたのだ。

*16 ダニエル・カーネマン『ファスト＆スロー　あなたの意思はどのように決まるか?』村井章子訳、ハヤカワ文庫NF

テーブルにABCDの4組のカードの山が裏返しに置かれている。あなたは好きな組を選び、カードを取るたびに報酬を得たり罰金を支払ったりする。AとBの組では報酬はつねに100ドルで、CとDの組では50ドルだ。その代わり報酬10回に対して、A組は1回の割合で1250ドルの、B組は5回の割合で250ドルの罰金を支払わなければならない。それに対してC組の罰金は1回250ドル、D組は5回で50ドルだ。

どの組の期待値が高いかは簡単な計算でわかる。A組とB組は10回の報酬で1000ドルを得るが、罰金額はいずれも1250ドルなので、損益はマイナス250ドル。C組とD組の報酬額は500ドルと少ないが、罰金額はいずれも250ドルなので、損益はプラス250ドルだ。

このゲームを試行錯誤でやらせると、ほとんどのひとは無意識にA組とB組（悪い山）を避け、C組とD組（よい山）のカードを引くようになる。

このとき、参加者の皮膚伝導反応（指先などのわずかな発汗）を計測すると、A組やB組の山からカードを引こうかどうか迷っているとき、皮膚伝導反応に顕著な増加が見られる。これは緊張や警戒の合図で、脳がなんらかの方法で「この選択は間違っている」という信号を送っているのだ。

意識がトランプのよい山と悪い山のちがいに気づく前に、無意識はA組とB組が危険であることに気づき、そのことを指先の発汗などで伝達する。これが「いやな予感（第六感）」で、意識はそれによって、理由もわからずにA組とB組の山を避けるようになる。

この「アイオワ・ギャンブリング課題」は、直観が理性より優れていることを示すよく知られた実験で、それ以外でも、無意識が意識より高度な「知能」をもっていることがさまざまな実験で証明されている。

直観は機械に追い越されていく

「直観は理性より正しい」というと（スピリチュアル系のひと以外は）奇妙に感じるかもしれないが、わたしたちはほとんどのことを直観で判断しているのだから、それが役に立たないとしたら大問題だ。「速い思考」がきわめて優れていたからこそ、〝賢いヒト（ホモ・サピエンス）〟はきびしい自然環境にも生き残り、地球上で大繁殖するようになった。

より正確には、直観と理性は異なる思考方法だ。

直観が得意なのはパターン認識で、アイオワ・ギャンブリング課題では、得をしたパターンと損をしたパターンを（無意識に）記憶・計算することによって、どの山が危険でどの山が儲かるかを判断している。それに対して理性は論理的思考なので、A、B、C、Dの４つの山の損益をデータ化し、期待値を計算しないと正解にはたどり着けない。

直観がこれほどまでに優れているのなら、なぜ理性が必要とされたのだろうか。これは当然の疑問で、ヒト以外の生き物は理性などなくても、直観だけで長い進化の歴史を生き延びてきた。

直観がもっとも活かされるのは職人の仕事だ。陶芸家でも鮨職人でも、長い年月をかけて繰り返し修練することで、素人では気づかないような微妙なちがい（窯の温度やネタの鮮度）がわかるようになる。経験によって学習し、無意識が適応して能力が上がるのだ。

パターン認識能力は、同じことを繰り返し、そのたびにフィードバックが得られる状況でもっとも鍛えられる。バッターは、打席に立つたびにピッチャーの投球を体験し、（ヒットを打った、三振したなどの）フィードバックを得ることで直観を向上させていく。ピッチャーの方も、バッターが反応するたびに（スイングするか、見送るか）、それがフィードバックになる。

だがこのことは、直観の限界も明らかにする。試行を繰り返して大量のデータを収集できれば、それを統計的に解析することで、直観的な判断に近似させることができるのだ。そのうえ機械は疲れることも、気分のむらもないので、与えられたデータに対してつねに正確な答えを返してくる。

このことを劇的に示したのは、ＡＩ（人工知能）がチェスだけでなく、より直観が必要とされる将棋や囲碁でも人間を打ち負かしたことだ。過去の対戦記録をコンピュータに深層学習させるだけでなく、いまではAI同士を戦わせることでより強力に「進化」するようになった。

こうして早晩、機械（AI）によってほとんどの仕事が取って代わられるのではないかという不安が広がっている。これについては、機械は脳の機能の一部を代替できるだけで（コンピュータに共感力を学習させることはまったくできていない）、人間とAIが協働作業することでより効率が上がるという有力な反論がある。

映画『ターミネーター』のような機械による独裁はさすがに大袈裟だろうが、それでもこれまで直観が重視されてきた（職人の）仕事では、機械の方がうまくやれるものが増えていくのは間違いないだろう。その結果、知識社会が高度化するにつれて、進化的合理性（直観）の価値は下がり、論理的合理性（理性）に適応できたひととのあいだの「格差」が広がっていくのだ。

旧石器時代のこころでアスファルトジャングルを生きる

直観はものすごく役に立つが、これまでと異なるパターン（過去に経験したことのない出来事）と遭遇すると問題が生じる。そんなときでもなんらかの選択（判断）をしなくてはならないが、参照できる基準がないために系統的なエラーが起きる。これが「バイアス」だ。

もっとも、人類が進化の大半を過ごした旧石器時代の狩猟採集生活では、こうした「異常事態」との遭遇はそれほど頻繁には起きなかったはずだ。捕食動物に襲われたり、敵が襲撃してきたりする危機に人生のなかで何度も遭遇したし、大雨や洪水、飢饉や疫病に苦しむこともあっただろうが、これらはいずれも共同体（部族）の歴史のなかで語り継がれ、どのように対処すればいいのかの知恵が授けられたはずだ。

農耕社会になっても、春に種を蒔き秋に収穫する繰り返しによって、それぞれの地方や作物に合わせた文化がつくられていった。論理的に考えたりしなくても、直観に従い、共同体の掟や慣習に合わせることで、人生の大半の問題は解決できたのだ。

ところが産業革命を機に社会はとてつもなくゆたかになり、第二次世界大戦後は大国同士の戦争はできなくなって（核戦争になれば人類は滅亡する）、わたしたちは長い平和を享受するようになった。科学技術（テクノロジー）の急速な発展やグローバル化の影響もあり、社会はどんどん複雑になっている。

ヒトにとっての進化適応環境は数百万年の旧石器時代で、ヒトの脳はそこで生存・生殖の可能性を最大化できるように進化・設計されてきた。

問題なのは、現代文明の環境が旧石器時代（進化適応環境）と大きく異なっていることだ。

ところが生き物（遺伝子）はきわめてゆっくりとしか進化しないので、急激な環境の変化に素早く適応できない。ヒトは脳の高度な機能をきわめてうまく使っているが、それでも**「旧石器時代の心でアスファルトジャングルを生きる」**ことでさまざまな齟齬が生じている。

それに加えて近代の知識社会では、理屈（ロジック）によって社会のルールがつくられ、それにどれだけ適応できるかで個人が評価されるようになった。こうして論理的合理性（理性）が支配的になったことで、進化的合理性（直観）との差が「バイアス」として意識されるようになったのだ。

現代に生きるわたしたちが抱えている困難は、大局的には、以上のようにまとめられるだろう。

「資源制約」と脳の3つの特徴

脳はきわめて大きなエネルギーを消費するぜいたくな臓器だ（脳の重量は体重の2％だが、基礎的な消費カロリーの20～25％を占めている）。進化適応環境では食料はきわめて稀少だったので、脳のエネルギー消費をできるだけ節約するような強い淘汰圧がかかったはずだ。

それに加えて、選択に時間をかけていると機会を逸するという問題もある。目の前に獲物がいるときに、「できるかぎりデータを集め、すべての状況を考慮して、最適な行動をじっくり考えましょう」などとやっていては、たちまち餓死してしまうだろう。

脳はとにかく楽をして、いろいろなことを（パターン認識能力によって）素早く判断するように進化した。こうした「資源（リソース）制約」から、進化的合理性には次のような特徴があることがわかる。

①目の前の利益を最大化する。

長期的な利益を考えるには稀少な脳のリソースを消費しなければならない。そのうえ進化適応環境では、「いま、ここ」の状況に対処することが重要で、長期的な計画を立てても意味がないことが多かった。

②すべてを単純な因果論で判断しようとする。

直観的に判断したとしても、自分がなぜそうしたのかを納得する必要がある。そのときにもっとも役に立つのは、自分に都合のいい因果関係をつくりあげることだ（相手が先に襲いかかろうとしていたので殺した、など）。

日食や地震・噴火のような天変地異では、なんの理由もなく恐ろしいことが起きる。これはものすごく不安なので、呪術的な因果関係をつくりあげて安心しようとする心理が働くだろう。神話や宗教の成立は、これでおおよそ説明できるのではないか。

③客観的な事実はさほど重要ではない。

生き物（利己的な遺伝子）にとって重要なのは、生存と生殖の可能性を高めることで、正しさ（客観的な事実）はそれに役立つ範囲で採用すればいい。論理的合理性（客観的事実を重視すること）が社会的・経済的な地位につながるようになったのは、産業革命（近代の成立）以降でせいぜい300〜400年しかたっていないから、進化の歴史のなかでは一瞬にすぎない。

「社会制約」と脳の4つの特徴

ヒトはすべての生き物のなかでも、ハチやアリなどの社会性昆虫と並んでもっとも社会化された動物だ。わたしたちの人生は、共同体に埋め込まれているともいえる。この「社会制約」から、先ほどの3つに加えて、脳は次のような特徴を備えるよう進化したにちがいない。

④周囲に同調する。

共同体から排除されることはすなわち死を意味したのだから、嫌われたり反感をもたれたりすることを恐れ、避けるようになった。

⑤共同体のなかで評判を獲得しようとする。

共同体の和を保っているだけでは、異性のこころをとらえることはできない。子どもを産み育てて遺伝子を後世に残すためには、周囲に同調しつつ、共同体のなかで大きな評判を獲得し、目立たなければならないのだ。

⑥共同体に所属する者には共感する。

ヒトの子どもは動物のなかでは例外的に長い養育期間を必要とするため、夫婦や親子のあいだで相手を大切に思う気持ちがはぐくまれた。これが共感力で、相手の気持ちに敏感に反応することをいう。この共感力は家族だけでなく共同体のメンバー（俺たち）にも拡張されるが、それには限界があり、通常、他の共同体のメンバー（奴ら）には及ばない。

⑦共同体に所属しない者を排除する。

進化適応環境では、限られた資源をめぐって部族（社会）同士が争ってきた。ヒトは、共同体のなかでは協調し、他の共同体とは敵対するように進化した。この傾向は「友（俺たち）／敵（奴ら）」の分極化として、現代社会のいたるところで見られる。

人類の長大な進化の過程のなかで、もっとも重要な選択は人間関係だった。きわめて高い知

＊17 ロルフ・ドベリが『Think clearly 最新の学術研究から導いた、よりよい人生を送るための思考法』（安原実津訳、サンマーク出版）など一連のシリーズで、バイアスを修正して賢く生きるための実践的な知恵を多数紹介している。

能をもつヒトにとっての最大の脅威（進化の淘汰圧）は、自分と同じくらい高い知能をもつ生き物に囲まれていることだ。その相手は、あるときは異性の獲得をめぐるライバルだが、敵に襲われたときはともに戦う仲間でもあった。現代の進化論は、このきわめて複雑なゲームに習熟するために脳は過剰なまでに発達したのだとする（社会脳仮説）。オスのクジャクの羽と同様に、ヒトの高い知能は「進化の軍拡競争」の結果なのだ。

バイアスの5つのグループ

脳がどのようなバグ（きわめて頻繁に起こるエラー）をもっているかは行動経済学や社会心理学などで精力的に研究されており、バイアスについての一般向けの書籍も多数ある。[*17] ここでは、経営戦略の専門家オリヴィエ・シボニーの分類を紹介しよう。[*18]

シボニーは、意思決定を歪める24のバイアスを5つのグループに分けている。きっとどれも思い当たることがあるはずだ。

①パターン認識バイアス

・確証バイアス（ストーリーテリング） 自らの仮説を支持する情報に注目し、否定する情報

＊18 オリヴィエ・シボニー『賢い人がなぜ決断を誤るのか？ 意思決定をゆがめるバイアスと戦う方法』野中香方子訳、日経BP

を無視しようとする。とくに仮説が首尾一貫した物語として語られるときに顕著になる。

・**経験バイアス**　すぐにこころに浮かんでくる過去の自分の経験からの類推によって理解しようとする。

・**王者バイアス**　情報の価値よりも、その情報をもたらしたひとの評判を重視する。

・**帰属の誤り**　成功や失敗を個人の性格や特徴のせいにして、そのときの状況や運が果たした役割を過小評価する。

・**後知恵バイアス**　過去の決定のよし悪しを、意思決定時点では得られなかった情報や、実際の結果に基づいて判断する。

・**ハロー効果**　いくつかの顕著な特徴だけで（ひとや企業などの）全体の印象をもつと、その特徴とは本来無関係な事柄についても、その印象をもとに評価する。

・**生存者バイアス**　失敗したひとを除外して、成功したひとだけを含むサンプルから結論を導き出す。

②アクション・バイアス

・**自信過剰**　自分の相対的な能力、つまり、ほかのひとよりどれだけ優れているかを過大評価する。

・**計画錯誤（非現実的な楽観主義）**　計画を遅らせる可能性のある要素をじゅうぶん考慮しよ

うとせず、完成までにかかる期間と費用を楽観的に見積もる。

・**過度の正確性（オーバープレシジョン）** 自分の見積もりや予測に、過剰なほどの信頼を置く。

・**競争相手無視** 計画を立てるときに、ライバルの反応を見落とす。

③ 惰性バイアス

・**アンカリング** なにかを見積もるときに、本題と無関係だったとしても、利用可能な数字に影響される。

・**資源配分の惰性** 優先事項が変わった場合にも、資源配分をフレキシブルに変えようとしない。

・**現状維持バイアス** なにかを変える決定を下すことを避けて、現状を維持しようとする。

・**関与の泥沼化（サンクコストの誤り）** すでに投じた費用をサンクコスト(回収不可能な費用)と見なさず、失敗した行動にさらに投資する。

・**損失回避** 利益から得る満足より、同額の損失がもたらす苦痛の方が大きい。

・**不合理なリスク回避** なにかを選択して失敗した場合、バカにされたり不当に非難されたりすることを恐れて、とってしかるべきリスクをとろうとしない。

・**不確実性回避** 不確実な、あるいは曖昧な未知のリスクより、危険度が高くても定量化されたリスクをとろうとする。

④ 社会的バイアス

・**集団思考**　グループで議論するとき、メンバーは疑問点や反論を口にせず、多数派に賛同しやすくなる。

・**集団極性化**　グループでの議論は、メンバーの平均的な意見より極端な結論に達しやすく、それに強い自信をもつ傾向がある。

・**情報カスケード**　グループでの議論では、個人の意見が差し控えられ、共有された情報が強調されるため、発言者の順番が結論に影響する。

⑤ 利益バイアス

・**自己奉仕バイアス**　自分の経済的な利益や、その他の利益（感情的な愛着も含む）と一致する視点を信じる。

・**現在バイアス**　現在と未来の価値比較で、偏った割引率を用いて現在を過大評価する。

・**不作為バイアス**　作為の誤りより不作為の誤りの方が許せる、不作為の誤りによる利益の方が道徳的に受け入れやすい、と感じる。

バイアスが多すぎて意識では対処できない

バイアスがやっかいなのは、それが組み合わされてより甚大な影響をもたらすことだ。

一般的には、楽観的な方がものごとはうまくいく。自分の能力や判断に適度な自信をもっていることは成功の条件でもあるから、アクション・バイアスの「自信過剰」を修正すべきとはいえない。自分の能力を正しく評価できるのは悲観的なひとで、**「抑うつリアリズム」**と呼ばれる。

だがこの自信過剰が、「計画錯誤」「過度の正確性」「競争相手無視」など過度の楽観性と組み合わされ、それが政治家や企業経営者などの意思決定を歪めると、しばしば破滅的な事態を引き起こすことになる。

アクション・バイアスは行動が過剰になる（大きなリスクをとる）という判断の誤りを生むが、惰性バイアスの役割は現状維持で、損失を避けてリスクをとらないことだ。だとすれば、この2つのバイアスが相殺してよりよい判断ができるのではないだろうか。残念ながら、そんなうまい話はないようだ。

シボニーによれば、アクション・バイアスは計画に関する認知の歪みで、自信過剰で楽観的になって、行動すべきでないときに（あるいは行動すべき範囲を大きく超えて）非現実的な計画を立てる。そしていったんそれが実行されると、こんどは社会的な評価の低下を恐れて失敗を認めることができず、関与の泥沼化（サンクコストの誤り）によって事態はますます悪化する。

それに対して惰性バイアスは選択に関する認知の歪みで、自ら計画するのではなくたんに選択肢を突きつけられた場合、損失回避や不合理なリスク回避、現状維持バイアスなどによって、適切な行動をとれなくなる。バイアスが相殺されるのではなく、「やらなくてもいいことをやり、やるべきことをやらない」という二重に悲惨なことになってしまうのだ。

バイアスについてさらにやっかいなのは、それが多すぎることだ。シボニーが挙げたものだけでも、意思決定に影響を与える24ものバイアスがある。選択や行動をするときに、これらを意識的にチェックして〝バグ〟を修正することなどとうてい不可能だ。

だとしたら、バイアスを一つひとつ見つけてはつぶしていくのではなく、もっとシンプルな意思決定の法則を見つけ出さなくてはならない。

脳がハックされる時代

合理的な意思決定とは、ものすごく簡単にいうならば、「バイアスを修正して論理的に選択・

行動する」ことだ。

このような（実現不可能な）アドバイスが支持される背景には、脳の仕組みが解明されたことで、企業が消費者やユーザーの系統的なエラーを利用するようになったことがある。わたしたちは、「脳（直観）をハックされている」のだ。

誤解のないようにいっておくと、これはありがちな「強欲資本主義」批判ではない。企業がＡＩとビッグデータを使って収益を最大化するモデルをつくろうとすると、「邪悪になるな」という標語を掲げているグローバルテックでさえ、ユーザーの報酬系を刺激してクリック率を上げる手法を使うようになる。消費者の脳に生理学的な変化を引き起こすことで儲かるとわかれば、どのような企業も競争に生き残るために、ドーパミンを産生させて「欲しい」という衝動を高めるビジネスモデルに行き着くのだ。

脳の報酬系を刺激するビジネスモデルは、スロットマシンなどのマシン・ギャンブリングできわめて洗練された手法が開発されている。カジノというと真っ先にルーレットやバカラ、ブラックジャックを思い浮かべるだろうが、いまではアメリカのギャンブル業界の収益の85％は「マシン」からもたらされている。

もちろん、依存症が大きな社会問題になっている現在では、顧客の生活を破壊するような過度なゲームはきびしく規制されている。そのためギャンブル業界は、一人ひとりのプレイヤーの〝生涯予測価値〟を算出し、長期にわたってすこしずつ収益をあげようとしている。たとえば40歳の顧客の生涯予測価値が2000万円だとすると、ギャンブル依存症にしてそれを短期間で奪い取るのではなく、平均余命の40年かけて年50万円ずつ回収していくのだという。いわばギャンブル版SDGs（持続可能な開発目標）だ。[*19]

報酬系を刺激されると強烈な欲望を喚起するように、脳は生物学的に設計されている。なにはまるかは個人差があるものの、この仕組みを利用されると、抵抗する術はほとんどない。問題は、こうしたバイアスを意志のちからで修正することがきわめて難しいことだ。そんなことが簡単にできれば、これほど多くのひとが依存症に苦しんだりしないだろう。

SNSやソーシャル・ゲームなどの双方向的なメディアを使えば、有権者や消費者の選択・行動にかなりの影響を与えられることがわかっている。こうしたテクノロジーは、収益の最大化を目指す企業の競争によって、今後、ますます強力なものになっていくはずだ。脳は現実と仮想を区別できないので、メタバースやVR（ヴァーチャル・リアリティ）は心理操作の実験場になる可能性が高い。

だとしたら、いったいどうすればいいのだろうか。これについては本書の最後（エピローグの「シンプルで合理的な『成功のライフスタイル』」であらためて考えてみよう。

＊19 ナターシャ・ダウ・シュール『デザインされたギャンブル依存症』日暮雅通訳、青土社

4 成功に至る意思決定

コップに水が半分入っている。これを「半分も入っている」（楽観）と考えるか、「半分しか入っていない」（悲観）とするかで人生は大きく変わるといわれる。たしかに、悲観的よりも楽観的な方がうまくいくという研究はたくさんある（とはいえ、つねに楽観の方が悲観よりもいいとはいえない）。

この理屈だと、「認知を変えて（水が半分も入っていると）楽観的に考えるようになりましょう」という話になり、そのように説く本もたくさん出ている。だが問題は、そう簡単に認知の癖は変えられないことだ。「楽観的／悲観的」のパーソナリティには（半分程度）遺伝の影響があり、いつも楽観的なひとがいる一方で、どんなことも悲観的に見てしまうひともいる。

だがここには、もっとシンプルな解決方法がある。図7のように、半分の大きさのコップに水を移すのだ。これで、認知の癖（パーソナリティの個人差）にかかわらず、誰が見てもコップには水がいっぱい入っている。

図7｜認知を変えるより環境を変える

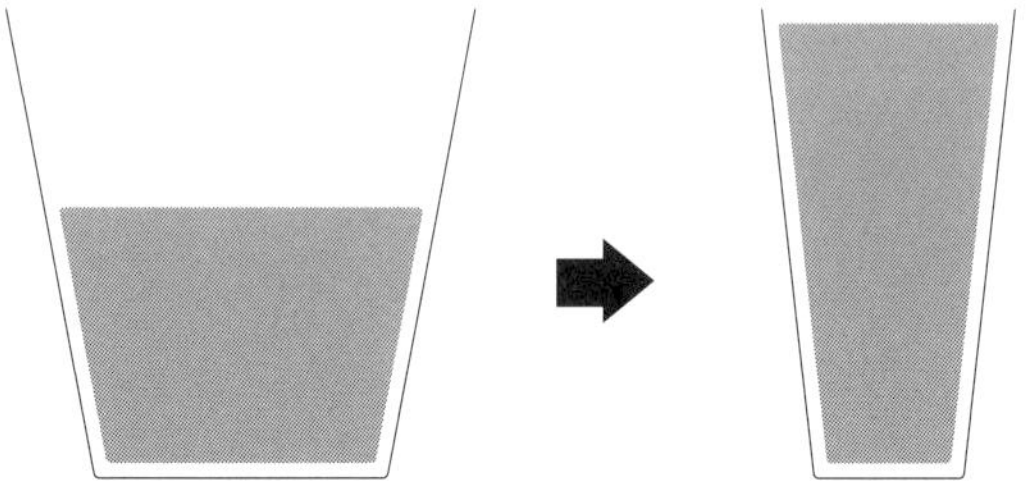

水が半分も入っているか、半分しか入っていないか
半分の大きさのコップに水を移せば、水はいっぱいになる

このように**多くの場合、認知を変える（これはかなり大変だ）より環境を変える（転校や転職、転居する）方がうまくいく可能性が高い。**これが、「合理的に成功する」考え方の基本になる。

「習慣の力」が奇跡を起こした

私には「外出先から戻ったら手を洗う」という習慣はまったくなかったが、新型コロナウイルスの蔓延が始まって数日間でたちまち手洗いが日常になった。すると、冬になっても風邪をひかなくなった。こんなに効果があるのなら、なぜもっと早くやらなかったのだろう。

これが「習慣の力」で、うまく利用するととてつもなく大きな効果を発揮する。

心理学者のウィリアム・ジェームズは早くも19

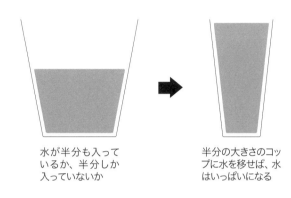

世紀に、「わたしたちの生活はすべて、習慣の集まりにすぎない」と述べた。日々の行動の40%以上が意識的な選択ではなく、習慣だという研究もある。

ジャーナリストのチャールズ・デュヒッグは、世界的なベストセラーになった『習慣の力』で、次のような印象的な例を紹介している。[*20]

リサ・アレンという34歳の女性は、16歳で喫煙と飲酒を始め、ものごころついた頃からずっと肥満に悩まされ、20代半ばで100万円を超える借金を抱え、仕事は1年以上続いたことがなかった。

典型的な「ダメ人間」だが、そこでさらなる挫折に襲われた。夫から、「他の女性を好きになったので家を出ていく」といわれたのだ。

徹底的に落ち込んだ彼女は、クレジットカードの限度額すべてを使ってエジプトに傷心旅行に出かけた。タクシーに乗ってカイロ近郊の砂漠を走っているとき、突然、「またいつかエジプトに戻ってきてこの砂漠を横断する」という目標が頭に浮かんだ。

この目標を実現するために、リサはまずタバコをやめることにした。禁煙して6カ月後、ジョギングを始めた。すると食生活や働き方、睡眠、貯金のしかたなどが変わり、仕事のスケジュールをきちんと決め、将来の計画を立てるようになった。走る距離も延び、ハーフマラソンからフルマラソンを走るようになった。そして大学に戻り、家を買い、婚約もして、禁煙の11

＊20 チャールズ・デュヒッグ『習慣の力〔新版〕』渡会圭子訳、ハヤカワ文庫NF

カ月後には友人たちとエジプトの砂漠の横断を成し遂げていた……。

あるひとつの習慣を変えることで、他の行動もプログラムし直すことができる。これを「キーストーン・ハビット（要となる習慣）」という。リサの場合はタバコをやめることですべてがポジティブに連動し、人生が劇的に変わったのだ――。

「努力できるひと」と「努力できないひと」がいる

リサ・アレンの「習慣の力」はたしかに素晴らしいが、これは生存者バイアス（サバイバル・バイアス）の例にも思える。

日本の宝くじは購入代金の半分以上が経費として差し引かれる世界でもっとも割の悪いギャンブルで、経済学者から「愚か者に課せられた税金」と呼ばれるが、それでも1等・前後賞合わせて7億円を当てる幸運なひとがいる。だがこの因果関係を逆にして、「宝くじを買えば大金が手に入る」とはいえない（ほぼすべてのケースでその逆になる）。

それと同様に、膨大な数のひとたちが悪い習慣を変えたいと思っているはずだ。だとしたらそのなかに、何万分の1、あるいは何十万分の1の確率で、驚異的な成功を収める者がいたとしても不思議はない。しかしその体験を一般化して、「キーストーン・ハビットを変えさえすれば人生は好転する」といえるのだろうか。

自己啓発本の大きな問題は、成功者だけを集めて、そこからなにかの「教訓」を得ようとすることだ。だが宝くじに当たったひとを何十人、何百人取材しても、「成功法則」を見つけ出すことはできない。

もちろんこれは、「習慣の力」が役に立たないということではない。ある種のひとにとっては大きな効果があるにちがいない。それは「よい習慣をつくることができるひと」だ。

一卵性双生児と二卵性双生児の比較などから遺伝の影響を調べる行動遺伝学は、身長や体重などの外見だけでなく、知能や性格などあらゆるところに遺伝の長い影が延びていることを明らかにした。

すべてが遺伝で決まるわけではないが、パーソナリティ(性格)は遺伝と(幼少期の)環境の相互作用によってかたちづくられる。世の中には、「努力できるひと」と「努力できないひと」がいる。[*21] リサ・アレンの印象的な変化は、強い意志力を(生得的に)もっていた女性が、たまたま自堕落な生活から抜け出せなくなっていたが、ある出来事をきっかけに本来の能力を発揮できるようになったケースとして説明できるのではないか。

「習慣の力」の問題は、「よい習慣をつくればよい習慣がもてる」というトートロジー(同語反復)になっていることだ。人生に困難をもたらす多くの悪癖のなかで、どれが「キーストー

*21 宮口幸治『どうしても頑張れない人たち　ケーキの切れない非行少年たち2』新潮新書

ン・ハビット」なのか見極めるのは難しいだろう。

より汎用的・一般的な「成功法則」は存在しないのだろうか。ここでは「合理的意思決定理論」を参照しつつこの疑問を考えてみたい。

確率が「選択」の問題になるとき

あなたの手元には百円玉がひとつあり、コイン投げの賭けをもちかけられたとしよう。表が出ればあなたの勝ちで250円がもらえ、裏が出れば負けで賭け金は没収される。[*22]
直観的に割のいい賭けだとわかるだろうが、どのくらい得かは計算してみる必要がある。これはすごく簡単で、勝ったときの金額（250円）と負けたときの金額（0円）の合計に1／2（表が出るか、裏が出るかの確率）を掛ければいい。（250円＋0円）×1／2＝125円で、これを賭けの「期待値」という。
カジノなどのギャンブルは胴元の利益が差し引かれるので、プレイヤーの期待値はマイナスになる。宝くじやtoto（サッカーくじ）は賭け金の半分、競馬・競輪などの公営ギャンブルでは賭け金の4分の1程度が問答無用で徴収されるため、100円を投じたときの期待値はそれぞれ50円（マイナス50％）と75円（マイナス25％）だ。そのため日本の宝くじは「世界でもっ

＊22 これ以降の統計学の基礎（正規分布＝ベルカーブとベキ分布＝ロングテール）や複雑系の話はこれまで何度か書いたので、既読の方は読み飛ばしてほしい。

とも割の悪いギャンブル」などといわれる。

これらのギャンブルに比べれば、125円を「期待」できる賭けに100円で参加できるのはものすごく有利だ。当然、100円全額をこの賭けに投じるのがもっとも合理的な戦略になる。

では、あなたの手元になけなしの100万円があり、同じ賭けをもちかけられたらどうすべきか？　統計学の「平均への回帰」を知っていると、この問題も簡単に解ける。

平均への回帰では、賭けの損益が正規分布（ベルカーブ）であれば、勝ったり負けたりすることはあるとしても、試行回数を増やすことで結果は期待値に収斂する。すなわち、100万円を分割して1万円ずつ100回賭ければ、（ほぼ）確実に125万円になって戻ってくるのだ。

では、この有利な賭けにチャレンジできるのは1回だけで、賭け金は自由に決められるとしたらどうだろう。この場合、100万円全額を賭ければ2分の1の確率で250万円に増えるが、やはり2分の1の確率ですべてを失ってしまう。100円なら運がなかったと笑ってすませられるが、100万円だとそういうわけにはいかない。すなわち、「選択」の問題になるのだ。

期待値が同じならリスクの小さい方が優れている

リスクとリターンは一般に「損することと儲かること」と思われているが、統計学ではリターンは「期待値」、リスクは「データのばらつき」のことで、これはベルカーブのかたちで表わされる。

図8のような2つの金融商品があるとしよう。どちらも期待値は100だが、商品Aは最大損失が90、最大利益が110だ。それに対して商品Bは、最大損失が20、最大利益が180になっている。この金融商品に投資したときの損益のばらつき（リスク）は商品Bの方がずっと大きい。

ここで重要なのは、リスクは「損をする可能性」であると同時に、「儲かる可能性」でもあることだ。損益のばらつきが大きいと、大損することもあるが、大儲けも期待できる（商品B）。それに対して損益のばらつきが小さければ、大損する心配はないが大きな利益も期待できない（商品A）。

この2つの商品に投資できるとして、AとBのどちらが有利なのだろうか。これには明快な答えがあり、商品Aを選ぶべきだ。なぜなら、リスパが高いから。――「リスパ」はリスク

図8｜商品Aと商品Bの損益のばらつき

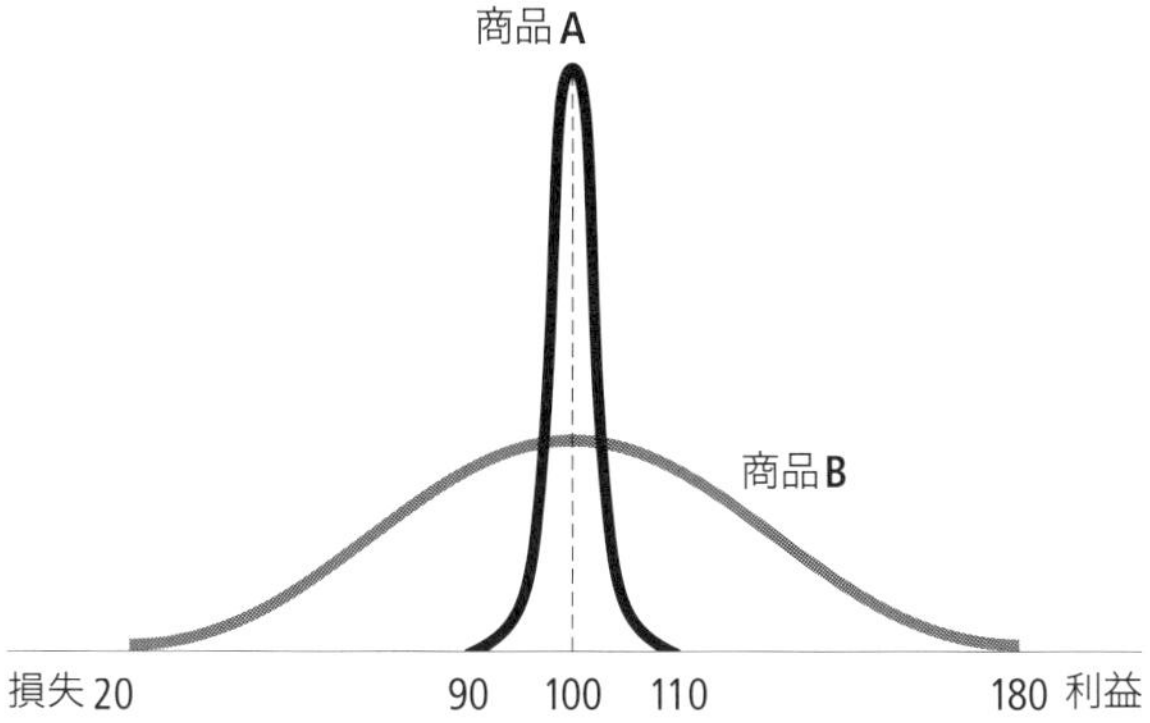

パフォーマンスの短縮形で、「リターン／リスク比」のことだった。

リスパの法則は次のように表わせる。

期待値が同じ場合は、リスクの小さい方がつねに優れている

直観では儲かったときの金額に目を奪われてしまうが、ゲームを繰り返せばどちらの場合も平均へと回帰していくのだから、結果が同じなら無駄なリスクをとる意味はない。ハイリスクな選択をすると、いつか地雷を踏むことになる。

このように、データの分布がベルカーブで、リターン（期待値）が同じでリスクだけが異なる場合は、リスパによって最適な選択はひとつに定まる。

図9｜債券と株式の損益のばらつき

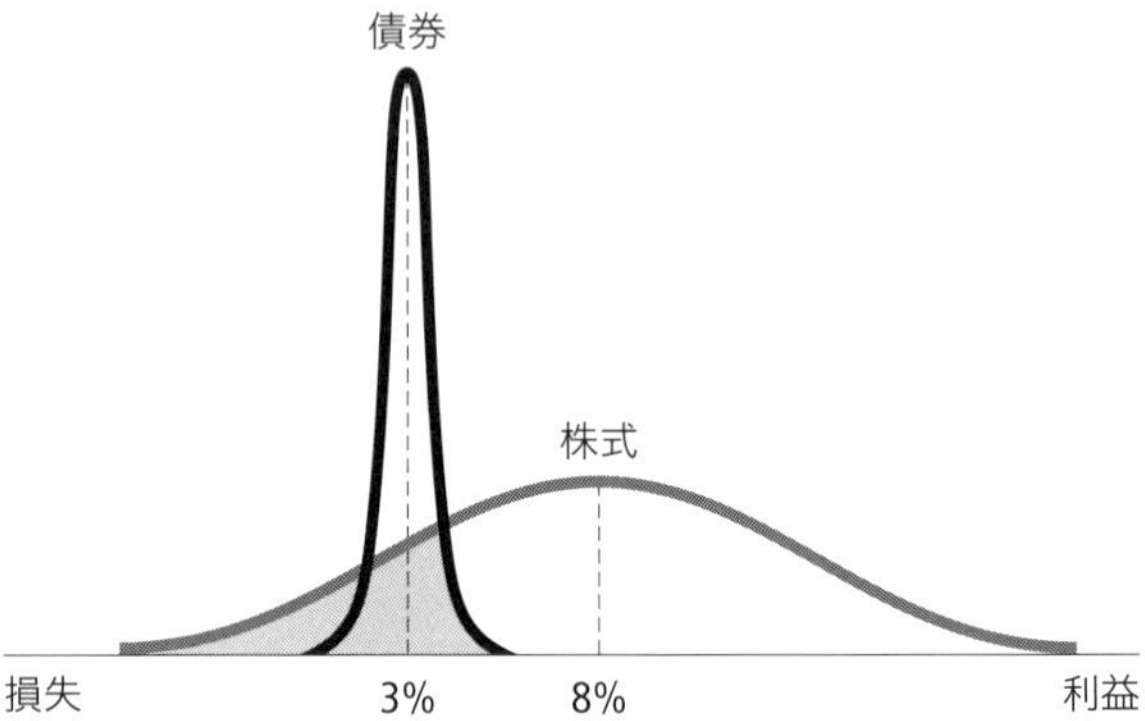

リスクが大きくてもリターンがさらに大きければいい

ここで「リスクの小さな金融商品Aとは債券や銀行預金のことで、リスクの大きな金融商品Bは株式のことではないか」と思ったひともいるだろう。だとすればリスパによって、株式より債券に投資した方が有利なのだろうか。そうともいえないのは、債券と株式では期待リターンがちがうからだ。

長期のデータからは、株式投資の期待リターンは一貫して債券投資を上回ることが示されている。ここでは便宜上、債券の期待リターンを3％、株式の期待リターンを8％としよう。すると2つの商品のリスクとリターンは図9のようになる。

株式は期待リターンが高い分だけ、リスクが大きくても、債券よりも大きな利益を得られる領域が広がっている。
ここから、もうひとつの法則が導かれる。

リスクが大きくても、リターンがさらに大きければ、そちらの方が優れている

株式投資は、よいときや悪いときはあるだろうが、長期では債券投資を上回る年が多くなる。そのうえ、毎年のパフォーマンスのちがいは複利で累積していく。こうして株式投資の収益は、10年、20年という期間では、債券投資を圧倒する。これが、「よい株は長くもちなさい」といわれる理由だ。

だとしたら、手元にある金融資産の全額を株式に投じるべきだろうか。

若くて投資資金が限られているなら、収入から支出を除いた全額を株式に積み立ててもいいだろう。老後の資金として取り崩すまで30年くらいの投資期間があるのだから、株価が一時的に下落するのは平均購入単価を引き下げるよい機会だ。損失額も限定されており、働いていくらでも挽回できるだろう。

だが年をとって金融資産が増え、その代わりに働ける年数が減ってくると、ふつうは元本保証の金融商品の割合を高めていく。２００８年のリーマンショックのときは、株式投資のなか

ではもっともリスクが分散されていた（株式市場全体に投資する）インデックスファンドですら、価格が半分まで暴落した。

70代、80代の引退した高齢者が、1億円の金融資産のすべてを株式インデックスで保有していた場合、わずか数週間で5000万円もの資産を失ったことになる。この損失はその後の株価上昇によって挽回でき、さらには利益まで出たのだが（資産運用理論は正しかった）、これはあくまでも結果論だ。大損したときのショックを考えれば、全額を債券（あるいはキャッシュ）でもっていることが最適戦略だというひともいるだろう。

実際にはほとんどのひとはこの中間で、金融資産の一定割合を株式に投資し、残りを債券か預金で保有している。株式の比率は、若くて資産の少ないときほど高く、年をとって資産が増えるにしたがって低くなるというのも合理的だ。ファイナンス理論では、それぞれのリスク選好に合わせて株式と債券に金融資産を振り分けると、もっとも効用が大きくなることが数学的に証明されている。

統計的世界は未来を予測できる

期待値がリターンの平均なのに対し、リスクは「標準偏差」で表わされる。平均値からのば

図10 正規分布(ベルカーブ)

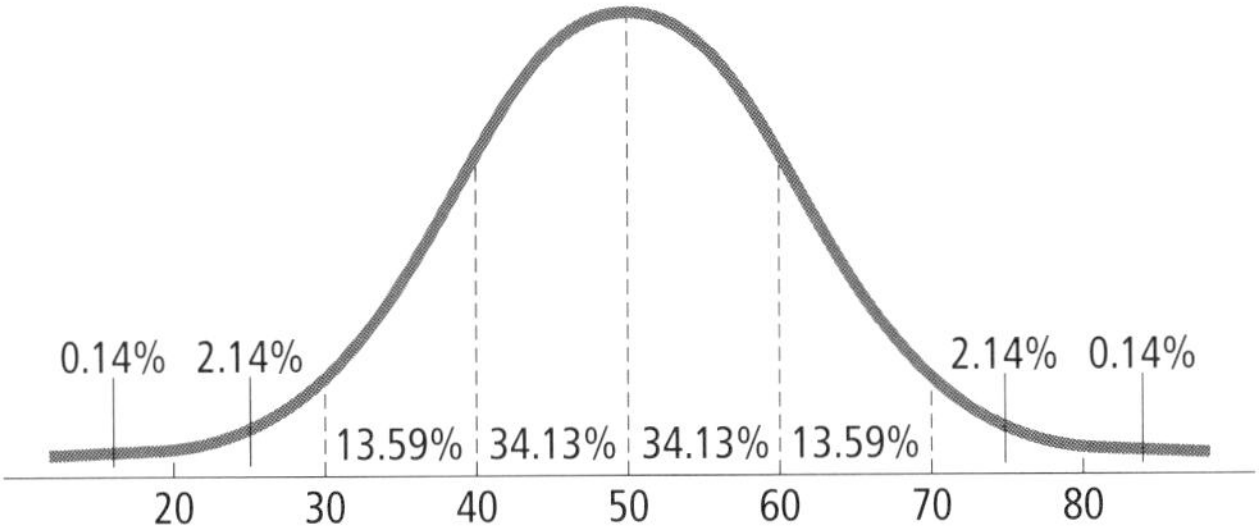

らつき具合を示す指標だが、学生時代に嫌というほど目にした偏差値で考えるとわかりやすい。

偏差値では50を平均として、1標準偏差が10になる。偏差値60は平均より1標準偏差高く、偏差値70は2標準偏差高い。

ベルカーブ(正規分布)の特徴は、図8の商品Aのような煙突型であっても、商品Bのような平坦型であっても、標準偏差ごとにその事象が起きる確率が決まっていることだ。

具体的には、平均から1標準偏差離れた区間にはすべての事象の34・13%が、2標準偏差離れた区間には13・59%が、3標準偏差離れた区間には2・14%が、4標準偏差離れた区間には0・14%が含まれる(図10)。

身長のばらつきは正規分布で、日本人の場合、成人(20~29歳)男性は平均身長171・4センチ、標準偏差5・8、女性は平均身長157・5センチ、標準偏差5・4だ。*23

あなたがこれから初対面のひとに会うとして、相手が日本人全体の母集団に属しているのなら（ファッション・モデルとかバレーボール選手などの身長に偏りのある集団でなければ）、約7割（68・26％）の確率で、男性なら165・6〜177・2センチ（171・4±5・8）に、女性なら152・1〜162・9センチ（157・5±5・4）の範囲に含まれると予想できる。

同様に、2標準偏差離れた男性（177・2〜183センチ）と女性（162・9〜168・3センチ）に出会うのは7〜8回に1回（13・59％）、3標準偏差離れた男性（183〜188・8センチ）と女性（168・3〜173・7センチ）に出会うのは47回に1回（2・14％）、4標準偏差離れた男性（188・8〜194・6センチ）と女性（173・7〜179・1センチ）に出会うのは714回に1回（0・14％）だ。

「それがどうした？」と思うかもしれないが、たとえ確率的であっても、未来を予測できるのはすごいことだ。統計学以前は、因果論で説明できるごく限られたこと以外は、将来は直観によって「なんとなく」予想するしかなかった。だがいまでは、（正規分布する）統計的世界の出来事であれば、どんなことが起きそうかを数学的に記述できるようになったのだ。

＊23 国民健康・栄養調査（2019）

「統計的に正しいことが、個人にとって正しいとは限らない」問題

統計的に合理的な意思決定をする場合、それを何度でも繰り返せるのなら、長期的には結果は平均へと回帰していくので、じゅうぶんなデータと正しい計算によって、最大の利益/効用を確実に獲得できる。

だがここには致命的な障害がある。統計的に未来を予測できるケースはほぼすべて計算しつくされてしまっていて、残っているのはデータが足りないとか、繰り返しの試行ができないとか、統計学がうまく使えないケースばかりなのだ。これが「合理的意思決定理論は役に立たない」という苦情の山を生み出すことになる。

経営学の教科書では、商品Xと商品Yのどちらを開発するかという問題を、それぞれの商品を販売したときの期待値(平均的な利益)とリスク(最大の利益と最大の損失)があらかじめわかっていることを前提に説明する。しかし現実には、それがわからないからこそ、どの企業も苦労しているのだ。

さらには、すべてのデータが揃っていても選択が困難になるケースがある。新型コロナのワクチンをめぐる混乱もその一例だった。

ワクチン接種には副反応が避けられず、発熱や倦怠感、頭痛などの症状が表われることがある。いずれも数日で収まるが、まれに重篤化するおそれがある。

しかしその一方で、コロナウイルスに感染すると、若者では無症状や軽症のことも多いが、高齢者や持病があるひとは死亡したり、回復しても後遺症が残ったりする。この両者を天秤にかければ、社会全体としてはできるだけ多くの対象者がワクチンを接種し、感染を抑制することに大きな利益があることは間違いない。さらに個人にとっても、ワクチンを接種して強い副反応が出るリスクと、コロナに感染して重篤化するリスクを天秤にかければ、平均的にはワクチン接種の利益の方が大きい。

これが「合理的意思決定」で、そのことに納得したからこそ、多くのひとが率先してワクチンを接種した。しかしどれほどわずかでも、ワクチン接種にリスクがあることは否定できない。それが0・1%なら1000人に1人、0・01%なら1万人に1人だが、自分が運悪くその1人にならない保証はない。

交通事故の死者は一貫して減ってきているとはいえ、日本ではいまだに毎年2000人以上が死亡している（2022年は2610人）。これはワクチンの副反応のリスクよりもはるかに大きいから、「ワクチンは危険だ」という論理を一貫させれば、交通事故はもっと危険なので、家から出ることすらできなくなってしまう。

しかしそれでも、両者には明らかなちがいがある。交通事故の場合は、車を運転しないとか、道路を渡るときは必ず横断歩道を利用するとか、個人の努力でリスクを減らす方法がある。それに対してワクチン接種は「不幸の宝くじ」のようなもので、個人では対処のしようがない。

わたしたちは、自分で管理できる（と思っている）リスクを小さく見積もり、自分ではコントロールできないリスクを大幅に高く見積もる。交通事故のリスクはさして気にしないが、ワクチンの副反応はものすごく怖いという感情は、論理的には正当化できないが進化的には合理性がある。

このようにして、**「統計的に正しいことが、個人にとって正しいとは限らない」**という状況が生じるのだ。

ギャンブルに手を出すべきでない理由

統計学の誕生によって、人類ははじめてリスクを管理できるようになった。[*24] 合理的意思決定というのは、リスクのある状況において、データを統計的に解析することで、不利益を最小化しつつもっとも効用の高い戦略を選択することだ。これはビジネス用語で「リスクマネジメント」と呼ばれる。

＊24 ピーター・バーンスタイン『リスク　神々への反逆』青山護訳、日経ビジネス人文庫

合理的意思決定理論はきわめて強力で、統計的世界の出来事については、どのような選択がもっともコスパとリスパが高いのか数学的な最適解を教えてくれる。だがそこには、以下の3つの条件を満たしていなければならないという限界がある。

①すべての事象を観察し、データ化できる。

②その事象のばらつきが正規分布（ベルカーブ）になっている。

③複数回の試行によって平均的な結果を実現できる。

この条件を満たすのがギャンブルで、ラスベガスとウォール街をハックしたエドワード・ソープのブラックジャック必勝法（カードカウンティング）が有名だが、*25 いまでは競馬や（野球、サッカー、バスケットボールなどの）スポーツベッティングでも、ビッグデータを統計解析することで大きな利益をあげられることがわかっている。アメリカやイギリスでは合法的な営利企業であるベッティング・カンパニーが高収入・好待遇を提示して、金融機関や技術系のメーカーと競って数学の学位をもつ優秀な学生を採用している。*26

競馬の場合、売上の20～25％が興行主の利益として差し引かれ、賭けは残りの取り分をめぐるゼロサム・ゲームになる。それにもかかわらずベッティング・カンパニーが安定した利益を

＊25 エドワード・O・ソープ『天才数学者、ラスベガスとウォール街を制す　偶然を支配した男のギャンブルと投資の戦略』望月衛訳、ダイヤモンド社

＊26 アダム・クチャルスキー『ギャンブルで勝ち続ける科学者たち　完全無欠の賭け』柴田裕之訳、草思社文庫

出しているということは、誰かが巨額の損失によってその分を埋め合わせているはずだ。この〝資産提供者〟はもちろん、馬券で「夢」を買った善男善女だ。

ここから、**あらゆるギャンブルは、ゲームをハックする側に回るのでないかぎり、手を出すべきではない**とわかる。とりわけオンライン・ゲームは、アルゴリズムによって、参加者の脳の報酬系を適度に刺激しつつ、有り金を巻き上げるようにつくられている。ポーカーのような対戦型ゲームでも、相手は深層学習によって強化されたＡＩボットである可能性が高く、人間のプレイヤーに勝ち目はない。

複雑系世界は予測できない

前提条件が満たされていれば、統計解析はきわめて強力な未来予測の道具で、莫大な利益を生み出すこともできる。ただし問題は、競馬やスポーツベッティングに多くの会社が参入したように、未開拓の緑地はたちまち刈りつくされてしまうことだ。残っているのは、統計的な手法が役に立たない分野だけだ。

株式市場には秒単位の膨大なデータがあるのだから、それを統計解析して騰落を予測できれば、そこから得られる富は天文学的なものになる。当然、多くの数学の天才たちがこの課題に

図11｜ベキ分布（ロングテール）

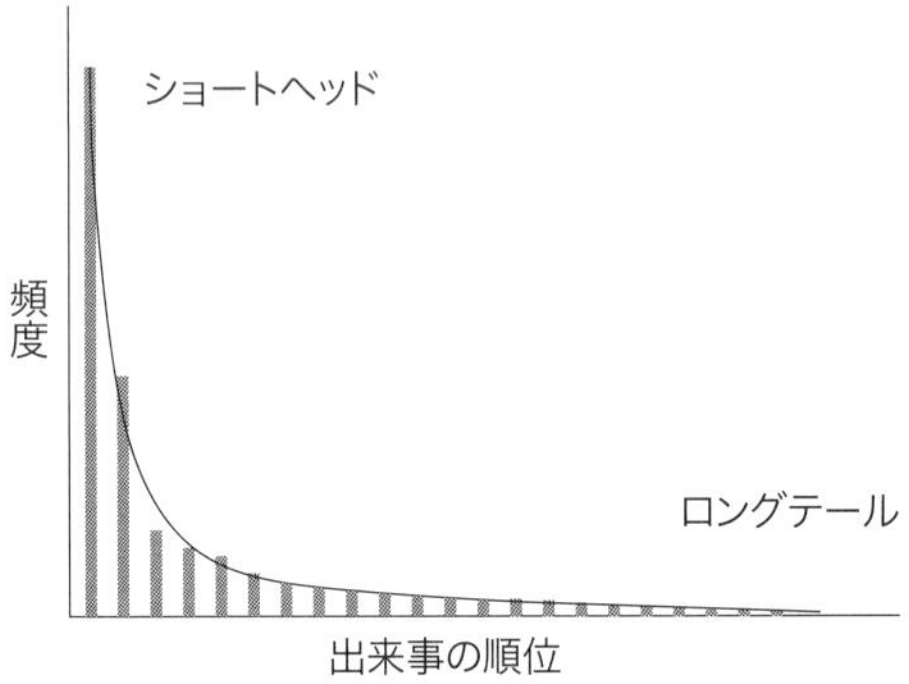

挑んだが、けっきょくのところ統計学はなんの役にも立たなかった。それは株式市場がベルカーブ（正規分布）ではなく、ロングテール（ベキ分布）の複雑系だからだ。

日常的な用語としては「リスク」も「不確実性」も同じものとして扱われているが、この両者には厳密な区別がある。

「リスク」は統計的世界（ベルカーブ）の事象のばらつきで、データが揃っていれば将来を確率的に予測できる。それに対して「不確実性」は複雑系（ロングテール）の出来事で、「とてつもないこと」が起きる可能性がつねにあり、原理的に未来を予測することはできない。

恐竜ブロントサウルスに譬えるなら、複雑系の世界は「ショートヘッド」と「ロングテール」から構成される。ほとんどのことはショートヘッドで発生するが、長く伸びた尾（ロングテール）の先では「とてつもないこと」が起きる。それは身長1メートルのホビットの群衆のなかに、身長10メートルや100メートルの巨人がいるような世界だ（図11）。

こうした状況は、わたしたちの周囲に簡単に見つけることができる。インターネットは典型的な複雑系で、1日に数十件や数百件のアクセスしかないサイトがほとんどのなかで、Yahoo!やGoogleは膨大なアクセスが集中するテールの端になっている。同様に、フォロワーが数十人のSNSが大半なのに、テールの端にはバラク・オバマ元大統領やイーロン・マスクのように1億人超のフォロワーをもつセレブリティがいる。

インターネットやSNSはネットワーク構造になっていて、テールの端に位置するサイトや人物が大きな影響力をもつハブになる（日本の航空網では、成田や羽田、関西空港がネットワークのハブだ）。

資産の分布も典型的なロングテールだ。多くのひとは貯金もできずにかつかつの生活をするショートヘッドだが、イーロン・マスクは20兆円、ジェフ・ベゾス、ビル・ゲイツ、ウォーレン・バフェット、（グーグル創業者の）ラリー・ペイジとセルゲイ・ブリンらは10兆円を超える資産（その大半は自社株）をもち、テールの端に位置している。

図12｜正規分布とベキ分布

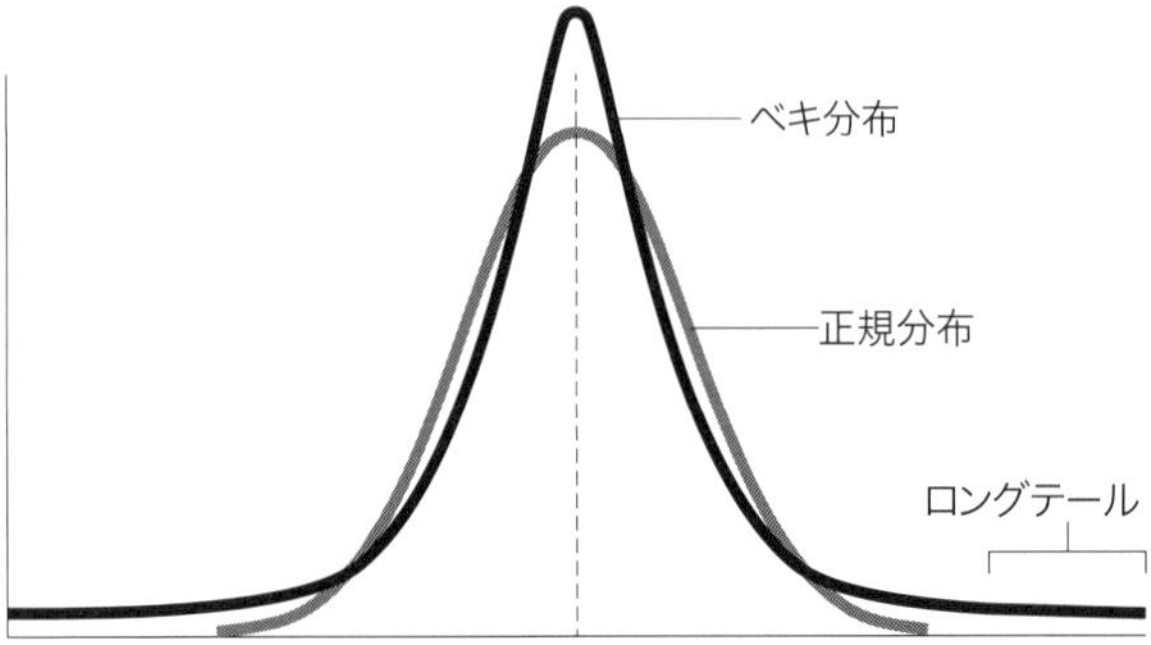

マクロ経済学は科学なのか

ロングテールはベキ分布として表わせるものの、テールがどこまで伸びていくのかわからないために、数学的なモデル化ができない。しかし図12のように、ショートヘッドからテールの途中までは、ベキ分布は正規分布（ベルカーブ）によく似ている。

　これを利用して、ベキ分布を正規分布で代替したうえで、極端な事象が起きる確率を高めに見積もるという手法が考案された。統計学を援用してロングテールに対応できれば便利だからだが、ヘッジファンド・マネージャーで思想家でもあるナシーム・ニコラス・タレブが繰り返し指摘するように、このやり方はまったくうまくいかなかった。*27

　そもそも、ロングテールの（とてつもない）出

＊27 ナシーム・ニコラス・タレブ『ブラック・スワン　不確実性とリスクの本質』望月衛訳、ダイヤモンド社

来事をどのように予測するかの客観的（統計学的）な方法があるわけではなく、これはモデル設計者の主観に任されることになった。そうなると、さまざまな「大人の事情」から、よいことが起きる確率を高めに、悪いことが起きる確率を低めに見積もるよう強い圧力を受ける。結果として、リーマンショックのような「とてつもなく悪いこと」が起きたとき、どのようなリスク管理モデルもなんの役にも立たなかったのだ。

市場は典型的な複雑系なので、マクロ（数理）経済学がやってきたような数式による市場のモデル化は原理的に不可能だ。アインシュタイン、フォン・ノイマンと並ぶ20世紀が生んだ天才の一人で、フラクタル（複雑系）を発見した数学者のベノワ・マンデルブロは、マクロ経済学を科学とは認めなかった。*28

それにもかかわらず、ルネサンス・テクノロジーズ（メダリオン）のように驚異的なパフォーマンスを継続しているヘッジファンドがあるが、彼らはとうのむかしに株価の予測を放棄している。クオンツと呼ばれるヘッジファンドがやっているのは、コンピュータ（AI）で市場を監視して価格の歪みを検知し、小さな利益を無限に積み上げていく裁定取引だ。*29

＊28 ベノワ・B・マンデルブロ『フラクタリスト　マンデルブロ自伝』田沢恭子訳、早川書房

＊29 グレゴリー・ザッカーマン『最も賢い億万長者　数学者シモンズはいかにしてマーケットを解読したか』水谷淳訳、ダイヤモンド社

専門家の予測は「チンパンジーがダーツを投げるのと同じ」

学者や評論家など専門家と称するひとたちは、経済、株式、選挙、戦争などについて自信たっぷりな予測をしている。だが市場や社会が複雑系だとしたら、その予測は、どの程度正しいのだろうか。

アメリカの政治学者・心理学者のフィリップ・テトロックは、この疑問を確かめるために、1984年から2004年まで20年の歳月をかけた研究で専門家の判断力を包括的に評価した。[*30]

その結果わかったのは、職業、経験、専門分野に関係なく、専門家の予測のなかに偶然を超えるものはなく、初歩的な統計手法による予測よりも精度が低いという意外な事実だった。予測の対象が経済、国内政治、国際関係にかかわらず、専門家が「起こるはずがない」と述べた事象の15%が実際に起きていて、その一方で「絶対確実」とされた事象の25%は起こらなかった。その結果をひと言でいえば「チンパンジーがダーツを投げるのと同じ」なのだ。

専門家の政治予測の結果を詳細に検討すると、明らかに異なる特徴をもつ2つのグループに分けられた。

よりましな専門家グループは、チンパンジー（偶然）にはかろうじて勝ったものの差はさほ

＊30 フィリップ・E・テトロック、ダン・ガードナー『超予測力 不確実な時代の先を読む10カ条』土方奈美訳、ハヤカワ文庫NF

ど大きくなく、「つねに前回と同じ結果を予測する」あるいは「つねに直前と同じ変化が続くものとして予測する」という単純なアルゴリズムとほとんど変わらなかった。これではとうてい、専門家だと自慢することはできない。

しかし驚くのはもうひとつの専門家グループで、デタラメな推測より結果が悪く、長期予測ではチンパンジーにも敗れた。なぜこんな悲惨なことになるかというと、このグループは客観的な事実よりも、自らの（保守／リベラルの）思想信条に合った予測をしていたのだ。

その一方でテトロックは、調査対象者のなかにきわめて高い確率で将来を予測できる者がいることに気づいた。彼ら／彼女たちはテレビ番組に頻繁に登場するような有名人ではなく、多くは専門教育を受けているわけでもないが、どういうわけか学界などの専門家よりも正しい意思決定ができるのだ。

そこでテトロックは、２０１１年に「優れた判断力プロジェクト（ＧＪＰ：Good Judgement Project）」を始め、「超予測者（つねにより正しい予測をするスーパースター）」の秘密を探ろうとした。

このプロジェクトでは、専門家ではなく、さまざまな経歴をもつごくふつうのボランティア約３２００人に、「北朝鮮は今年中に原子爆弾を投下するでしょうか」「ロシアは今後３カ月以内にウクライナの領土の一部を公式に併合するでしょうか」などの予測をしてもらった。すると予想どおり、大半の成績はお粗末だったが、2%だけ飛び抜けて優れたひとたちがいた。この超予測者について、ある政府高官は、「傍受した情報など機密情報を扱う資格のある情報機関のアナリストの平均を上回る」と評価した(超予測者は公開された情報しか使っていない)。だがこの「超予測力」は、生まれつき備わった神秘的な才能ではない。それは「特定のモノの考え方、情報の集め方、自らの考えを更新していく方法」の産物だったのだ。

超予測者は「永遠のベータ版」

古代ギリシア人は、「キツネがたくさんのことを知っているのに対し、ハリネズミはたったひとつ重要なことを知っている」と述べた。ここからテトロックは、キツネ的な考え方(予測が上手)と、ハリネズミ的な考え方(予測が下手)を説明している。

ハリネズミとは、大きな考えを信じているひとたちだ。「あたかも自然界の法則であるかのように機能し、社会のすべての相互交流を実質的に支える基本原則がある」と考えている。カール・マルクスと階級闘争、フロイトと無意識が例に挙げられているが、昨今のリフレ派(物価が上昇すれば日本経済は復活する)やMMT(現代貨幣理論。主権通貨は無制限に財政負担を拡大できるとする)なども同類だろう。ハリネズミの特徴は、以下のようにまとめられる。[*31]

＊31 ネイト・シルバー『シグナル&ノイズ　天才データアナリストの「予測学」』川添節子訳、日経BP

【予測が下手なハリネズミの考え方】

専門的：1つか2つの大きな問題を専門とすることが多い。分野外からの意見は疑う。

硬直的：全部をひっくるめたアプローチにこだわる。新しいデータは元のモデルを補強するために使う。

頑固：間違いは運が悪かったと考えるか、特別な環境のせいにする。優れたモデルにも、ついてない日はある。

秩序を求める：ノイズのなかからシグナルを発見できれば、世界を支配するきわめて単純な原則を見つけることができると思っている。

自信がある：曖昧な予測をすることはなく、意見を変えることをよしとしない。

イデオロギー的：より壮大な理論や闘争により、日々の多くの問題が解決されると思っている。

それに対してキツネはこれといった原則をもたない生き物で、たくさんの小さな考えを信じており、問題に向けてさまざまなアプローチを試みる。微妙な差異や不確実性、複雑性、異なる意見にも寛容だ。キツネの特徴は、次のようにまとめられる。

【予測が上手なキツネの考え方】

総合的：もともとの政治的立場にとらわれることなく、さまざまな分野に取り組む。

柔軟：最初のアプローチが機能するかどうかわからなければ、新しい方法を見つけたり、同時に複数の方法を試したりする。

自己批判的：（うれしくはないが）すすんで自分の予測の間違いを認め、非難を受け入れる。

複雑さを受け入れる：世界を複雑なものとして見ており、多くの基本的な問題は解決不能、あるいは本質的に予測不能だと思っている。

用心深い：確率的な言葉で予測を表現し、断定を避ける。

経験的：理論よりも経験を重視する。

超予測者は「永遠のベータ版」で、「試す、失敗する、分析する、修正する、また試す」という思考サイクルが大好きなのだ。

自信たっぷりに断定するハリネズミは短期的には大きな評判を獲得し、メディアにもよく登場する。それに対してキツネは地味で、ニュース番組のコメンテーターになったり、本を何十万部も売るようなことはないかもしれないが、未来を正しく予測することで長期的には大きな利益を獲得するのだ。

ベイズ確率でパートナーの浮気を計算する

トーマス・ベイズはイギリス人の牧師で、1701年（あるいは02年）にイギリス南東部にあるハートフォードシャー州の裕福な家庭に生まれたが、英国国教徒ではなかったためにオックスフォードやケンブリッジには進めず、スコットランドのエジンバラ大学で学んだ。発表した論文は少なく、有名な「偶然論における問題解決のための小論」は1763年、彼の死後に出版された。

ベイズは牧師として神の完全性を信じていたし、自然は不変で予測可能な法則に従うとしたニュートンの主張を支持してもいた。だがその一方で、人間は不完全な存在なのだから、神のように世界の秘密を一挙に知ることはできず、すこしずつ証拠を集めて真実に近づいていくしかないと考えた。この主張はその後、フランスの数学者ピエール＝シモン・ラプラスによって体系化され、「ベイズ統計」として知られることになる。*32

ベイズ統計は直観的に理解しにくいので、ここでは「あなた（女性）が出張から帰ってきたら、タンスのなかに見たことのない女性ものの下着を発見した」という例で説明しよう。*33 このとき、パートナーが浮気をしている確率はパンティ発見の前後でどう変わっただろうか。

＊32 シャロン・バーチュ・マグレイン『異端の統計学ベイズ』冨永星訳、草思社文庫

＊33 この例はシルバー『シグナル＆ノイズ』で使われている。

それを知るには3つの数字が必要になる。

1つは「事前確率」で、下着を見つける前だったら、どのくらいの確率でパートナーが浮気をしていると思ったかだ。ここでは、「既婚者の4％が配偶者を裏切る」という一般的なデータがあるとしよう。

2つ目は、パートナーが浮気をしているという仮定が正しいという条件下で、下着が存在する確率だ。タンスに自分のものではないパンティが紛れ込んでいるというのはショックだろうが、これを浮気の決定的な証拠だと決めつけることはできない。そもそもほんとうに浮気をしているとしたら、簡単に見つかるような場所にパンティを残したりするものだろうか。そこでこの確率を（主観的に）50％としよう。

3つ目は、浮気をしているという仮定が間違っているという条件下で、それでも下着が存在する確率だ。そんなことはありえないと思うかもしれないが、可能性はゼロとはいえない。真っ先に思い浮かぶのは、（浮気とどちらがマシかはわからないが）パートナーが女性用の下着を身に着ける趣味をもっているということだろう。だがその確率は低そうなので、（主観的に）5％と見積もることにしよう。

これまでの説明でわかったように、ベイズ統計の特徴は、データを分析して確率を計算するわけではないことだ。事前確率は浮気についての調査に基づいているものの、「浮気をしてい

図13｜ベイズ統計の事前確率

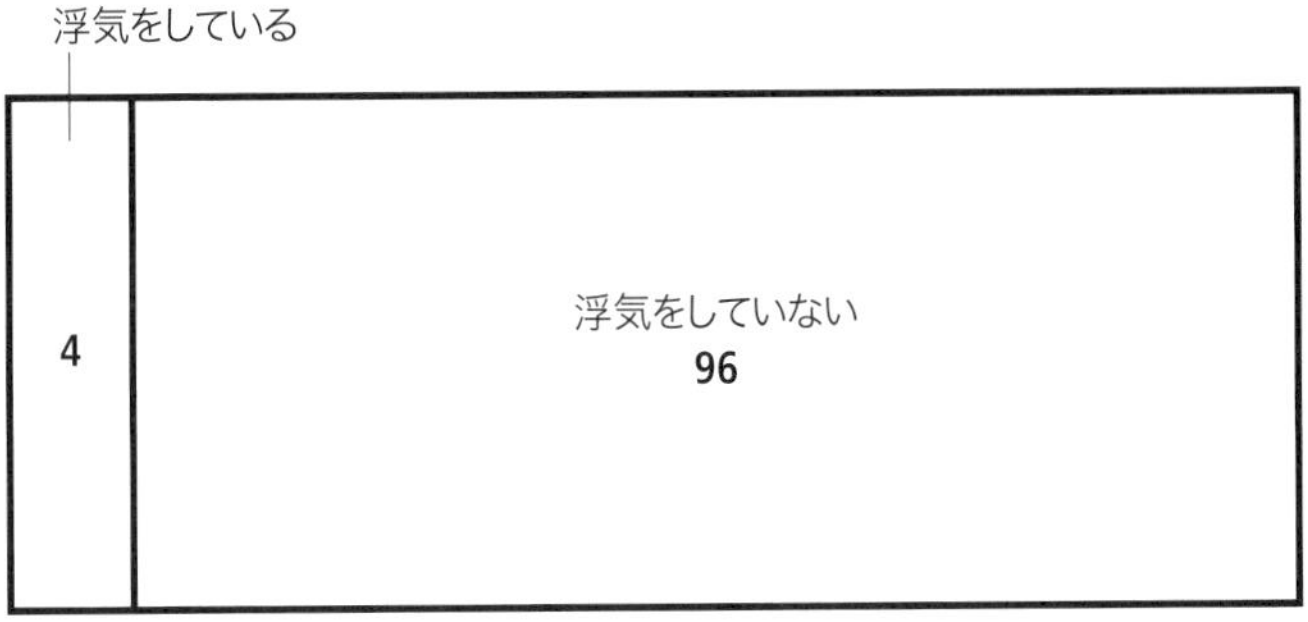

るときにパンティが存在する確率」とか、「浮気をしていないのにパンティが存在する確率」などを調べた研究は世の中に存在しない。それを50％や5％にしたのは、適当に（主観的に）決めただけだ。だからこれは、「主観確率」という。――ベイズ統計はすべてが主観的ということはなく、データに基づいていることも多い。

では、このかなりいい加減に思える条件から、パートナーが浮気をしているという「事後確率」はどの程度になるだろうか。それをベイズ統計で計算すると、29％になる。

推理小説の探偵の思考法

ベイズ統計でどのように浮気の確率を計算できるかは、面積を100とした図で説明するとわか

図14｜パンティの発見後の浮気の確率

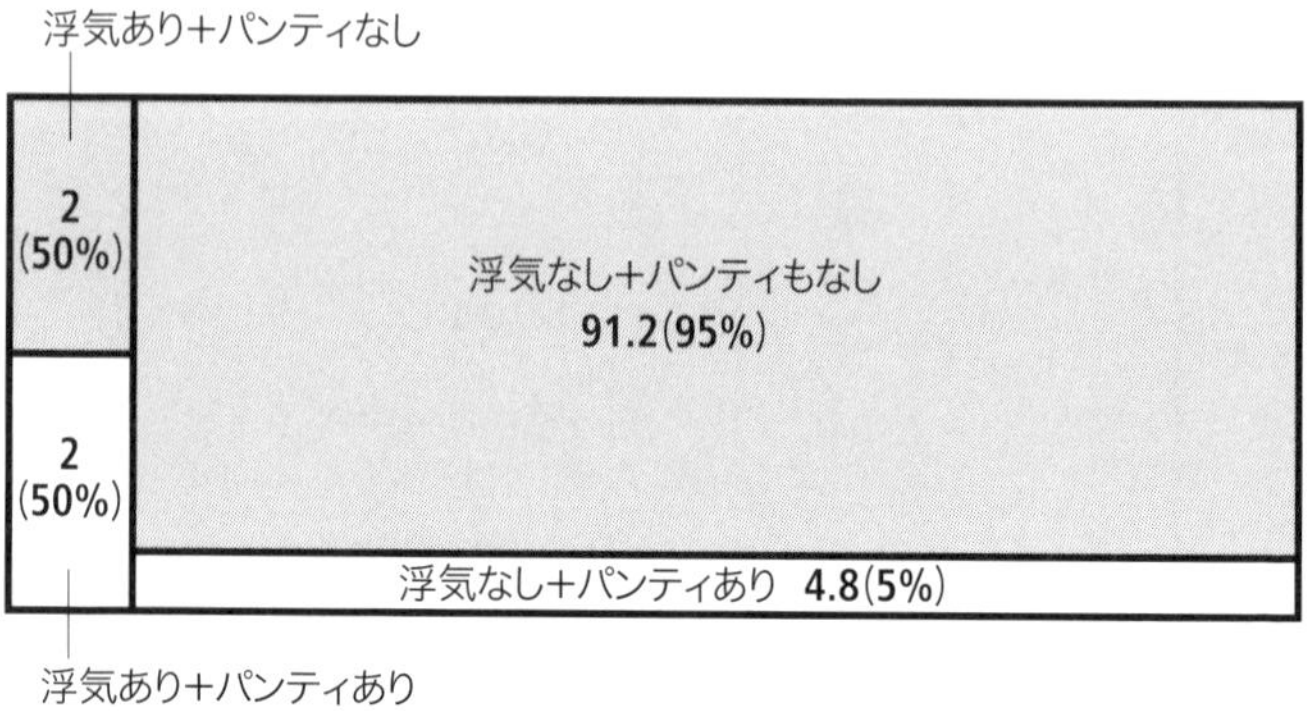

りやすい。[*34]

図13は事前確率で、タンスのなかにパンティを見つける前は、なんの情報もないのだから、世間の相場（平均）によって、パートナーが浮気をしている確率は4、浮気をしていない確率は96だった。これが〝推理〟の出発点だ。

ところがこの状況は、パンティの発見によって大きく変わる。この新たな条件が加わったときに、浮気の確率はどうなるだろうか。

まず、「浮気をしている」という4の部分に注目してみよう。このとき、「浮気をしていて、なおかつパンティが存在する」確率を、主観的に50%と見積もった。ということは、「浮気をしているが、パンティは存在しない」確率も50%になるので2つに分割できる。

次に、「浮気をしていない」という96の部分に

＊34 この説明の仕方は小島寛之『完全独習　ベイズ統計学入門』（ダイヤモンド社）より。

図15 ベイズ統計の事後確率

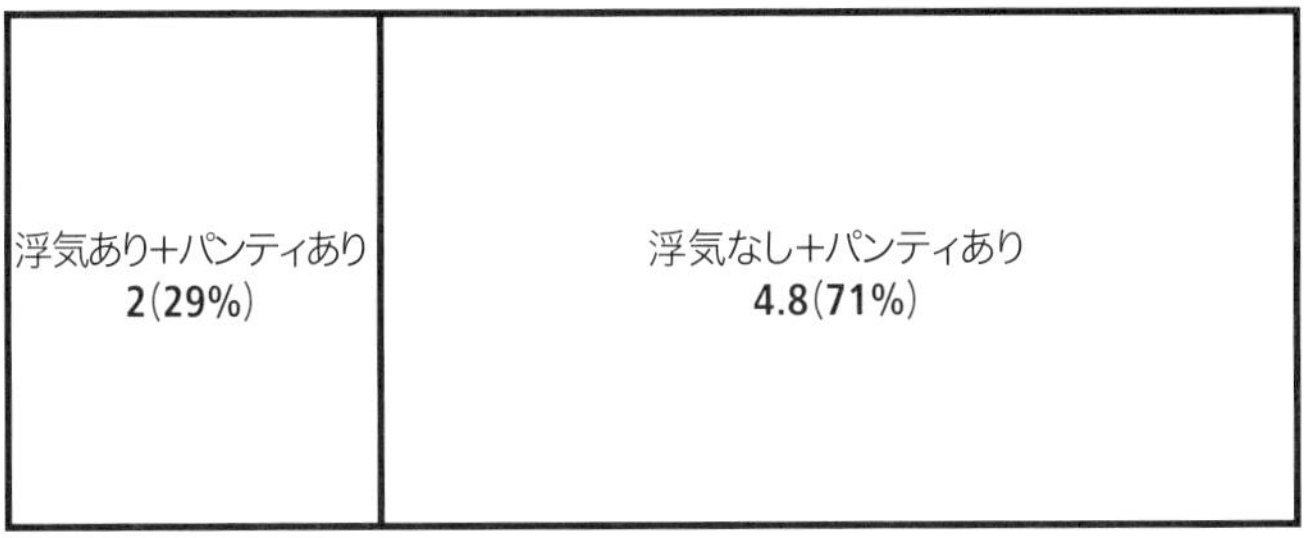

注目する。「浮気をしていないが、なんらかの理由でパンティが存在する」確率を5％と見積もったので、その面積は4・8になる（96×5％）。「浮気をしておらず、パンティも存在しない」確率は残りの91・2だ（96－4・8）。このようにして、最初の図は4つの部分に切り分けられた（図14）。

　ところで、この4つのなかに、なんの意味もないブロックが2つある。それが「浮気をしているが、パンティは存在しない（2）」と、「浮気をしておらず、パンティも存在しない（91・2）」だ。なぜなら、タンスのなかにたしかにパンティがあったのだから。

　そこで、可能性のなくなったこの2つのブロック（灰色の部分）を消去すると、「浮気をしていて、パンティが存在する（2）」と、「浮気をしていないが、パンティが存在する（4・8）」に整理できる（図15）。総面積6・8（2＋4・8）を面積100に戻すと、パートナーが浮気をしている確率は29％になる（2÷6・8）。

このような場面でよくある間違いは、パンティを見つけて逆上し、「浮気をしているにちがいない」と決めつけてしまうことだ。これは、たったひとつの証拠で犯人を断定するのと同じだ。

それに対してベイズ的な発想は、一つひとつ証拠を積み上げ、そのたびに確率を更新していく。パートナーが浮気をする事前確率は4％だったが、パンティという「証拠」が見つかったことで浮気の確率は29％まで上昇した。その後、「出張と称して外泊が多くなった」「スマホを見られないよう隠すようになった」など、新たな「証拠」が見つかるたびに浮気の確率は上がっていき、80％を超える頃には隠しておけなくなるだろう。

それに対して、あなたがあまり好きではない女友だちから、頻繁に家庭の様子を探るような電話がかかってきたとしよう。するとこんどは、パンティが夫婦関係を壊すために仕組まれたものだという可能性が出てくる。その後、この女友だちが根拠のない噂を流していたり、過去にストーカー行為でトラブルになっていたことなどがわかって、そのたびにベイズ確率が下がり、最後にはパートナーの「冤罪」が認められるかもしれない。

ベイズ統計においてもっとも難しいのは、「主観確率」という概念を理解することだ。これはヤマカンではないものの、データに基づく「客観確率」とはちがい、「確からしい」と思える確率のことだ。それがなぜ有用かというと、次々と証拠を加えていくことによって、「確からしい」がどんどん「確か」に近づいていくからだ。ベイズ統計というのは、推理小説の探偵の思考法なのだ。

後悔を最小化する選択

経済学者のチャールズ・マンスキーは、意思決定の基準を大きく3つに分けている。[*35]

ひとつは**「期待厚生基準」**で、経済学（功利主義）の典型的な考え方だ。与えられた条件のなかでもっとも厚生（幸福度）が大きくなる選択をすることで、すべての情報が手元にあるのなら、これが最適解であることは間違いない。だがこれまで述べてきたように、多くの選択は不確実性の状況下で行なわなければならず、この方法に頼ることはできない（期待厚生基準で対処できる問題は、ほぼすべて解決されてしまった）。

2つ目は**「マキシミン基準」**で、「行動が生み出す厚生の最小値で行動を評価し、その厚生の最小値のなかでいちばんましな厚生を生む行動を選択する」と定義される。わかりやすくいうなら、起こり得るなかで最悪の事態を想定し、そのときの被害が最小になるような選択をす

＊35 チャールズ・マンスキー『マンスキー　データ分析と意思決定理論　不確実な世界で政策の未来を予測する』奥村綱雄監修、高遠裕子訳、ダイヤモンド社

ることだ。

不確実性下の意思決定において、マキシミン基準はときにきわめて有効に機能する。日本の原発政策がマキシミン基準で運営されていたなら、想定を超える規模の津波（起こり得る最悪の事態）を予測し、電源を高台に移設するか、予備の電源を安全な場所に設置するなどして、福島の原発事故を防ぐことができただろう。

しかしその一方で、マキシミン基準はきわめて保守的な意思決定につながる。新しいアイデアが圧倒的に優れていると確信できないかぎり、予想外の被害を最小限にするために現状を維持するのが最適解になってしまうのだ。これでは、イノベーションなど起こるわけがない。

3つ目は**「ミニマックス・リグレット基準」**で、後悔（リグレット）を最小化することをいう。学校や会社の選択であれ、パートナーとの結婚であれ、その選択をしなかった場合、どれくらい後悔するかを考え、それを最小化するような予測をするのだ。

マキシマイザーとミニマイザー

ヘッドハンターから誘われて、あなたはいまの会社を辞めて転職するかどうかの選択を迫られている。こうした場面は人生のなかでよくあるだろうが、ここで「期待厚生基準」は使いものにならない。このまま会社に残ることと、新たな挑戦をすることのそれぞれの効用（厚生）を数値化する方法がないからだ。

次に「マキシミン基準」だが、これを採用すると、あなたは（ほぼ）すべてのチャンスを見逃すことになる。どれほどいい提案にもリスクはあり、「転職してみたらぜんぜんちがった」という類の話はいくらでも聞こえてくるだろう。

それに対して「ミニマックス・リグレット基準」では、「この話を断って会社に残ったとしたら、将来、どのくらい後悔するだろう」と、「転職したあと、〝やはり前の会社の方がよかった〟と後悔することはどのくらいあるだろう」を比較し、後悔の小さな方を選択する。

とはいえ、「ミニマックス・リグレット基準」はたんに後悔を最小化するだけなので、永遠に最適解（ベスト）に到達することはできない。というよりも、**複雑系の世界では最適な選択などといったものは存在せず、せいぜい妥当な選択しかない。**

それをより成功に近づけるのが「試行錯誤」だ。日本社会の大きな問題は労働市場に流動性がないことで、新卒でたまたま入った会社に、退職まで40年も「監禁」されてしまう。さまざまな国際調査では、日本のサラリーマンは「世界でいちばん仕事が嫌いで、会社を憎んでいる」ことが明らかになっているが、これがその理由だろう。

日本の会社は新卒から滅私奉公したサラリーマン社長ばかりだが、アメリカの大手企業のC

EOは4~5回の転職を経験しているケースがもっとも多いという。ベイズ的な発想で転職のリスクをとり、それを数回繰り返すことで「成功」へと到達していくのだ。

近年は日本企業も中途採用にちからを入れはじめ、30代半ばまでなら転職も当たり前になった。もちろん転職が必ずうまくいくわけではないが、それもまた貴重な経験になるだろう。50代になって窓際に追いやられ、「あのとき決断していれば」とほぞを噛むより、若いときにリスクをとってさまざまな経験をした方がずっといいのではないだろうか。

バリー・シュワルツは、選択肢が多すぎる場面で完璧な答えを探す**「マキシマイザー（利益最大化人間）」**は、「もっといい選択ができたのではないか」といつも後悔することになるという。一方、あらゆるリスクを回避しようとする**「ミニマイザー（リスク最小化人間）」**は、ひたすら現状にしがみつくしかなくなってしまう。

そう考えれば、完璧な選択を目指すのではなく、適度なリスクをとり、トライ・アンド・エラーで一歩ずつ成功へと近づいていく**「サティスファイサー（満足化人間）」**の戦略が、幸福な人生を実現できる可能性が高いのではないか。

理論的にはこのようになることを押さえたうえで、Part2では「人生の土台をどのように合理的に設計するのか」について、より具体的に考えてみたい。

Part
2

【実践編】合理的に人生を設計するための戦略

5
3つの資本と8つのパターン

「幸福に生きるにはどうすればいいのか？」という問いに答えるためには、「幸福とはなにか？」を定義しなければならない。これには哲学、心理学、宗教学などの膨大な議論があり、それに在野の知識人や素人が加わって百家争鳴の状態になっている。

ところがここに、脳科学・遺伝学からきわめて有力な説が、実験によるエビデンス（証拠）とともに現われた。それは次の2つにまとめられる。

①幸福感には一人ひとりちがいがあり、それはおおよそ生得的に（遺伝＋幼少期の環境で）決まっている。

②よいことがあれば幸福度は上がり、悲しいことがあれば幸福度は下がるが、長期的には、生まれもった幸福度に収斂していく。

幸福度は「親ガチャ」で決まる

これは、「『親ガチャ』によって幸福度が高いひとと低いひとがいる」ということであり、「幸福度の基本的な水準は大人になってからは（ほとんど）変わらない」ということでもある。人間について自然科学（現代の進化論）が明らかにした「不都合な事実」のひとつだが、だからといって絶望する必要はない。なぜなら、幸福とは相対的なものだから。

わたしたちはつねに、身近なひとと自分の境遇を比較し、喜んだりがっかりしたりしている。これは**脳が上方比較を「報酬」、下方比較を「損失」と見なす**からで、無意識のうちに、自分より恵まれた者を見ると痛みを感じ、劣った者と出会うと快感を得る。これも自然科学が発見した「不都合な事実」で、これが脳のＯＳ（基本的な仕組み）である以上、仏陀のような偉人でなければ逃れる術はない。

ただしここには大きな皮肉があって、いい気分になるために自分より劣った者ばかりを集め、自分より優れた者を避けていると、長期的には幸福を破壊してしまう。あなたが会社の経営者だとして、どういうスタッフを集めればいいかを考えてみれば、このことは明らかだろう。

これは、**「短期的な幸福（快感）と長期的な幸福（成功）が、しばしば衝突する」**という話でもある。成功とは多くの場合、短期的な快楽を抑制することで長期的な利益を最大化することなのだから、「痛み」に耐えて、**自分よりも優れたひとたちとつき合った方が成功しやすい**だろう（とりわけ若者には、このアドバイスは有効だ）。

幸福は相対的なものだから、現在の状態よりもすこしでも改善すれば、客観的にはどれほど不幸に見えても、主観的には幸せを感じることができる。わたしたちは〝神の視点〟から世界中のひとびとの平均値と自分の境遇を比較し、「幸福／不幸」を統計的に判断しているわけではない。脳のスペックの限界（進化的制約）から、幸福感は、会社や学校、あるいはママ友など半径10メートル以内の人間関係のなかから生じる以外にないのだ。

このようにして、社会的には成功していると思われていた芸能人が自殺してひとびとを驚かせる一方で、生活保護基準を下回る暮らしをしている「貧困専業主婦」が、「自分には家庭がある（子どもがいる）から幸せ」と思っていたりする。[*36]「幸福」の定義は一人ひとり異なり、客観的な基準などない。

そこで前著『幸福の「資本」論』では、「金融資本」「人的資本」「社会資本」を幸福の土台（インフラストラクチャー）として、この条件が（ある程度）揃った状態を「幸福」だと定義した。本人が「自分は不幸だ」と思っていても、3つの「資本」をもっていれば、それは「幸福」なのだ。

＊36 周燕飛『貧困専業主婦』新潮選書

人生の8つのパターン

幸福の3つの土台から、人生を8つのパターンに分類できる。それを簡単に説明すると、次のようになる。

①**貧困**：金融資本、人的資本、社会資本がなにひとつない状態。「不幸=貧困」とは、幸福の土台がどこにもないことだ。

②**プア充**：貯蓄も収入もほとんどないが、恋人・家族・友だち関係は充実している。地方都市で中学・高校時代の〝イツメン（いつものメンバー）〟とつるみながらバイトや非正規の仕事をしているヤンキーやジモティーが典型。生活は貧しくても「貧困」ではない（社会資本）。

③**ソロ充**：専門職などでそれなりの収入はあるものの貯蓄はなく、友だちもあまりいない。地方から都会に出てきた大卒エリートの若者が典型。一人暮らしでも、仕事や趣味で充実した生活を送っている。「仕事はできるけど異性との交際にはあまり興味がなく、友だちづき合いが苦手」というのもこのタイプ（人的資本）。

④**孤独なお金持ち**：仕事はしておらず、家族や友人もいないが、経済的な不安はないというタイプ。独身の退職者のほか、親と同居し、アルバイト程度の仕事しかしていない裕福な引きこもりもこれに当てはまるだろう。こうした人生を不幸（負け組）と決めつけることはできず、好きなことに打ち込める生活はけっこう充実しているかもしれない（金融資本）。

⑤**リア充**：バリバリ仕事をして、なおかつ恋人や友だちに囲まれているタイプ。東京生まれで私立の中高一貫校から有名大学に入り、一流企業に勤めている若いビジネスパーソンが典型で、ＳＮＳで〝リア充アピール〟に余念がない。インスタ映えする生活を維持するのにコストがかかるので、資産はあまりないだろう（人的資本＋社会資本）。

⑥**ソロリッチ**：高い収入によって資産形成に成功したものの、独身のまま友人もあまりいないタイプ。医師・弁護士などの専門職によく見られる。一見、孤独に見えるが、生活になんの不安もないため幸福度は高い（金融資本＋人的資本）。

⑦**マダム**：「働いていないけれど、お金はあるし友だちもたくさんいる」というタイプ。夫の稼ぎを金融資本に、ママ友を社会資本にするマダムが典型。裕福な退職者（旦那）のほかに、親のお金で好き勝手に暮らしているドラ息子／娘（ただし友だちには人気がある）もこのタイプに含まれるだろう（金融資本＋社会資本）。

⑧**超充**：幸福の「資本」をすべてもっている状態。理論上はその生活は超充実しているはず

図16｜幸福の資本の数によって8つのパターンに分類

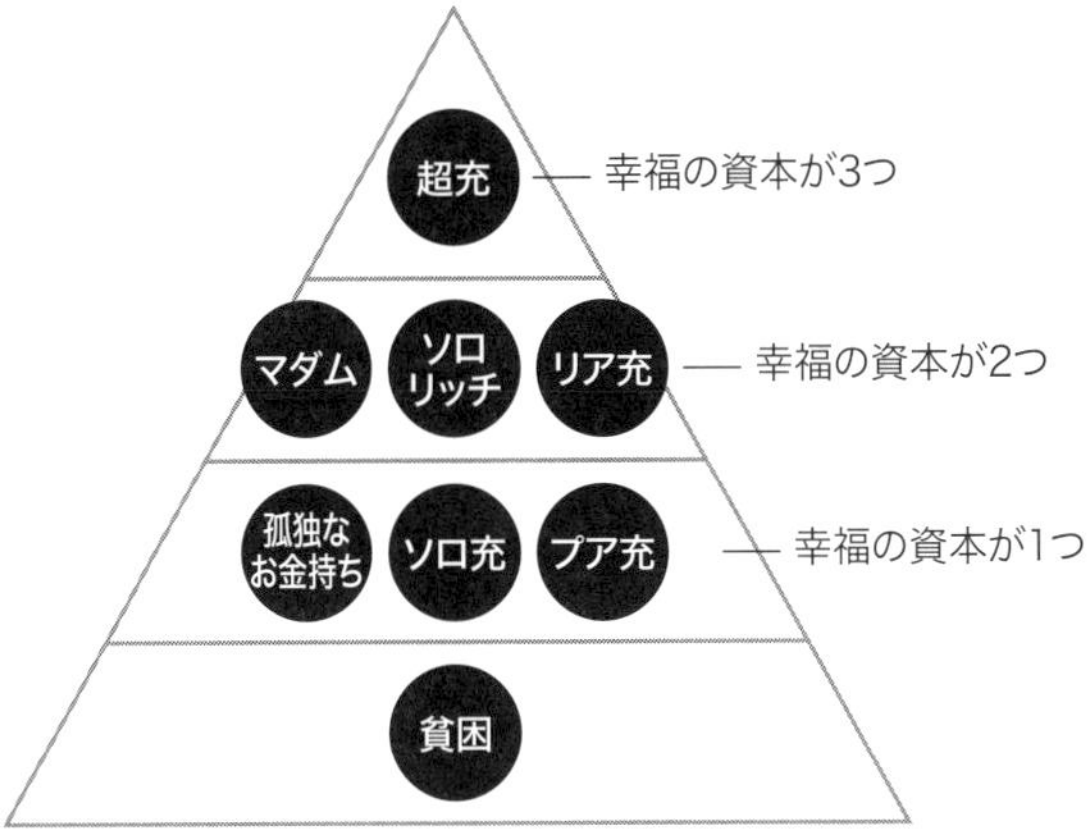

だが、現実にはさまざまな制約があり、このレベルに至るのは難しい（金融資本＋人的資本＋社会資本）。

この関係を整理したのが図16で、幸福の「資本＝土台」がなにもない状態が貧困（不幸）で、**金融資本、人的資本、社会資本が増えるにつれて幸福度は上がっていく**。

主観的には幸福だとしても、幸福の「資本」が1つしかないのはきわめて不安的な状態だ。プア充が家族や友だちを失ってしまったり、ソロ充が会社を解雇されたり、孤独なお金持ちが投資に失敗して全財産を失ってしまったりすれば、たちまち「貧困」に陥ってしまう。

このように考えれば、「幸福の『資本』を2つもてるようにする」というのが当面の目標になる。

これなら離別や失業、経済危機などで一方の資本を失ってしまっても、残された資本を使って再起をはかることができる。これが前著『幸福の「資本」論』の提案だった。

人生の6つの資源（リソース）

精神科医で進化医学を研究するランドルフ・ネシーは、こころの不調に悩む患者がどこに問題を抱えているのかを知るために、人生を以下の６つの資源（リソース）に分類した。[*37]

① **収入**（Income）食料、住居、お金などの物的リソース
② **能力**（Ability）外見、健康、時間などを含む個人的なリソース
③ **職業**（Occupation）収入とやりがいをもたらす仕事
④ **社交**（Social）評価や承認を得られる人間関係
⑤ **愛情**（Love）セックスを含む親密な関係
⑥ **子ども**（Children）家族との関係

『幸福の「資本」論』でいうなら、①「収入」は金融資本に、②「能力」と③「職業」は人的

＊37 ランドルフ・M・ネシー『なぜ心はこんなに脆いのか　不安や抑うつの進化心理学』加藤智子訳、草思社

資本に、④「社交」、⑤「愛情」、⑥「子ども」は社会資本に該当する。ネシーは人生においてわたしたちがなにを重視しているかを示したが、それが3つの資本にまとめられるのはある意味、当然のことだ。

興味深いのは、ネシーが、人生とはこの6つの重要な価値の選択だと述べていることだ。なぜなら、わたしたちはきわめてきびしい資源制約を突きつけられているから。

人生に無限の資源を投入できるなら、図17Aのように、すべての価値を均等に最大化することで幸福を実現できるだろう。しかし現実には、誰もがこのなかから、なにかを選び、なにかをあきらめなくてはならない。

Bは「キャリア集中型」で、自らの能力（人的資本）を仕事に投入して収入を得るとともに、職業的な成果を社会的な評価につなげている。だがここで資源は尽きてしまい、愛情（パートナー）や子どものために割く余裕はない。このタイプの多くは独身だろうが、たとえ結婚して子どもがいても、人生におけるその価値はほぼゼロだろう。

Cはそれとは逆に「子ども中心型」で、能力はすべて子育てに投入され、仕事は収入を得るための必要悪で、社会的な評価は子育ての成果からもたらされる。教育ママが典型で、毎日凝った弁当をつくったりするが、すべての愛情は子どもに注がれるため、夫はたんなるATM（現金引出機）と思われているかもしれない。

Dは「パーティ大好き型」で、社交を通じて愛情（セックス）を得るために能力の大半を注ぎ込んでいる。収入（お金）が大切なのはパーティを楽しむためだ。こうした人生に、家庭や子どもはなんの影響も与えない。

これはいずれも極端なケースだが、わたしたちはみな、ある価値を重視し、別の価値を軽視することで、なんとか人生のバランスを保っている。生きるために死活的に重要なものと、どうでもいいものがあるのだ。

ネシーによれば、**精神的な不調は、重要な価値が毀損したときに起きる**。キャリア集中型のビジネスパーソンが仕事に失敗して会社内での地位を失ったり、子ども中心型の母親に反抗した息子／娘が家を出ていってしまったり、パーティ大好き型が評判を大きく下げる失態を犯し、誰からも相手にされなくなったりしたときに、こころを病んで精神科病院を訪れるのだ。

逆にいえば、キャリア集中型の男が妻から離婚を突きつけられたり、子ども中心型の母親（あるいはパーティ大好き型）がいきなり解雇されたとしても、心理的にはほとんど影響をもたらさない。その出来事は彼／彼女にとって、なんの価値もないのだから。

人生の資源（リソース）は有限で、それをどこかに投入すれば別のところに割く資源がなくなってしまう。この資源制約によって、「幸福の『資本』」のすべてを手に入れることはきわめて難しい。

図17 人生の6つの資源（リソース）

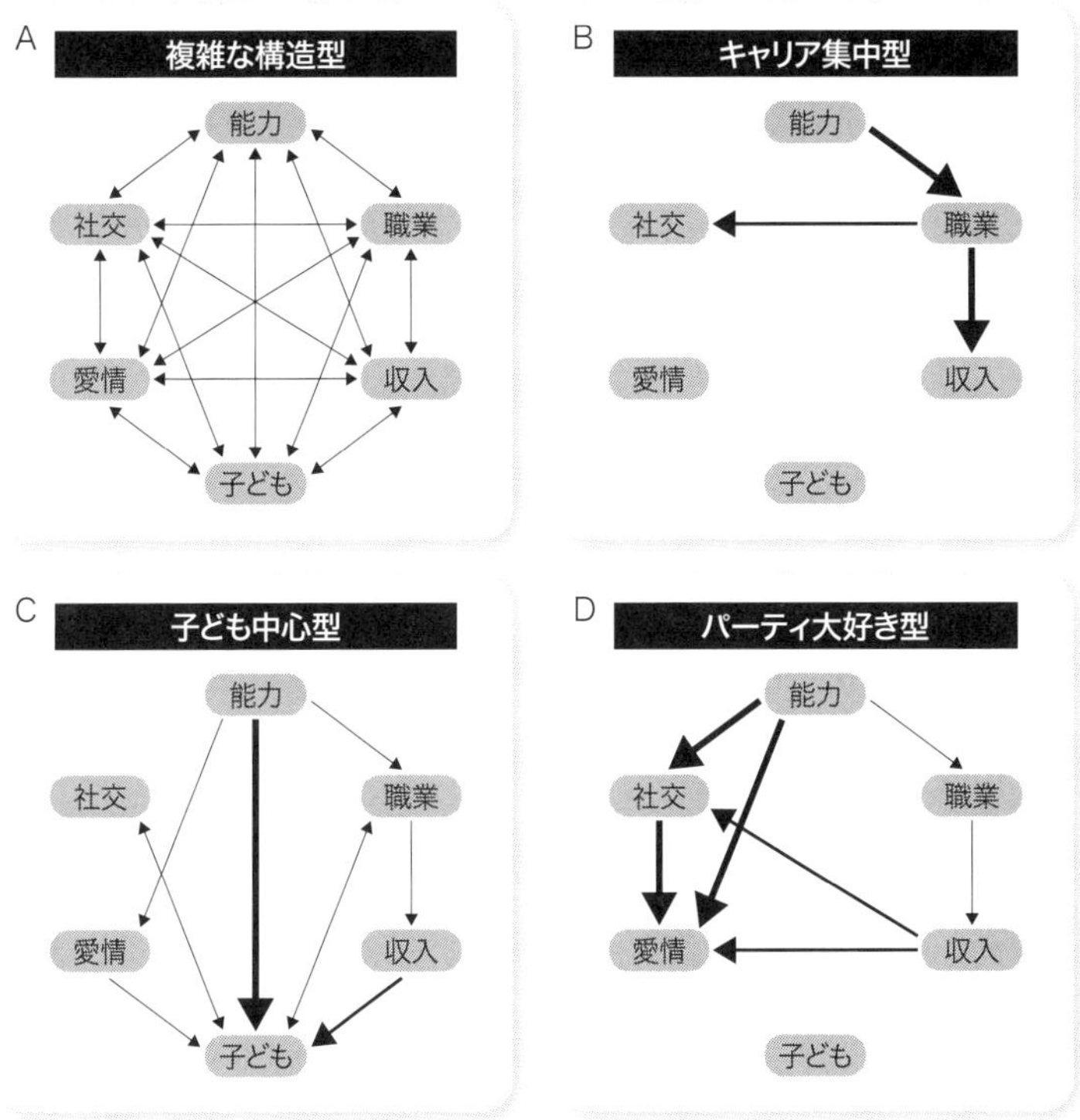

リソース配分のパターン例

ランドルフ・ネシー『なぜ心はこんなに脆いのか』より作成

わたしたちはみな「超充」の理想を追い求めているが、それは見果てぬ夢なのだ。

脳は「物語」として世界を理解する

誰もが人生の主役だ。とはいえこれは、自己啓発本にありがちな「きれいごと」ではない。ヒトの脳がそのように設計されているという生物学的な事実だ。

近年の脳科学は、脳を超高性能のシミュレーション・マシンだと考える。いわば「if-then」のプログラムで、「もしAという条件が満たされれば、そのときはBになる」という予測をひたすら繰り返している。

これに記憶が加わると、「もしあのときこうしていたら、こんなことにはならなかったのに」という過去のシミュレーションが可能になる。これは「後悔」とか「反省」と呼ばれる。

過去の出来事を、いま起きている（同じような）事態に当てはめるのが「学習」だ。「あのときはこれで失敗したから、こんどはこうしてみよう」と考えることは、生存や生殖の強力なツールになっただろう。

それだけでなく、ヒトは未来に向けてのシミュレーションもできるように進化した。「いまここでこうしたら、明日（あるいは1年後）にはこうなるだろう」という予想は、「夢」や「希望」を生み出す。脳のこうしたシミュレーション機能は、「DMN（デフォルト・モード・ネットワーク）」と呼ばれる。

睡眠の効用のところでも述べたが、「過去」「現在」「未来」のシミュレーションをばらばらに行なっているだけでは、ほとんど役に立たない。反省や学習、あるいは希望には、過去から未来へと一貫する「主体（わたし）」が必要だ。このようにして、より効率的なシミュレーションのために「わたし（自己意識）」が進化した。

では、脳はどのように「わたし」を生み出したのか。それが「物語（自伝的記憶）」だ。

後悔（過去のシミュレーション）も、希望（未来のシミュレーション）も、「わたし」を主人公とした物語として意識されている。わたしたちは「物語」以外の方法で、人生を語ることも、世界を理解することもできない。

ここから、「幸福」と「不幸」を次のように定義できる。

> 幸福とは、自分の人生を「よい物語」として（自分や他人に）語れること。
> 不幸とは、人生という「物語」が破綻してしまったこと。

成功とは、よい物語をつくれるような人生を設計することなのだ。

ロールプレイング・ゲームとしての人生

人生はロールプレイング・ゲームに似ている。これはたんなる比喩ではなく、脳があらゆる体験を「物語」として理解しているとすれば当たり前のことだ。逆にいうと、よくできたロールプレイング・ゲームは脳の経験に似ているので人気があるのだろう。

さまざまなロールプレイング・ゲームのなかで、いちばんつまらないのは、難しすぎてまったく攻略できないものだ。これは「無理ゲー」と呼ばれる。しかしそれと同じくらいつまらないのは、初期設定からキャラクターのレベルがマックスで、どんどん進んでいったらゴールしてしまうゲームではないだろうか。

ゲームの楽しさは、低いステイタスを努力や工夫によってすこしずつ上げていく経験であり、うまくいったと思ったら大きな失敗があり、それを乗り越えるとより大きな成功が手に入るというドキドキ感にある。

人生もこれと同じで、貧困家庭に生まれ、なにもいいことがなくずっと貧しいままの人生は不幸にちがいない（図18①。以下、同図）。だがその一方で、恵まれた家庭に生まれ、なにひとつ不自由なく育っても不幸なひとはたくさんいる。どんなに努力しても「親の七光り」と見な

図18｜幸福な人生と不幸な人生

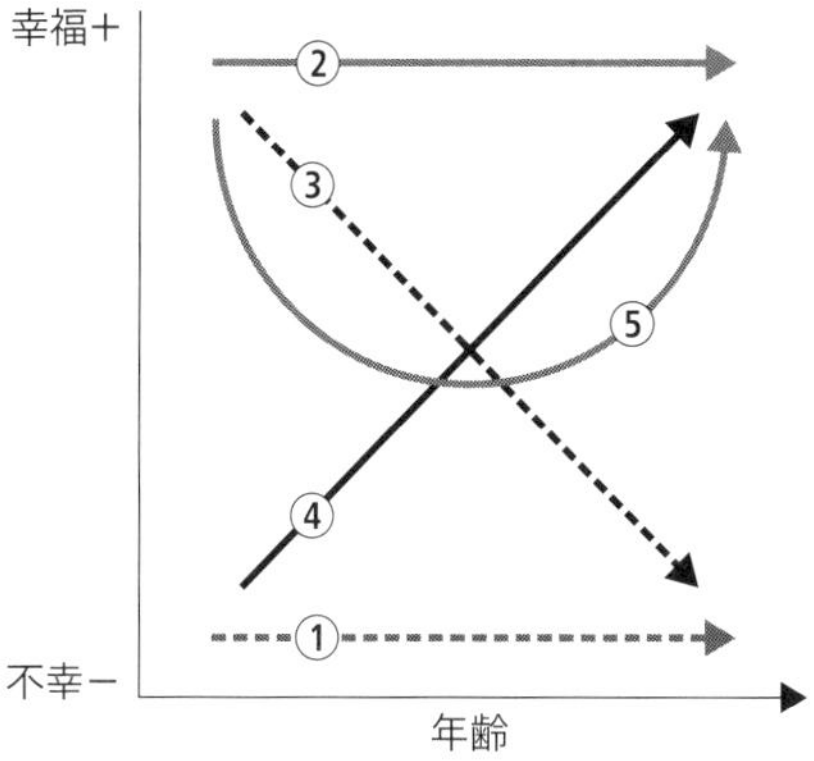

されて、自分のちからでなしとげたものなどなにひとつないと思われてしまうのだ（②）。かといって、恵まれた境遇からどんどん落ちぶれていくのでは絶望しかないだろう（③）。

それに対して、移民の二世、三世に多いが、貧しい家庭に生まれ、差別と戦いながら大きな成功を手にするひともいる（④）。あるいは、裕福な家で生まれ育っても、親が破産したとか、勘当されたとかでどん底に落ちたあと、自分のちからで社会的・経済的な地位をつかむこともあるだろう（⑤）。こうした「波乱万丈」があると、人生の幸福度は高い。

終わりよければ、すべてよし

これは、物語には短期的なものと長期的なものがあるということでもある。

短期的な物語は「いま、ここ」が舞台だ。ずっと憧れていた恋人とはじめてデートしたときは、自分が映画の主人公になったように感じたのではないだろうか。

あるいは、恋人から別れを告げられて落ち込むこともあるかもしれない。そんなときは、幸福だった頃を繰り返し思い出したり（過去のシミュレーション）、失恋を乗り越えて新しい恋を探しに行こうとしたりする（未来のシミュレーション）。

それに対して長期的な物語は、ある程度の年齢になってから、自分の人生を振り返ることだ。そして多くの研究が、「いろいろあったけど、なかなかいい人生だった」と思えることが、幸福感にとってものすごく重要であることを示している。

このことは、実験によって簡単に確かめることができる。最初に氷水のなかに手を入れ（かなり痛い）、次に常温の水に手を入れたときと、この順番を逆にして、最初が常温の水で次に氷水のときとでは、痛みの感覚はまったくちがう。物理的な刺激としては痛みの総量は同じはずなのに、最初に痛みがくることは耐えやすく、最後に痛みがくるのははるかに苦痛が大きい。

脳は直近の出来事に強く影響され、過去の出来事ほど影響は薄れる。「終わりよければ、すべてよし」なのだ。

だがこれは、短期的な物語はどうでもいいということではない。当たり前の話だが、長期的な物語とは、日々の物語が累積したものなのだ。

すべてのロールプレイング・ゲームに共通するのは、最後がハッピーエンドになることだ。魅力的な物語は、みんなが夢中になって聞きたがる。ある程度の年齢になってから、自分の人生の物語を自信をもって語れるようになれば、きっとものすごく幸福だろう。

誤解のないように強調しておくと、いまつらい思いをしているひとに向かって、「それは幸福へのたんなるステップだ」といいたいわけではない。でもいつか成功を手にしたとき、その体験は人生の「物語」をさらに魅力的なものにしてくれるはずだ。

自分の人生を魅力的な物語にするためには、どうすればいいだろうか。この問いを出発点に、金融資本、人的資本、社会資本の土台をどのように合理的に設計するかを考えていこう。

6

金融資本の成功法則

お金と幸福の関係をあらためて考える

お金持ちになる方法は、原理的にたった3つしかない。さらには、その方法はわずか1行の数式で表わすことができる。これを私は20年以上前から述べているが、ここでも最初に書いておこう。

資産形成＝（収入－支出）＋（資産×運用利回り）

足し算と引き算と掛け算だけでできた、小学生でもわかりそうな方程式だが、驚くべきことに、世界中のひとびとを虜《とりこ》にしてきた「お金持ちになりたい」という夢が、このたった1行に凝縮している。

お金を増やす3つのルール

この方程式から、お金持ちになるには、次の３つの方法しかないことがわかる。

①収入を増やす。
②支出を減らす。
③運用利回りを上げる。

このうち「収入を増やす」は人的資本、「支出を減らす」は節約の領域で、最近ではお金を使わないシンプルな生活はミニマリズムと呼ばれるようになった。

現代社会では、テクノロジーの急速な進歩によって、「楽しいこと」にお金がかからなくなっている。若い世代にとっては、電子書籍の読み放題で小説やマンガを読み、サブスクリプション（定額課金）で映画やドラマ、スポーツを観て、無料や定額のソーシャル・ゲームを楽しむのが当たり前になっているが、インターネット普及以前に同じ体験をしようと思ったら相当なお金がかかっただろう。――その結果、若者のあいだではお金よりもＳＮＳでの評判が重要になってきている。

資産形成で大事なのは、「③運用利回り」よりも、「①収入」から「②支出」を引いた貯蓄額だ。なぜなら、投資パフォーマンスを上げるよりも貯蓄率を上げる方がはるかに簡単で確実だから（株式市場ではすべての参加者が同じ条件で競争するので、市場平均を上回ろうとすればヘッジファンド・マネージャーに勝たなくてはならない）。

収入と支出の差額が大きくなってじゅうぶんな貯蓄ができるようになると、次はそれをどのように運用するかを考える。これが金融資本の活用で、ここにも3つのルールがある。

①コスパ：期待利益が同じならもっともコストの安い金融商品を選択する。

②タイパ：期待利益が同じならもっとも選択に時間のかからない金融商品を選択する。

③リスパ：期待利益が同じならもっともリスクの低い金融商品を選択する。

この3つの条件をすべて満たそうとすると、投資すべき金融商品はひとつに決まる。それが株式インデックスファンドだ。

なぜこのように言い切れるかというと、金融市場についてはこれまで徹底的に研究され、1970年代にファイナンス理論として完成しているからだ。しかしその前に、大事なことを述べておこう。

最強の資産運用は人的資本の活用

わたしたちは、金融資本を金融市場に、人的資本を労働市場に投資して、そこから利益を得ている。ゆたかになるためには、この2つの資本を効果的に活用しなければならない。

このときに重要なのは、「資本」の大きさだ。当然のことながら、大きな資本は大きな利益を生み、小さな資本からは小さな利益しか手に入らない。

それでは、あなたはどのくらいの人的資本をもっているのだろうか。不動産の理論価値は、将来にわたって得られる賃料の総額を一定の割引率で現在価値に変換して求めるが、人的資本も同様に、働くことによって生涯で得られる総収入を割り引いてその価値を計算する。

日本では、大卒で従業員1000人以上の大企業に勤めている場合、平均的な生涯収入は男性で約3億円、女性で約2億5000万円だ。[*38] これには退職金や定年後の再雇用の収入が含まれていないので、それを加えると、大卒日本人の生涯収入は男性で3億5000万円、女性で3億円程度になる。

現在価値への割引率は「市中金利+リスク」で求めるが、人的資本の場合、このリスクには

＊38 『ユースフル労働統計2022　労働統計加工指標集』独立行政法人　労働政策研究・研修機構

病気で働けなくなったり、勤めていた会社が倒産してしまうなどの不慮の出来事が含まれる。

だが生涯収入の大きさを考えれば、リスクをかなり保守的に見積もっても、**大学を卒業した時点での（期待）人的資本が1億円を大幅に超えることは間違いない。**

日本は「衰退途上国」と揶揄されるまで落ちぶれたが、それでもまだ世界3位の経済大国だ。わたしたちは〝日本に生まれたという幸運〟によって、発展途上国のひとたちから見れば巨額の人的資本をあらかじめ与えられている。いうまでもなく、これはとてつもない「特権」だ。

この大きな人的資本に対して、20代前半なら貯蓄額はほとんどが数十万円で、１００万円を超える貯金があると友だちから驚かれるだろう。このように、大学卒業時点では人的資本は金融資本より１００倍以上大きい。だとしたら、どちらの資本をより有効に活用すべきかは考えるまでもない。

最近では、若者に金融リテラシーを教えて資産形成を促すべきだとされる。これは間違ってはいないものの、人的資本と金融資本の大きな非対称性を考えれば、資産運用以上に重要なことがある。それは働く（人的資本を活用する）ことだ。

私はこれも20年以上前から繰り返し述べていて、そのたびに多くの読者をがっかりさせてきたようだが、それでもこれはものすごく重要なので、本書でも強調しておかなくてはならない。

「ゼロで死ね」は正しいのか？

貨幣の限界効用が逓減することを前提にしても、「もっとも確実に幸福になる方法はお金持ちになることだ」と述べた。そのためには、堅実な貯蓄と効果的な投資（資産運用）が必須になる。金融資産は複利で増えていき、その効果は運用期間が長ければ長いほど大きくなるからだ。

これがファイナンス理論の標準的な説明だが、それに異を唱えたのがヘッジファンド・マネージャーのビル・パーキンスで、「(貯蓄) ゼロで死ね」との提言が大きな反響を呼んだ。*39 だがパーキンスの本を読んでみると、それほど過激な主張をしているわけではない。それはおおよそ、次の3つにまとめられるだろう。

① 若いときは（わずかな）貯蓄よりも体験を優先すべきだ。
② 子どもには遺産を分け与えるのではなく、必要としているときに生前贈与する。
③ 老後のためのじゅうぶんな備えをしたうえで、それ以上の資産は自分や家族の楽しみに使うか、寄付などで使い切ってしまおう。

＊39 ビル・パーキンス『DIE WITH ZERO　人生が豊かになりすぎる究極のルール』児島修訳、ダイヤモンド社

図19｜資産と効用（幸福度）の関係

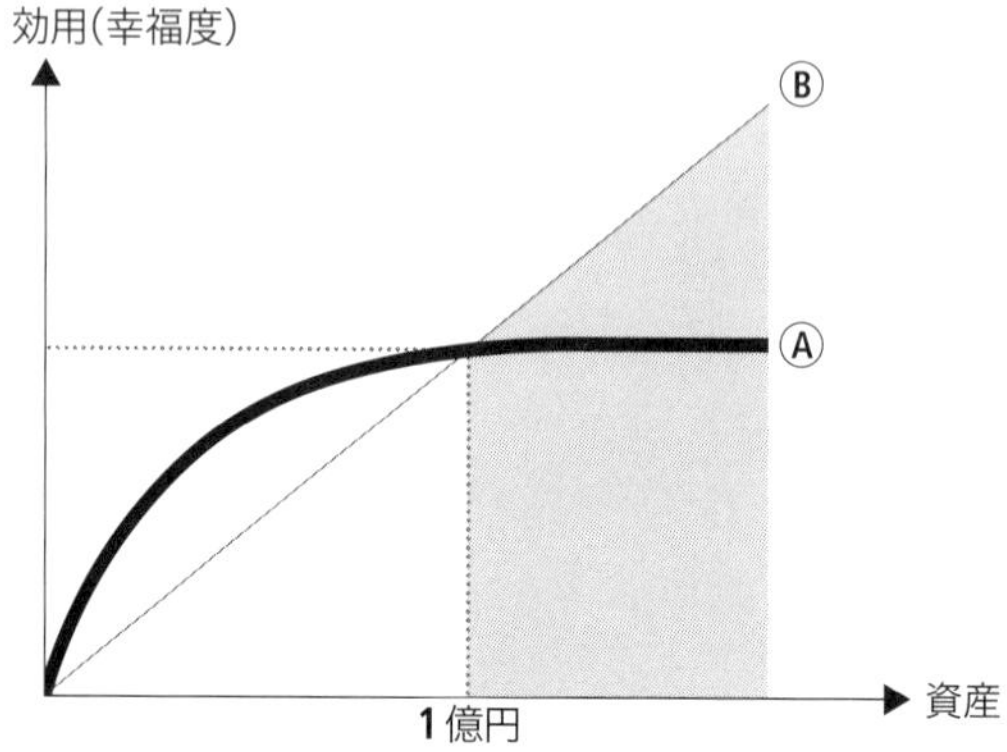

図19は資産と効用（幸福度）の関係を示したものので、Ⓐが進化的合理性、Ⓑが論理的合理性だ。脳の基本設定（OS）によって資産がもたらす幸福度は、最初は急激に上がっていき、やがて平坦になる（限界効用が逓減する）。

図19では、資産1億円までは実際の資産の額よりも心理的な効用（幸福度）の方が大きい。すなわち、お金によって幸福になれる。ここまではすでに説明したが、それ以上に資産が増えていったらどうなるだろうか。それを表わしたのが灰色の部分で、幸福度になんの影響もないお金がただ積み上がっていくだけだ。

パーキンスは、この部分のお金は人生にとってなんの意味もないのだから、「ゼロ」にするのが合理的だと述べた。これが正しいかどうかはあとで検討するとして、まずは「若いときは貯蓄より体験を優先すべきだ」という主張を見ておこう。

体験と蓄財のトレードオフ

さまざまな調査で、モノを買うよりも体験に使った方が長期的には幸福度が高まることがわかっている。ブランドものを手に入れた喜びは1週間もたてば消えてしまうが（だからまた欲しくなる）、はじめてのデートやはじめての海外旅行・留学の楽しい思い出はいくつになっても思い出すし、そのたびに満ち足りた気持ちになるだろう。

パーキンスはここから「お金は貯蓄より体験（思い出づくり）に使え」と述べる。その理由は、年齢によって体験できることが異なるからだ。その例に挙げられるのが、20代前半で借金をしてバックパック旅行に出かけたルームメイトで、同じような体験は40～50代はもちろん30代でもできないという。

同様の「若者の特権」は、泊まり込みで音楽フェスに行く、クラブで朝まで踊り明かす、あるいは政治活動や宗教（スピリチュアル運動）、コミューンなどに参加してみる、などいろいろ考えられるだろう。共通するのは、10代後半や20代前半なら「若者らしい」として許され、場合によっては高く評価されることもあるが、中高年になっても同じことをしていると「落ちこぼれ（ドロップアウト）」とか「負け組」などと呼ばれ、社会的に排除されてしまうことだ。

子どもから大人へと変わる思春期はすべてのひとにとって大切な時期だ。青春時代のはじめての体験は強く記憶に刻み込まれ、（成長の早い）女性は17～18歳、男性は22～24歳頃の出来事を何歳になっても思い出すという（「レミニセンス・バンプ＝回想の突起」と呼ばれる）。そんな大事な時期に、わずかな貯蓄のために楽しみを我慢するなんてバカらしいというパーキンスの主張はもっともだ。

だがそれと同時に、パーキンスは「老後のための備えをしなければならない」とも述べていて、ここで体験と蓄財のトレードオフが生じる。これについての私の意見は、**「収入が少ないときは、わずかな金額の貯蓄をするより体験（思い出）に投資した方がコスパが高い」**になる。本格的な資産形成は、収入が増えて生活が安定してからすればいいのだ。

私はかつて、定年後に東南アジアに移住した日本人に話を聞いたことがあるが、誰もが口を揃えて「もっと早くやっておけばよかった」といっていた。パーキンスも、楽しみを老後にとっておくのではなく、いますぐ思い出づくりをすべきだという。

だがこれは、アーリーリタイアメント（早期退職）を目指せということではない。かつては会社に滅私奉公するか、すべてをなげうつかの二者択一しかなかった。だが現在では、テクノロジーによって、仕事と自由な人生を両立できるようになってきた。リモートワークを利用して、働きながら田舎暮らしや海外での生活をするひとはたくさんいる。

このように見てみると、パーキンスが意外に常識的なことをいっていることがわかる。日本人の貯蓄動向の調査でも、20代では大半が貯蓄ゼロか、ほとんど貯蓄がないが、30代になると貯蓄をする者としない者へと分かれていき、その格差は40代、50代と年齢が上がるにつれて広がっていく。そもそも20代で必死になってお金を貯めようとするのは少数派で、ほとんどのひとは稼いだお金を楽しみ（あるいは生活）のために使っているのだ。――借金してまで思い出づくりをするべきかどうかは意見が分かれるだろう。

生前の寄付と死後の寄付

日本でも世界でも世俗化が進むにつれて、家族のために大きな資産を残そうと考えるひとは減っている。死んでしまえば、そのあとのことはどうせわからないのだし、それなりの教育を与えたのなら、どのような生き方をするかは子どもの自由だ。だったら、お金は生きているあいだに旅行やイベント、趣味などの楽しみに使い、それでも余ったら社会のために役立てたいと思うのだろう。

ここまでは正論だが、だからといって「ゼロで死ぬ」ことが誰にとっても最適解ということにはならない。

超高齢社会では、親の遺産を相続する頃には子どもが50代、60代になっているというのはそのとおりだが、中産階級はいまでも子どもや孫の教育に大きな投資をしているし、20代や30代の子どもに多額の生前贈与をすることがよい結果を生むかどうかは、それぞれの家庭によって異なるだろう。

「ゼロで死ぬ」ためには、年齢とともに貯蓄額を減らしていかなくてはならない。超富裕層は別として、誰も自分の寿命を予想できないのだから、ほとんどのひとにとって、不安なく貯蓄を減らしていくには死の自己決定権（安楽死）の制度が必要になるだろう。

パーキンスは、生前に寄付などの社会貢献にお金を使う理由を「目の前の生命を救うことができるから」だとする。これは「効果的な利他主義者」の主張でもあり、金融機関などで高給の仕事をしながら、余ったお金をコスパの高い（ランダム化比較試験によって資金が効果的に使われていることが証明された）慈善団体に寄付すべきだとする。[*40]

とはいえ、功利的に考えるならば、いま救える生命と、将来救える生命の価値は等価なはずだ。そのうえ複利の法則によって、寄付を先延ばしにすることで、将来的により大きな資産を慈善活動に投じることができる。

＊40 ウィリアム・マッカスキル『〈効果的な利他主義〉宣言！　慈善活動への科学的アプローチ』千葉敏生訳、みすず書房

このように考えれば、「生前の寄付が道徳的にも合理的にも正しい」と断言することはできないのではないだろうか。

ますます不確実になる未来

パーキンスは平均余命に応じて資産を減らしていくべきだというが、これに違和感を覚えるのは、「平均余命は自分の余命ではない」という理由からだけではない。使わないお金（図19の灰色部分）は、じつは「無意味」ではない。それは急速に変わりつつある未来への安心感をもたらしてくれるのだ。

テクノロジーの驚くべき進歩によって、未来はますます不確実になっている。将来、なにが起きるのかわからなければ、それに対して備えておかなくてはならない。

生命科学が進歩すれば、これまで座して死を待つしかなかった病気や、認知症のような生活の質を大きく引き下げる障害に対しても、効果的な治療法が発見されるだろう。だがそれは試験段階で、公的保険の対象外なので、治療を受けるには海外の医療機関に自費で入院するしかなく、数百万円、数千万円の費用がかかるかもしれない。将来的にこうした事態に直面する可能性は誰にでもあるし、自分や家族がそんな病気になったときは、いくらお金がかかっても治療してほしいと思うだろう。

未来が不確実になればなるほど、理論的には、「無意味」なお金はますます大きな意味をもつようになるのだ。

イギリスのコンサルタント、ピーター・スコット＝モーガンは、ALS（筋萎縮性側索硬化症）と診断されたとき、自分の身体をサイボーグ化することで生命を維持し、アイトラッキング（眼球の動きの追跡）をAI（人工知能）で支援することで意思の疎通を行ない、最終的には自分をAIに置き換えることで〝永遠の生命〟を手に入れようとした。[*41] これは荒唐無稽な話ではなく、脳のネットワークをコンピュータにそのままアップロードする「全脳エミュレーション」の開発が脳科学の分野で進められている。

もちろん私には、こうしたテクノロジーが実現可能かどうかはわからない。最先端の科学者や専門家であっても、どの分野でどんなイノベーションが起き、それが組み合わされてどれほど〝とてつもないこと〟が可能になるのかは予測できないだろう。[*42]

テクノロジーの爆発的な進歩と融合によって、想像を超えることが起きる可能性がますます高まっている。だとすればそのときのために、できるだけ多くの金融資産を確保しておくというのは理にかなっている。

こうした状況を考えれば、「ゼロで死ぬ」よりも、「死んだあとにゼロにする（相続財産を寄

＊41 ピーター・スコット＝モーガン『NEO HUMAN　ネオ・ヒューマン：究極の自由を得る未来』藤田美菜子訳、東洋経済新報社

＊42 ピーター・ディアマンディス、スティーブン・コトラー『2030年　すべてが「加速」する世界に備えよ』山本康正、土方奈美訳、NewsPicksパブリッシング

付する)」という方が、より合理的ではないだろうか。

もちろんだからといって、パーキンスや効果的な利他主義者の考え方が間違っているということではない。どちらを選ぶかは、一人ひとりが自らの価値観や人生観に基づいて決めればいいだろう。

◉ ビットコイン、FX、株式投資について知っておくべきこと

アルキメデスは「我に支点を与えよ。さすれば地球も動かしてみせよう」と語ったと伝えられている。これはテコの原理の説明だが、英語ではテコで力を増強することを「レバレッジ：leverage」という。ここから金融の世界では、借り入れによって利益を増やそうとすることを「レバレッジをかける」というようになった。

これは投資や資本主義(株式会社)を理解するうえできわめて重要なので、すこし詳しく説明しておこう。

図20｜レバレッジ2倍の投資

利益と損失のターボチャージャー

図20では、元金と同じ額の借金をして、投資の元手を倍にしている。わかりやすくするために1株＝100万円とするなら、手持ちの資金だけでは1株（100万円分）しか買えなかったものが、借金をすることで2株（200万円分）買うことができたのだから、レバレッジは2倍になる。

この状態で株価が50％上がって（1株150万円）、資産価値が300万円になったとすると、借金の額（100万円）は変わらないのだから、元金は200万円に増える（図21）。本来なら（元金100万円に対して）50万円しか儲からなかったはずが、投資に2倍のレバレッジをかけたことで利益が100万円と倍に増えたのだ。

図21 | 株価が50%上がったら

ここから、レバレッジというのは**「投資のターボチャージャー」**であることがわかる。

だが、よい話の裏には悪い話がある。こんどは逆に、株価が半値に下がって（1株50万円）資産価値が100万円になったとしよう。そうなると、やはり借金の額は変わらないから、100万円の損失は元金で埋め合わせるしかない（図22）。本来なら（元金100万円に対して）50万円損しただけなのに、2倍のレバレッジをかけたことで損失も倍になり、100万円すべてを失ってしまったのだ。

この状態で株価がさらに下がると、不足分のお金を証券会社に差し入れなくてはならなくなる。この追加証拠金を「追い証」といい、個人投資家が信用取引で破産する原因になっている。レバレッジというのは**「損失のターボチャージャー」**で

図22｜株価が半分になったら

もあるのだ。

ゼロサムゲームの典型はギャンブルで、誰かが得をすれば、その分、別の誰かが損をして、合計（sum）はつねにゼロになる（カジノなどでは、ゲームの主催者の経費［手数料］が差し引かれるからマイナスサムになる）。

ゼロサムゲームには、コイン投げのように運によって決まるものもあるし、ポーカーや麻雀のように運と実力の組み合わせで決まるものもある。試行回数が増えれば運は均等に分配されるから、ゲームが複雑・高度になるにつれてプロが素人を圧倒する（ビギナーズラックは長く続かない）。

それに対してプラスサムのゲームは、時間がたつにつれて宝くじの当たりが増えていくようなギャンブルで、時とともに賭ける側が有利になっていく。株式投資でいうならば、短期のトレーディングはゼロサムゲームで、長期投資はプラスサムのゲームだ（その理由はあとで説明する）。

ギャンブル性を高めるのはレバレッジだけではない。

ボラティリティとは変動率のことで、リスクの大きさを表わす指標だ。ボラティリティが大きいと値動きが激しく、大儲けしたり大損したりする（ハイリスク・ハイリターン）。それに対してボラティリティが小さいと価格はあまり動かず、利益も損失も少額にとどまる（ローリスク・ローリターン）。

ギャンブルとして考えれば、当然、ボラティリティが大きな方が面白い。これがビットコインへの投資が熱狂を生む理由だ。

ビットコインに投資すべきか？

図23はビットコインの価格の推移を対数グラフで表わしたものだ。これによって、どれだけの期間で価格が10倍になったかがわかる。

２００８年10月に発表されたサトシ・ナカモトの論文で一部のマニアの注目を集めたビットコイン（ブロックチェーン）は、11年４月にアメリカの雑誌『TIME』で特集されたことで価格が１カ月で20倍になる最初のバブルを迎えた。それ以降のビットコインの歴史は、バブルと崩壊の繰り返しだ。

２０１３年に世界金融危機の余波でキプロスが破綻の瀬戸際に追い込まれると、国家が発行する通貨への信用が揺らぎ、ビットコインの2度目のバブルが起きた。その後、価格は停滞するが、17年にアメリカの先物取引所ＣＭＥ（シカゴ・マーカンタイル・エクスチェンジ）がビットコインの先物取引を開始したことをきっかけに価格が急騰した。

２０１８年以降、暗号資産（仮想通貨）への規制が強化されたことでバブルは崩壊したが、20年の新型コロナの感染拡大と大規模な財政支出（カネ余り）を受けて価格は急激に上昇、１ＢＴＣ（ビットコイン）＝6万ドルの最高値に達した。ところがその後、アメリカの利上げで下落に転じ、米ドルと連動するはずだったステーブルコインのテラＵＳＤが崩壊、大手交換所のＦＴＸが破綻したこともあって、ビットコインの価格も最高値から3分の１以下の1万７０００ドルまで下落した（23年1月現在）。

２０１０年にフロリダのプログラマーがピザ2枚を1万ＢＴＣで購入したのが暗号資産のはじめての取引とされる。このときの1万ビットコインの価値は現在1億７０００万ドル（約１８０億円）だから、とてつもなく有利な投資に思える。実際、ブロックチェーンの可能性にいち早く気づいた数学の天才たちは、短期間に資産1兆円を超える大富豪になった。

しかしチャートを見ると、すくなくとも近年のビットコインはボラティリティの大きなゼロ

郵便はがき

料金受取人払郵便

渋谷局承認

6974

差出有効期間
2024年12月
31日まで
※切手を貼らずに
お出しください

150-8790

130

〈受取人〉
東京都渋谷区
神宮前 6-12-17
株式会社ダイヤモンド社
「愛読者係」行

フリガナ		生年月日		男・女
お名前		T S H 年 月 日生	年齢 歳	
ご勤務先 学校名		所属・役職 学部・学年		
ご住所（自宅・勤務先）	〒 ●電話 （ ） ●FAX （ ） ●eメール・アドレス （ ）			

◆本書をご購入いただきまして、誠にありがとうございます。

本ハガキで取得させていただきますお客様の個人情報は、以下のガイドラインに基づいて、厳重に取り扱います。

1, お客様より収集させていただいた個人情報は、より良い出版物、製品、サービスをつくるために編集の参考にさせていただきます。
2, お客様より収集させていただいた個人情報は、厳重に管理いたします。
3, お客様より収集させていただいた個人情報は、お客様の承諾を得た範囲を超えて使用いたしません。
4, お客様より収集させていただいた個人情報は、お客様の許可なく当社、当社関連会社以外の第三者に開示することはありません。
5, お客様から収集させていただいた情報を統計化した情報（購読者の平均年齢など）を第三者に開示することがあります。
6, お客様から収集させていただいた個人情報は、当社の新商品・サービス等のご案内に利用させていただきます。
7, メールによる情報、雑誌・書籍・サービスのご案内などは、お客様のご要請があればすみやかに中止いたします。

◆ダイヤモンド社より、弊社および関連会社・広告主からのご案内を送付することがあります。不要の場合は右の□に×をしてください。 不要 □

①本書をお買い上げいただいた理由は？
（新聞や雑誌で知って・タイトルにひかれて・著者や内容に興味がある　など）

②本書についての感想、ご意見などをお聞かせください
（よかったところ、悪かったところ・タイトル・著者・カバーデザイン・価格　など）

③本書のなかで一番よかったところ、心に残ったひと言など

④最近読んで、よかった本・雑誌・記事・HPなどを教えてください

⑤「こんな本があったら絶対に買う」というものがありましたら（解決したい悩みや、解消したい問題など）

⑥あなたのご意見・ご感想を、広告などの書籍のPRに使用してもよろしいですか？

1　実名で可　　2　匿名で可　　3　不可

※ご協力ありがとうございました。

【シンプルで合理的な人生設計】117477●1750

サムゲームになっている。2017年末の最高値1BTC＝2万ドルを超えるまでには、それから3年かかっている。21年3月に1BTC＝6万ドルに達するが、7月には3万ドルと半値に下がり、11月にふたたび6万ドルを超えたものの、いまはコロナ前の水準まで戻ってしまった。これだけ値動きが激しいと、ギャンブル性が高まって一攫千金を狙う多くの投資家を集めるだろうが、安定して利益を出すのは難しい。「ビットコインは儲かる」というネット情報に踊らされて遅れて参入した素人の多くは、損失を抱えて撤退することになったはずだ。

そう考えるとビットコインの勝者は、国家が通貨の発行権を独占する中央銀行制度を拒否するリバタリアン（自由原理主義者）的な政治信念によって、初期から暗号資産を利用していたテッキー

図23｜ビットコインの価格の推移（対数グラフ）

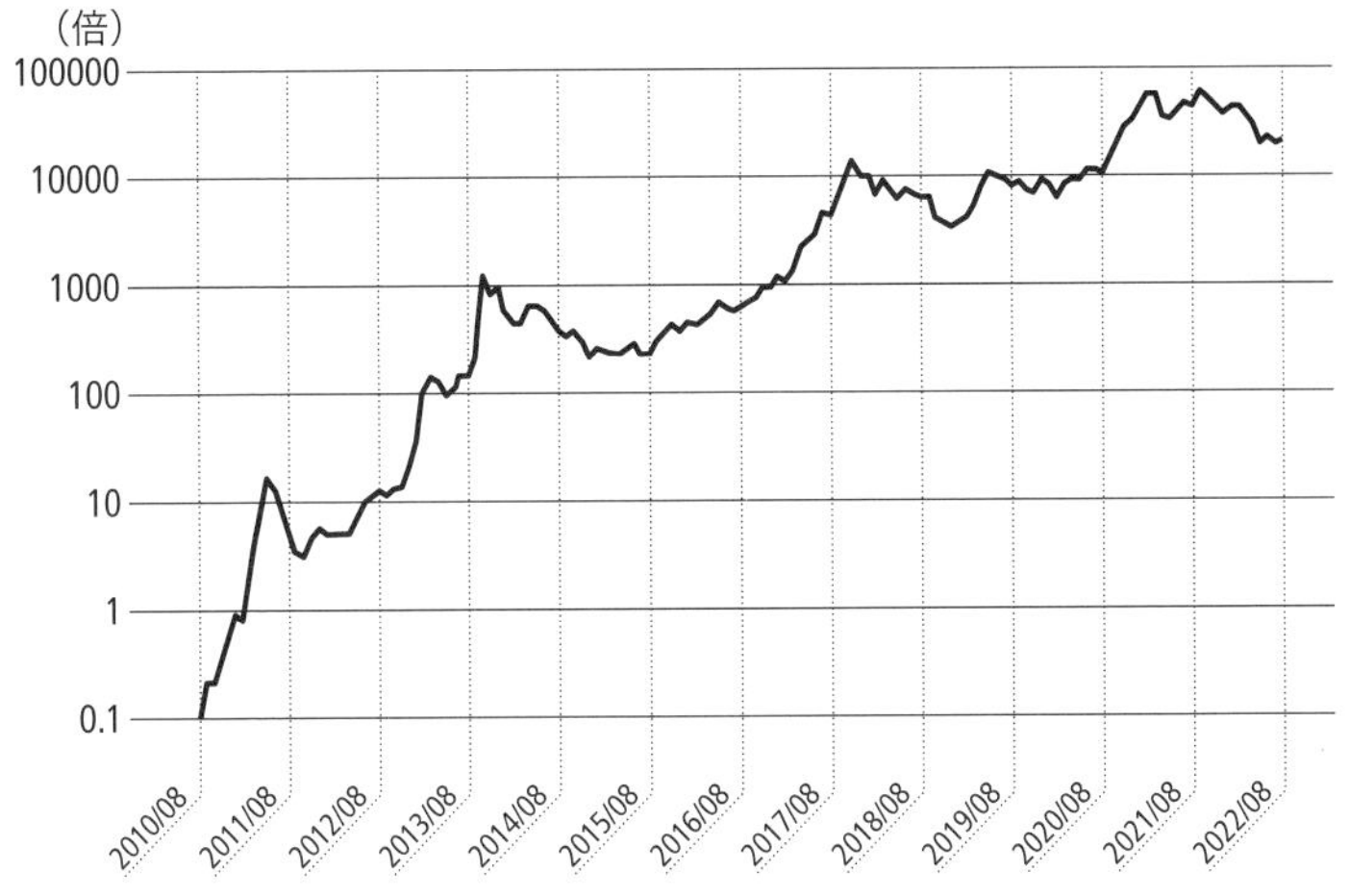

（テクノロジーおたく）になるのではないだろうか。

ＦＸはなぜ「億り人」を生み出すのか

ビットコイン（暗号資産）と並んで「億《おく》り人《びと》への道」として人気があるのがＦＸ（外貨証拠金取引）だ。

ドル円相場はこの5年ほど1ドル＝１００～１１０円で安定していたが、アメリカの急速な利上げにともなって円安が進み、２０２２年9月には1ドル＝１４５円、10月には１９９０年以来32年ぶりに1ドル＝１５０円を超え、財務省が円買いの為替介入を行なった。とはいえ、1ドル＝１００円から１５０円になったとしても、ドルの上昇率は50％にすぎない。短期間に5倍や10倍になるビットコインとは比べ物にならない。

ではなぜ、ＦＸで大儲けする投資家がいるのか。それは為替取引にレバレッジをかけて、人為的にボラティリティを高めているからだ。株式の信用取引のレバレッジは最大3・3倍だが、ＦＸは25倍だ（かつてはレバレッジが１００倍のところもあったから、これでも規制によってかなり下げられた）。

レバレッジによってＦＸのギャンブル性がどれほど高まるかは、次のような簡単な計算でわかる。

1ドル＝100円で1万ドル（100万円分）を両替し、1ドル＝101円の円安になれば1万円の利益になる。この取引に25倍のレバレッジをかけると、100万円の元本は2500万円まで膨らんで、1円の円安で25万円の利益が出る（逆に1円の円高で25万円の損失が生じる）。このように為替取引に高いレバレッジをかけると、たんなる外貨の両替がたちまちカジノに早変わりする。

2022年3月に1ドル＝115円だった為替相場は、半年後の9月には1ドル＝140円と大幅な円安になった。1万ドル（115万円）の投資で25万円の利益が出たことになるが、これに25倍のレバレッジをかけていると利益は625万円、投資金額が20万ドル（2300万円）ならわずか半年で利益は1億2500万円になる。

これはシンプルなケースだが、多くの投資家が為替取引に参入すれば、確率論的にこのような幸運なひとも出てくる。こうして「FXで億万長者になれる」という〝風説（ごく限られた事例の一般化）〟が広がっていく。

素人の勘違いが成功の秘密

ＦＸのもうひとつの特徴は、円と外貨のあいだに金利差が生じると、それが「スワップ金利」として精算されることだ。円もドルもほぼゼロ金利だとスワップ金利も少額だが、ドルの利上げが続き、円が低金利のままだと、ドル買い（円売り）のポジションで毎日、かなりの金利が付与される。それに対して、ドル売り（円買い）のポジションをもつと、相手側に支払う金利が毎日差し引かれていく。

理論的にいえば、この金利差は為替相場によって調整されるはずだから（金利平衡説）、スワップ金利の交換には損も得もない。しかし、毎日お金が増えていくのと、減っていくのでは、心理的効果は劇的に異なる。

その結果、円と外貨の金利差が開くと、スワップ金利を銀行預金の利息だと勘違いしたひとたちが、高いレバレッジをかけて外貨を購入するようになる。そのとき、幸運にも円安が進むと、素人が大きな利益を手にすることになる。

とはいえ、レバレッジの分だけ、円高になったときの損失は大きくなる。２０２２年11月には１ドル＝１４８円から１３８円へと急速に円高に戻した。このとき1万ドルに25倍のレバレッジをかけていると、わずか10日間で元本を大幅に上回る250万円の損失を被ったことになる。

レバレッジによってボラティリティを高めると、素人がFXで安定した利益を出すことは相当難しくなる。投機（ギャンブル）の基本であるレバレッジとボラティリティを理解すれば、「投資にウマい話はない」ことがわかるようになるだろう。

株式への長期投資はプラスサムのゲーム

「投資にウマい話はない」としたら、なぜ株式投資を勧めるのか。その理由を簡単に説明しておこう。

株式会社は、株主資本（株式の発行）と負債（銀行などからの借り入れ）によって資金を調達し、それを元手に事業を運営している。事業から得られた利益は資本に組み込まれる（一部は株主に配当される）から、株価は原理的には資本の増減によって決まる。事業が成功して株式数に対して資本が大きくなれば株価は上がるし、逆に資本が減少すれば株価は下がる（図24）。

株式会社は、負債によって資本にレバレッジをかけている。資本と負債の割合が同じならレバレッジは2倍で、利益が5％増えれば（理屈のうえでは）株価は10％上がる。その一方で、

図24｜株式会社のバランスシート

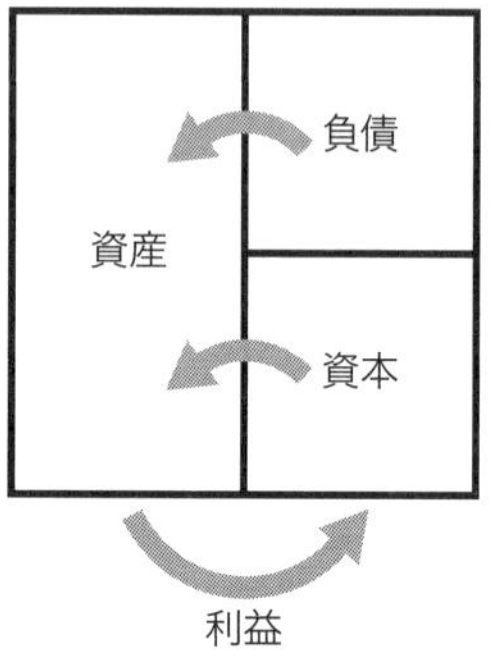

利益が5％減れば株価は10％下落するはずだ。

アメリカでは「会社の負債は大きければ大きいほどいい」といわれるが、成長企業ではレバレッジの高いハイリスク・ハイリターンの資本構成の方が株価が大きく上昇する。これは株式の信用取引の原理と同じだ（図25）。

経済成長率とインフレ率、金利は（おおよそ）連動する。経済成長率が3％で、インフレ率も金利も3％なら実質金利（金利－インフレ率）はゼロで、国債を購入しておけばインフレのリスクに保険をかけられるが、それ以上の利益を得ることはできない。一方、国債は国家が元本と利払いを保証する「無リスク資産」なので、新発債を購入して満期まで保有していれば、その間の価格がどれだけ変動しようとも損をすることはない。

それに対して株式に投資する場合は、国債より

図25｜株式の信用取引のバランスシート

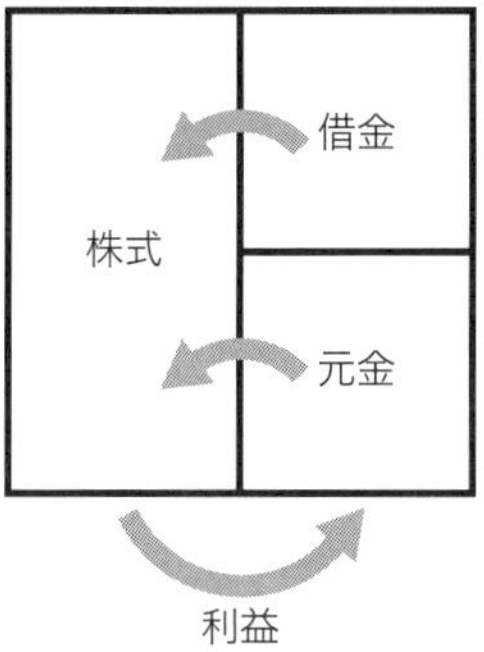

もともとボラティリティが大きいうえに、資本にレバレッジがかかっている分だけ株価の上昇／下落率が大きくなる。上場企業の平均的なレバレッジを2倍として、経済成長率の分だけ利益も増減するとするならば、経済成長率が3％なら株価は（レバレッジ2倍で）6％上昇するし、逆に経済成長率がマイナスだと株価の下落幅もレバレッジの分だけ大きくなるはずだ。これが、「国債より株式投資の方がリスクもリターンも大きい」といわれる理由だ。

株式市場にはよいときも悪いときもあり、不況や暴落なども起きるが、それでも長期的に見れば、「もっとゆたかになりたい」「もっと幸福になりたい」というひとびとの欲望を駆動力に、グローバル市場はずっと拡大してきた。市場全体の成長率が（長期的には）プラスであれば、資本にレバレッジがかかっている分だけ、株式投資のパフォーマンスは国債を上回る。金融市場を長期で見れば、まさにこのとおりのことが起きているのだ。

これは私の個人的な意見ではなく、「株式への長期投資はプラスサムのゲーム」というのがファイナンス理論の大前提だ。だからこそ〝投資の神様〟といわれるウォーレン・バフェットも、ラスベガスとウォール街を攻略した〝最強のハッカー〟であるエドワード・ソープも、「個人投資家はインデックスファンドに投資するのがいちばん」と述べているのだ。

あなたが投資すべきファンドは

税の優遇があるiDeCo（個人型確定拠出年金）やNISA（少額投資非課税制度）でどのファンドに積み立て投資するかを決めるときは、以下の5つの原則を覚えておこう。

①債券ファンドには投資しない。

元本割れが怖くてローリスクの債券ファンドを選ぶひとがいるが、それ以外に銀行預金もあるはずなので、これだと無リスク資産の割合が大きくなりすぎる。リスクをとらなければ資産形成はできないので、iDeCoやNISAは全額を株式ファンドに投資すべきだ。

②日本株には投資しない。

これは、「日本経済は成長しない」という悲観論ではない。グローバルな株式市場と比べれば、日本にかぎらず個別の国の株価指数は変動率が高く、投資パフォーマンス（リスパ）が下がる。過去のデータを見ても、日本株に投資するより、世界株や（その代替としての）アメリカ株に投資した方がはるかにリターン／リスク比は高かった。

③為替リスクは気にしない。

外国株など外貨建て資産に投資するとき、「円高になったら損をしてしまう」と不安になるひとはたくさんいるのに、日本円の資産を保有していて、円安になったときドル建てで損をしていることを意識するひとはほとんどいない。大幅な円安になれば物価が上昇し、円での購買力は減っていくが、ドル建ての資産をもっていればこの損失を為替差益で補うことができる。為替は相対的なもので、すべての通貨が一斉に下落することはないから、円と基軸通貨であるドルを半々で保有していれば、（円が上昇したときにはドルが下落し、円が下落したときにはドルが上昇して）為替の変動にかかわらずつねに実質資産価値は一定する。

外国株に投資するファンドには「為替（円）ヘッジ」をしているものもあるが、これはコストがかかるだけでまったく意味がない。

④手数料の安いファンドを選ぶ。

ファンドマネージャーが銘柄選択するアクティブファンドのパフォーマンスは、長期では手数料の分だけ株式インデックスを下回ることが繰り返し証明されている。大きく上昇したファンドは、いずれは大きく下落する可能性が高い（平均への回帰）。複利の運用ではわずかなちがいが長期で増幅されるので、手数料（販売手数料と信託報酬）の安いシンプルなインデックスファンドを選ぼう。

⑤金融資本は外貨建てで保有する。

日本国内で働き、給与を円で受け取っている以上、日本人の人的資本は「円」の為替リスクにさらされている。それをヘッジする（保険をかける）には、金融資本は外貨建ての割合を増やすべきだ。

これらの条件を考えると、投資対象は「MSCI-KOKUSAIインデックス（日本株を除く先進国の株式市場に投資）」やS&P500（アメリカ株）、NASDAQ100（ハイテク株）など、いくつかに絞られるだろう（もちろんこれらに分散投資してもいい）。

金融資産のうちどの程度を株式インデックスに配分すればいいのだろうか。これは年齢やリスク選好度によって異なるだろうが、現代ファイナンス理論を完成させ、ノーベル経済学賞を受賞したハリー・マーコウィッツは、株式と債券の1対1のポートフォリオにしているそうだ。[*43]

＊43 モーガン・ハウセル『サイコロジー・オブ・マネー　一生お金に困らない「富」のマインドセット』児島修訳、ダイヤモンド社

その理由は、株式に投資せずに（株価が上がって）後悔することと、債券（銀行預金）を保有せずに（株価が下落して）後悔することの、2つの後悔を最小化できるからだという。これはチャールズ・マンスキーの「ミニマックス（後悔最小化）戦略」そのもので、合理的な意思決定を追求すると同じ結論になるのは興味深い。

インデックス投資の最大の優位性は、銘柄選択などの面倒がいっさい不要で、圧倒的にタイパが高いことだ。ほとんどのひとにとって、富は人的資本からしか生まれない。数十万円の貯金をどのように運用しようか考えるのは、端的にいって時間の無駄だ。毎月定額をインデックスファンドで積み立て、余った時間を仕事や勉強、友だちや恋人とのつき合い、家族のイベントなどに使った方が、人生のコストパフォーマンスはずっと高くなるだろう。

「資産運用でもっとも大切なのは、資産運用を考えないこと」なのだ。

◉――マイホームと保険をどう考えるか

ファイナンス理論では、不動産も金融商品として株式や債券と同様に扱われている。ほとんど意識しないだろうが、マイホームは金融資本の一部なのだ。

自分で稼いで貯めたお金をなにに使おうが本人の自由なので、ブランドものを買いあさろうがマイホームを買おうが他人がとやかくいう話ではないが、「貯金ができたら、それを頭金に家を買うべきだ」「家賃を払うよりも、住宅ローンを払った方が、不動産という資産が残るだけ得だ」と広く信じられているので、これについて述べておこう。なぜならこうした常識は、控えめにいえば「誤解」であり、有り体《あ てい》にいえば「陰謀論」の類だからだ。

マイホームとREITはどちらが有利？

バランスシート（BS：貸借対照表）では、右側が「資金調達」で負債と資本を、左側が「調達した資金の運用」で保有する資産を表示する。

図26は1000万円の現金を銀行に預けているときのBSで、現在のゼロ金利ではいつまでたってもこのままだ。ワンルームマンションの家賃が月5万円とすると、収入がなければ、毎年60万円ずつ資本も資産も減っていく。

図27はこの1000万円でワンルームマンションを購入したときのBSで、マイホームの価値が変わらないのであれば（実際には建物部分は築年数とともに減耗していく）、家賃の支払いがなくなったことによって、たしかに資本は1000万円のまま維持される。これだけを見ればマイホームの購入は有利に思えるが、これは正しくはない。銀行預金と不動産ではリスクが

図26 1000万円の現金を銀行に預けているBS

異なるからだ。
　図28では、ワンルームマンションの代わりにＲＥＩＴ（不動産投資信託）を購入している。ＲＥＩＴはファンドがオフィスビルやマンションなどを保有し、そこから得られる賃料を配当として株主に分配する。このＲＥＩＴの配当利回りが年６％だとすると、1年で60万円（1カ月あたり5万円）の現金を受け取れるから、これを家賃に充当して、やはり資本は１０００万円のままだ。
　ここからわかるように、得なように見える変化を生み出したのはマイホームの購入ではなく、ほとんど利息のつかない銀行預金を不動産というリスク資産に交換したことだ。リスクが高くなれば、それに応じて高いリターンが期待できる。そのリターンが年６％であれば家賃と同額になるので、マイホームを買わなくても、ＲＥＩＴや株式への

図27｜ワンルームマンションを購入したときのBS

資産	資本
ワンルームマンション **1000**万円	自己資金 **1000**万円

投資など、他のリスク資産の購入でも同じことが実現できる。ワンルームマンションの購入は年6%のヴァーチャルな利益を生み出しており、それで家賃分を支払っていると考えてもいい。

銀行預金は元本保証だが、リスク資産は価格が変動するので、儲かることもあれば損をする可能性もある。マイホームの購入と比較すべきは銀行預金（図26）ではなく、同じリスク資産である（この場合は）ＲＥＩＴ（図28）になる。当然のことながら、どちらが有利かはコスパとリスパで決まる。

そしてこの比較は、すでに数学的に結論が出ている。

ファイナンス理論のもっとも重要な発見のひとつは「資産を分散すると、同じリターンに対してリスクを下げることができる」で、これは「タマゴはひとつの籠に盛るな」として知られている。マイホームの購入はひとつの不動産に（ほぼ）全財産を投資することなので、天変地異などで家の価値が失われると回復不能の損害を被ってしまう（東日本大震災でこうしたケースをたくさん見たはずだ）。それに対してREITは複数の不動産を保有しているので、そのうちのいくつかが被害にあっても、全体の資産価値はさほど変わらない。

このように考えれば、**「現金でマイホームを購入するより、REITに投資して配当を家賃に充てた方がいい」**ことになる。これは1＋1＝2という単純な話で、この結論を否定するにはファイナンス理論を根底から覆すしかない。

しかし、話はこれで終わらない。誰でも知っているように、マイホームの大半は住宅ローンを組んで、すなわち「借金」によって購入するからだ。

図28｜REITを購入したときのBS

年6%の配当を家賃に充当

「借りるより買った方が得」という〝神話〟

図29は1000万円を頭金にして2000万円の住宅ローンを組み、3000万円のマンションを購入したときのBSだ。このマンションを賃貸すると6％の利回りで、家賃は年180万円（月額15万円）としよう。このとき、住宅ローンの返済額が月15万円とすると、同じ家を毎月15万円払って借りるより、ローン完済後に不動産が手元に残るのだから、ものすごく得に思える。これが、「借りるより買った方が得」という〝神話〟の根拠だ。

しかし図29のBSは、図28（REITによる運用）とはまったく異なる。住宅ローンによるマイホームの購入と比較するためには、REITによる運用にも同じレバレッジをかけなければならない。

それが図30で、1000万円の自己資金に加えて2000万円を借り入れ、3000万円相当のREITを保有している。このREITの配当利回りが6％であれば、年180万円の現金が入ってきて、それを家賃に充てることができる。借入金利などの条件が同じであれば、「タマゴはひとつの籠に盛るな」の原則によって、やはりマイホームよりREITの方がリスパは高くなる。

証券会社から多額の資金を借りて株式やREITに投資する信用取引は、リスクが大きく個人は避けるべきだといわれてきた。それに対してマイホームの購入は、かつては25%の頭金が必要（レバレッジ4倍）とされていたが、超低金利が続いたことで頭金なしのフルローン（レバレッジ無限大）も当たり前になっている。マイホームの購入と株式・REITへの投資のちがいは、レバレッジにある。**マイホームの購入は、高いレバレッジをかけて不動産に投資する信用取引**なのだ。

日本だけでなく世界中で、住宅ローンによるマイホームの購入を政府が促している。これは、土地神話によって国民の多くが「一国一城の主」になりたがっている（マイホーム取得の優遇策を導入すると有権者の受けがいい）からだ。そのうえ不動産業界や建築業界など多くの産業が、個人に

図29｜1000万円の自己資金で3000万円のマイホームを購入したときのBS

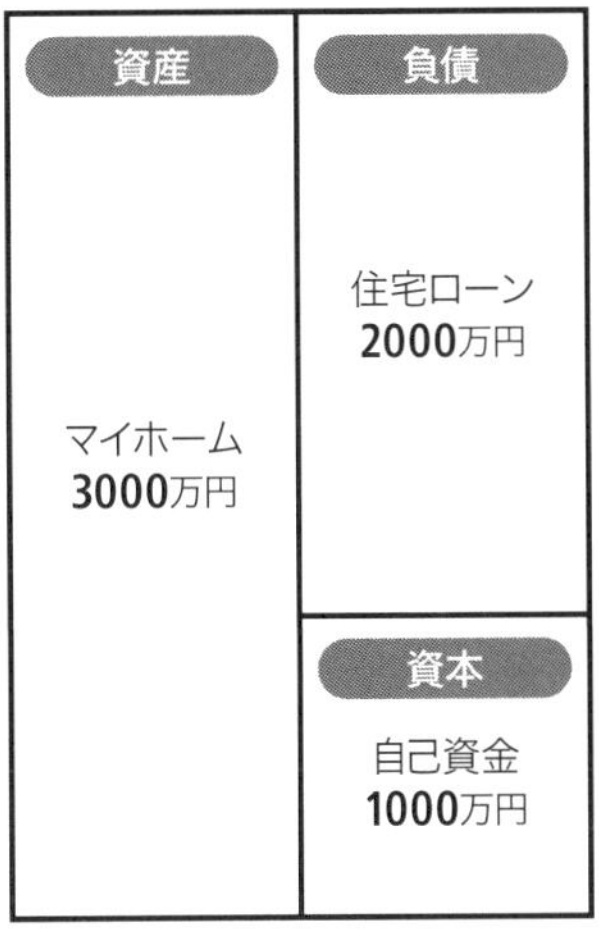

高額な不動産・住宅を購入させることで成り立っている。

日本では長引くデフレと超低金利に加え、政府の優遇策によってかつてないほど住宅ローンのコストが下がっている。「個人の場合、低コストで大きなレバレッジがかけられる投資機会はマイホームの購入しかない」と述べるひともいて、これはたしかにそのとおりだが、レバレッジをかけたハイリスクな投資が必ず儲かるわけではない。

日銀が金融政策を転換して、住宅ローンの変動金利が上昇すれば、毎月の返済負担が重くなり、フルローンでマイホームを購入した低所得者を中心に多くの家計が破綻するとの予測もある。不動産という「金融商品」にレバレッジをかけて投資している以上、いったんリスクが顕在化すれば、なにもかも失ってしまうおそれがある。


図30｜1000万円の自己資金で3000万円のREITを購入したときのBS

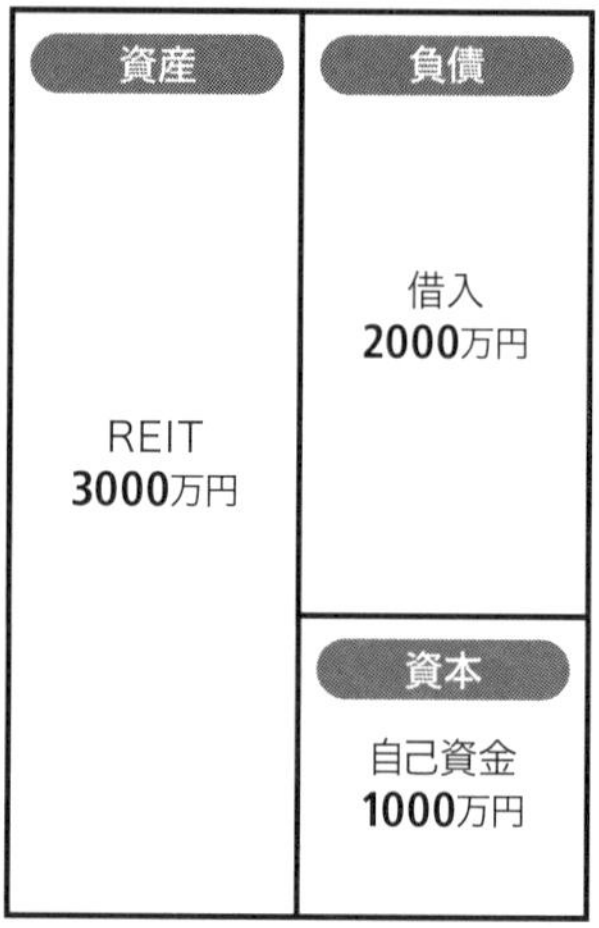

年6%の配当を家賃に充当

マイホームが有利な理由とは

ファイナンス理論が正しいとすれば、個人が多額の住宅ローンを組んで特定の不動産を購入することを正当化するのは難しい。しかしこれだけでは、偏った主張と思われそうなので、それでもマイホームには有利な点があることを挙げておこう。

①日本の賃貸住宅は貧弱なので、自ら設計にかかわって理想の家を手に入れるには購入するしかない。

これは正論で、マイホームが〝夢〟であるなら、損得にかかわらず、それを実現すべきだろう。

②住宅ローンの返済は「強制貯金」のようなものなので、必然的に節約ができる。賃貸だと、手元にあるお金はすべて使ってしまう。

これは屁理屈に思えるが、人間の心理を考えれば、やはり正しい。マイホームと賃貸が同じであるためには、賃貸派は、住宅ローンを抱えているひとと同じように節約し、余ったお金を株式などに積み立て投資しなければならない。

③マイホームを購入すると安心感や達成感が得られるし、社会的な評価も高くなる。

住宅ローンを組んで不動産を購入した場合、名目上は所有権をもてるものの、返済が滞ると金融機関に差し押えられてしまうのだから、安心感や達成感は心理的な幻想にすぎない。それでも、(安心感が) ないよりはあった方がいいという理屈は成立するだろう。社会的な評価についても、とりわけ地方では、ある程度の年齢になれば、持ち家でないと信用されないということがあるかもしれない。

④住宅ローン減税により、毎年一定額(住宅ローンの年末残高の0・7%)が最大13年にわたって控除される。

政府による住宅投資促進政策は一種の「黄金の羽根」ではあるものの、これによってレバレッジの高い無謀なローンを組むことを促している面がある。また給与所得の最高税率が55% (地方税含む) であるのに対し、金融所得は租税特別措置によって一律20%に抑えられている。

⑤帰属家賃には課税されないので節税になる。

これはすこし専門的になるが、持ち家というのは、家主である自分が、借り手である自分に家賃を払っているのと同じだ (これを「帰属家賃」という)。それに対して、家主と借り手が異なる場合、家主は借り手から受け取った家賃に課税されることになる。同様に、株式投資の配当にも課税されるから、帰属家賃に課税されない持ち家はかなりの節税になる。日本ではまったく議論にならないが、海外ではこうした理由で帰属家賃に課税するところもある。

⑥ 相続税の節税になる。

夫が死んだあとに、妻や子どもたちが住む家を失うのはかわいそうだという理由で、小規模宅地等の特例が適用された場合、敷地の相続税評価額が最大80%引き下げられるなどの恩恵が受けられる。それに対して金融資産のみの場合は、「3000万円＋（600万円×法定相続人の数）」の基礎控除を超えると課税される。これをメリットと感じるかはひとそれぞれだが、「DIE WITH ZERO（ゼロで死ね）」を実践するなら、多額の資産を残すことに意味はない。

こうして見ると、マイホームのメリットは心理的なものと税の優遇に分けられる。とはいえ、赤字の法人に株式をもたせれば配当が非課税になるなど、さまざまな合法的節税策があるので、帰属家賃がどれほど有利かは微妙だ。相続税対策も同様で、そもそも基礎控除を超える相続財産があるひとはごく一部で、将来的には、ヴァーチャル空間の仮想通貨を使ったより効果的な節税策が登場する可能性が高い。

日本の不動産市場が維持できていたのは、人口が減少しても、一人暮らしによって世帯数が増えたからだ。人口は2008年にピークに達したが、世帯数が減りはじめるのは23年で、これから本格的に「家余り」の時代を迎える。

専門家の試算によれば、2023年には住宅総数が世帯数に対して1000万戸も多くなり、今後、住宅の取り壊し（除却）が効果的に行なわれなければ、住宅の余剰が2000万戸、3000万戸と積み上がる事態が予想されている。[*44] そうなれば、都心の一等地など限られた物件を除けば、住宅の価値は大きく下がることになるだろう。

こうした状況も考慮したうえで、それでも〝夢〟を実現したいと思うかどうか、じっくり考えてみたらどうだろう。

保険は損をすることに意味がある金融商品

人間には、株式のような「帳簿上の資産」よりも、目の前にあって所有権がはっきりしている資産を高く評価するという強固な心理的バイアスがある。だからこそ、REIT（不動産への分散投資）よりもマイホームを、債券よりも金庫のなかの現金を、金のETF（上場投資信託）よりも金の延べ棒をもちたがる。

＊44 「家余り1000万戸時代へ　『住宅リストラ』待ったなし」日本経済新聞2022年9月4日

それに加えて、リスクを過大に評価するというバイアスもある。これが生命保険を合理的に評価できなくなるいちばんの理由だ。

保険に入るかどうかを考えるうえでもっとも重要なのは、それが「不幸の宝くじ」だと理解することだ。死亡したり、事故にあったり、病気になるなど「ヒドいこと」が起きると、保険金という「賞金」を受け取ることができる。

宝くじでは、儲かるのは胴元とごく少数の幸運な当せん者だけで、大半の参加者は損をする。それと同様に、「不幸の宝くじ」である保険への加入も損をすることが前提になる。しかし保険会社は、この事実を強調すると誰も加入してくれなくなるので、なんとかして「生命保険で得をする」というイメージをつくろうとする。これがすべての誤解の始まりだ。

保険はそもそも、損をすることに意味がある金融商品だ。 加入期間中に保険金を受け取らないというのは、その間、死んだり病気になったりという「ヒドいこと」が起こらなかったのだから、喜ぶべきことなのだ。

ここから、保険に加入するときのきわめてシンプルな原則がわかる。

① 損をすることが前提なのだから、必要最低限の保険にしか加入しない。

② 保険を選ぶときに重要なのはコストだけ。保険金に対してもっとも保険料の安いものを選ぶ。

保険の相談窓口は役に立つ？

死亡保険金については、自分が死んだときに家族にいくら残したいのかを考えれば、妥当な金額が算出できるだろう。じゅうぶんな資産があるひとだけでなく、実家がそれなりに裕福で、祖父母が残された家族の面倒を見てくれる場合も、生命保険に入る必要はない（当然のことながら、独身者が生命保険に入る理由はなにもない）。

日本の場合、国民皆保険制度によって医療費は原則3割負担で、さらには高額療養費制度によって、一定額を超えた医療費は国から支給される。自己負担の上限額は年収によって異なるが、住民税非課税世帯は3万5400円、年収1160万円超の高額所得者でも「25万2600円＋（医療費－84万2000円）×1％」だから、仮に（自由診療を除いて）1000万円の治療費がかかったとしても、自己負担は最大で34万4180円にとどまる。

これを考えると、医療保険の役割は保険金で医療費を支払うことではなく、入院・療養中の生活費の補填になる。

ここから、**年金生活者は（病気になっても収入が減らないのだから）、そもそも医療保険に加入する理由がない**ことがわかるだろう。最近ではテレビCMなどで「70歳から入れる保険」をさかんに宣伝しているが、金融商品としてなんの意味もないのですべて無視しよう。

医療保険の入院給付金が支払われる限度日数はほとんどが60日型か120日型で、保障されるのは最長でも4カ月だが、年収と同額の金融資産があれば、1年間は無収入でもなんとかなる。そう考えれば、多くのひとはそもそも医療保険に加入する必要はないのではないか。

それでも「保険に入っておかないと不安だ」というひとは、共済保険のように仕組みがシンプルで掛け金が安いものを選べばいいだろう。

ついでにいっておくと、最近はあちこちで保険の相談窓口を見かけるが、金融リテラシーというのは、「このビジネスモデルで、家賃やスタッフの人件費、会社の利益はどこから得ているのか」を考えることをいう。当たり前だが、無料で相談に応じているだけでは、あっというまに事業は行き詰まってしまう。

この単純な事実から、保険の相談窓口で紹介される保険には、すべて高率のキックバックが設定されていることがわかる。そしてこのキックバックは、当然のことながら、あなたが払う保険料に上乗せされている。加入者にとって有利な（コストの安い）保険は、保険の相談窓口で紹介されることのない商品のなかにあるのだ。

保険は損をすることに意味がある金融商品なのだから、「保険で得をする」というのは定義矛盾だ。それにもかかわらず保険会社は、保険と資産運用商品（ファンド）を組み合せることで、なんとか「得をする」ように見せかけようと苦心している。だが面倒なことをしようとすればその分だけコストが高くなるから、保険と資産運用は別にすべきだ。すなわち、保険は掛け捨てにして、資産運用はコストの安いインデックスファンドか、ネット証券のETFなどを使うのが合理的になる。

近年では、超低金利でもなんとか想定運用利回りを高く見せようと、保険会社はデリバティブ（金融派生商品）を組み込んだ複雑な外貨建て金融商品を販売し、損をした加入者とのあいだでトラブルが頻発している。たしかに保険会社にも非はあるが、加入時に書面に印鑑を押してリスクに同意している以上、あとから文句をいっても「自己責任」ですまされてしまう。保険は掛け捨てのみと決めておけば、あやしげな商品に引っかかって嫌な思いをすることもないだろう。

ウマい話はあなたのところにはぜったいに来ない

保険は「不幸の宝くじ」なのだから、不幸なことが起こらないようにしておけば、保険に加入する必要性も低くなる。もちろん、歩道に車が突っ込んできたとか、治療方法のない難病にかかるというような事態は、きわめてまれではあっても、誰にでも起こりえることだ。

その一方で、「避けられる不幸」もある。禁煙や節制など健康に留意していれば病気になるリスクが下がるが、それ以外にもできることはある。

海外旅行保険では、保険の対象にならない危険なスポーツとして、「ピッケルを使うような本格的な登山、ロッククライミング、飛行機の操縦、スカイダイビング」などが挙げられている。いずれも統計的に事故（死亡）率が高いからで、合理的に考えれば、より安全なスポーツを楽しんだ方がいいだろう。もちろん、リスクを承知したうえでそれでも挑戦してみたいというのは個人の自由だ。

「不慮の事故」の統計を見ると、近年では交通事故の死亡者数が一貫して減る一方で、「窒息」「転倒・転落」「溺死」が増えている。食べ物を喉につまらせたり、階段から落ちたり、風呂場で溺れたりする高齢者が増えているからだが、最大のリスクはやはり交通事故だ（警察庁の発表によると、２０２２年は負傷者35万６４１９人、死亡者２６１０人）。

交通事故にあう確率は、車の運転を控え、公共交通機関を利用することで大幅に下げることができる。地方では車がないと生活できないところもあるし、仕事で運転が必要なこともあるだろうが、そうでなければ、できるだけ車を使わないようにした方がいいだろう。電車やバスが利用できる都市部では歩く機会が多いので、車での移動が当たり前の地方より健康なひとの割合が高いというデータもある。

世界には戦争や内乱、犯罪などでひとびとの生命が危機にさらされている地域も多いが、幸運なことに、わたしたちが暮らす日本は世界でもっとも安全な社会のひとつで、事故や犯罪に巻き込まれることを心配する必要は（ほとんど）ない。悲惨な事故や悪質な犯罪が大きく報じられるのはめったに起こらないからだが、それによって体感治安が悪化していく。

生存へのリスクが下がる一方で、じつは経済的なリスクが高まっている。それは、資産の大部分を失うことだ。高齢者が一文無しになれば、生命を失うのと同じことになってしまう。

ここで述べる経済的なリスクは、振り込め詐欺やマルチ商法のような犯罪だけではない。金融機関が熱心に営業する金融商品のなかにもきわめてリスクが高いものがあり、経済情勢によっては大きな損失を被るおそれがある。

そうした事態を避けるもっともシンプルな原則は、**「営業はすべて無視する」**だ。なぜなら、**ウマい話はあなたのところにはぜったいに来ない**から。

ほんとうに儲かる投資機会があったなら、見ず知らずの他人に教えたりせず、自分で投資するだろう。不動産にせよ、保険や株式、先物にせよ、「儲かりますよ」という営業はすべてこの矛盾を説明することができない。

この原則を頭に叩き込んでおけば、取り返しがつかないような最悪の事態を避けることができるだろう。

7 人的資本の成功法則

◉優秀なライバルに勝つためのシンプルな戦略

ＪＲ品川駅のコンコースに設置された数十台のディスプレイに「今日の仕事は、楽しみですか」の大きな文字が表示され、それを「社畜回廊」と名づけたＳＮＳの投稿が拡散・炎上する騒ぎが起きた。「つらくても仕事を頑張っているひとを傷つける」などと批判されたが、よく考えるとこの論理はおかしい。なぜ「仕事が楽しみ」ではいけないのだろうか。

ＯＥＣＤ（経済協力開発機構）をはじめとするあらゆる国際調査において、「日本人は世界でいちばん仕事が嫌いで、会社を憎んでいる」という結果が繰り返し出ている。しかもこれは２０００年代以降の「ネオリベ（新自由主義）改革」のせいではなく、バブル絶頂期の１９８０年代ですら、日本のサラリーマンよりアメリカの労働者の方がいまの仕事に満足し、友人に勧めたいと思い、生まれ変わったらもういちど同じ仕事をしたいと考えていた。[*45]
日本では右も左もほとんどの知識人が、年功序列・終身雇用の「日本的雇用」が日本人（男だけ）を幸福にしてきたとして「（正社員の）雇用破壊を許すな」と大合唱していた。しかし現実には、日本的雇用が日本人を不幸にしているのだ。
ではどうすれば、この罠から抜け出すことができるだろうか。ここではそれを考えてみたい。

エッセンシャル思考は人的資本の一極集中

エッセンシャルとは、「もっとも大事なこと」「必要不可欠なこと」だ。
図31は、世界的なベストセラーになったグレッグ・マキューンの『エッセンシャル思考』に掲載されている図をすこし変えた（「エッセンシャル思考（B）」の丸を小さくした）。[*46]
「どれも大事だ」「なにもかもやらなくては」というプレッシャーにさらされ、無理な仕事を引き受けるタイプは、期限が迫るとグリット（やり抜くちから）に頼ろうとし、その結果なにもかも中途半端で疲れ切り、無力感に打ちのめされてしまう。これが「非エッセンシャル思考（A）」だ。
それに対して「エッセンシャル思考（B）」は、自分や家族にとってなにがほんとうに大切（エ

＊45 小池和男『日本産業社会の「神話」　経済自虐史観をただす』日本経済新聞出版

＊46 グレッグ・マキューン『エッセンシャル思考　最少の時間で成果を最大にする』高橋璃子訳、かんき出版

図31｜エッセンシャル思考と非エッセンシャル思考

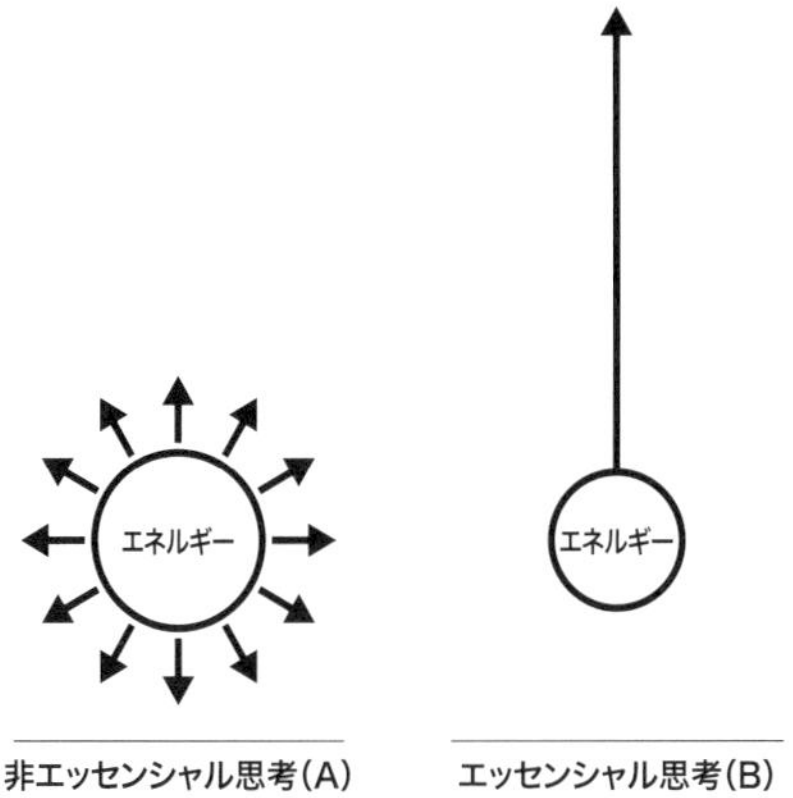

ッセンシャル）かを決め、優先順位の低いものを切り捨てて、やることを計画的に減らす。その結果、仕事や勉強の質が上がり、「ものごとをコントロールしている」「正しいことをしている」と思えるようになり、充実感をもって毎日を過ごせるようになる。

　このシンプルな考え方が広く受け入れられたのは、ますます複雑化する現代社会において、「大事で重要なこと（エッセンシャル）に集中する」以外の対処法がないことを、誰もが(なんとなく)気づいているからだろう。

　ここではそれに、能力のちがいを加えてみよう。

　学校でも会社でも、つねに自分よりも高い能力をもったライバルがいる。グローバル化が進むと、組織だけでなく国境を超えた競争にさらされることになる。いまやライバルは世界中にいるのだ。

だがこのライバルたちが非エッセンシャル思考（A）なら、せっかくの大きな能力（エネルギー）も複数に分散してしまうので、いろいろなことをそつなくこなすかもしれないが、大きな成功を手にすることはできない。

それに対してあなたがエッセンシャル思考（B）なら、たとえ能力が劣っていても、エネルギーをひとつのことに集中してはるかに大きな成果をあげることができる。

多くのことをいちどにやろうとすると、そのたびに選択が増えていく。**非エッセンシャル思考は、選択のコストに押しつぶされてしまう**のだ。

それに対してエッセンシャル思考では、いったん人生の優先順位を決めたら、さして重要でない選択は放棄するか、自動化してしまう。たったこれだけで、ささいな能力のちがいは関係なくなり、ライバルに大きな差をつけることができるだろう。

私は同じことを、**「人的資本は一極集中する」**と述べてきた。人的資本について理解しておくべきもっとも大切なことは、これだけだ。

仕事がブルシット（クソ）になるとき

人的資本を一極集中するには、時間資源を無駄にする作業を徹底的に減らさなければならない。とはいえ、睡眠や運動のように、無駄なように見えてもじつは重要な時間がある。それを考えれば、一日に自由に使えるのはせいぜい6～8時間しかない。

生活をシンプル化するといわれて、誰もが真っ先に思い浮かべるのはミニマリズムだろう。最小限のモノしかない家で暮らし、よい食材を使って適量のご飯をつくり、テレビやインターネットから距離を置き、友人との人間関係も断捨離して、ほんとうにやりたいことのために時間を使う。

もちろんこれが理想だろうが、それができるひとは限られている。なによりも最大の障害は「会社の雑用」だ。

「次の打ち合わせはいつにしましょう?」という話になると、スケジュール帳を開いて顔をしかめるひとが（かなりたくさん）いる。毎日、分刻みで予定が入っているのだ。なぜそんなに忙しいかと訊くと、その大半は「会議」だという。

日本の会社は部門間の「すり合わせ」で仕事が進んでいくので、業務に占める会議の割合が異常に高く、プレゼンテーションのための準備や下打ち合わせを含めると、正規の勤務時間のほとんどが雑用でつぶれてしまう。自分の仕事は残業するか、休日に自宅で処理しなくてはならないひともたくさんいるだろう。これはまさに、非エッセンシャル思考そのものだ。

だが奇妙なことに、「会議ばかりで自由な時間がぜんぜんないんですよ」とぼやくサラリーマンは、どこかうれしそうでもある。これはある種の倒錯で、ぎっしりと予定が詰まったスケジュール帳が（自分はこんなに必要とされているという）安心感、あるいは（仕事をやっているという）充実感を与えてくれるからではないのか。とはいえ、いくら会社の会議に出ても、人的資本の形成にもネットワークづくりにもほとんど役に立たないだろう。

それに対してあなたのライバルが、すべての雑用から解放され、エッセンシャル思考で（自由な時間をすべて投入して）専門性を高める戦略をとったとしたらどうだろう。仮にあなたがライバルより1・5倍優秀だとしても（仕事においてはこれはものすごいちがいだ）、何年かたつうちに、相手の専門知識に太刀打ちできなくなってしまうのではないだろうか。

私が一貫してフリーエージェント戦略を勧めるのは、それが人的資本を一極集中するもっとも効果的な方法だからだ。IT系のベンチャー企業ならともかく、日本企業で「専門性を高めたいので雑用はやりません。会議にも出ません」などというわがままは許されないだろう。

こうした状況は、なにも日本だけではない。欧米では、コンテンツ制作のようなクリエイティブな作業はフリーエージェントや独立系のプロダクションが行ない、会社がその制作物をグローバルマーケットで流通させ、契約についての細々とした法律的な問題を処理するという役割分担がはっきりしている。バックオフィス（裏方）に専念するこうした仕事は、高給かもしれないがやりがいがなく、ブルシット・ジョブ（クソどうでもいい仕事）と呼ばれている。[*47]

＊47 デヴィッド・グレーバー『ブルシット・ジョブ　クソどうでもいい仕事の理論』酒井隆史他訳、岩波書店

高度化した知識社会では、クリエイティブクラスとバックオフィスの分業がますます進んでいく。クリエイティブクラスは、人的資本を一極集中することで、それぞれの分野の最先端の知識や技術にキャッチアップできる。会社に所属して大半の時間を雑用に費やしているのでは、能力や適性以前に、投入すべき時間資源が圧倒的に足りない。このようにして、「日本もジョブ型雇用にして、社員全員が専門性を磨かなければならない」といわれながらも、なんの専門性もないサラリーマンばかりが会社にしがみつく悲惨な事態になっているのだ。

こころを病む原因は長時間労働ではない

日本の会社では、男女を問わず社員のこころの病が大きな問題になっている。その原因は長時間労働にあるとして、時間外労働の上限規制などの政策対応が次々と打ち出されているが、サラリーマンのメンタルヘルスを診る産業医によれば、問題はたんに長く働いていることではない。

誰もが知っているように、「嫌なこと」をえんえんとやらされるから苦しいのであって、好きなこと、楽しいことであればどれほどの長時間労働でもまったく苦にならない。スティーブ・ジョブズはマッキントッシュのコンピュータをつくるとき、「1日8時間労働」とか「残業は週15時間まで」などと考えもしなかった。ガレージに寝泊まりして夢中で働いたのは、それが楽しかったからだ。

あらゆる仕事で高い専門性が要求されるようになったが、日本の会社は頻繁な人事異動で「ゼネラリスト」を養成してきたため、仕事に必要な知識やスキルを獲得できないまま、年功序列で役職が与えられる。そうなると、「この仕事をやりとげるだけの能力が自分にはない」と思いつつも、責任のある仕事を任せられ、誰にも不安を打ち明けることができず、上司や同僚、部下、クライアントの視線に戦々恐々としながら日々をやり過ごすことになりかねない。

プログラミングの知識がほとんどないにもかかわらず、多数のプログラマーを束ねる大きなプロジェクトの責任者になったら、会社に出社できなくなったとしても不思議はない。それでうつ病と診断されれば仕事から外れることができ、〝ウソ〟がばれずにすむのだから。

高度化した知識社会では、人的資本（高い専門性）をもたない者は、会社（労働市場）のなかで〝居場所〟を失い、うつ病など精神疾患のリスクが高くなる。人的資本を一極集中するエッセンシャル思考を勧める第一の理由は、金銭的な報酬が増えるからではなく、こころの健康維持なのだ。

大きな人的資本が自尊心を生む

職場で起きる議論には、「タスクの衝突」と「人間関係の衝突」がある。タスクの衝突とは、いかにビジネス上の目標に到達するかの議論で、対立が激しかったとしても協力的で生産的なものになる。だがときに、それが人間関係の衝突に発展して職場環境を破壊してしまう。

組織心理学者のフランク・デ・ウィットは、対立への対処の方法として「挑戦状態」と「脅威状態」があるとする。

この2つは生理的な反応が異なり、挑戦状態では心臓の鼓動が高まるとともに血液が効率的に送り出され、脳や筋肉への血流量が大きく増加する。アスリートが満員のスタジアムに登場するときの高揚感だ。

それに対して脅威状態では、心臓の鼓動は速くなるが、血管の抵抗が増すことで、血流は逆に阻害されてしまう。これは恐怖反応で、「興奮すると同時に身体がぎこちなくなる」状態になる。

デ・ウィットは、議論の参加者に心血管測定器をつけてもらい、挑戦状態か脅威状態かを識別した。するとそこに、明らかなちがいがあることがわかった。

相手と意見が衝突したとき、ひとはそれに対応できるリソースが自分に備わっているかどうかを本能的に計算する。リソースがあると感じれば、精神的にも肉体的にも準備万端の挑戦状態になる。逆に、自分の能力に対してタスクの要求が高すぎると感じると、それが暴かれるのを回避することに全神経を集中する脅威状態になるのだ。

実験では、参加者が脅威状態に切り替わると、当初の意見を変える可能性が低くなり、議論に勝つのに役立たない情報を排除する傾向が目立つようになった。一方、挑戦状態の参加者はさまざまな視点を受け入れる姿勢を見せ、はじめに抱いていた見解を改めることもいとわなかった。*48

大きな人的資本をもつ者は、心理的な優位性があるので、他者の正当な反論を受け入れ、より正しい判断ができる。それに対して小さな人的資本しかもたない者は、なんとかして自分を守ろうとして、もともとの誤った主張に固執し、結果として災厄を招いてしまうのだ。

自己啓発本では、「自信をもつ」「自尊心を高める」ことの重要性が説かれている。最近では、社員の能力を発揮させるには「心理的安全性」が重要だとされている。だがこれは、因果関係が逆だ。

自尊心をもてるのは大きな人的資本（高い専門性）があるからで、それによって対立する相手の意見を尊重する余裕が生まれる。心理的安全性も同じで、それは上司や同僚の言葉遣いに

*48 イアン・レズリー『CONFLICTED(コンフリクテッド) 衝突を成果に変える方法』橋本篤史訳、光文社

よって与えられるものではなく、**相手の言葉に「脅威状態」で反応しない大きな人的資本が「安全性」をもたらす**のだ。

人的資本をマネタイズする

経済学では、金融資本（フィナンシャル・キャピタル）を金融市場に投資して収益を得るのと同様に、わたしたちは人的資本（ヒューマン・キャピタル）を労働市場に投資して給与や報酬を得ていると考える――という話はこれまで何度もしてきた。ここでは重要なことだけを確認しておこう。

ひとはさまざまな能力をもっているが、人的資本とは、そのなかで「マネタイズ（収益化）可能なもの」だけをいう。学生時代に野球やサッカーをやっていて会社の同好会で活躍しているとか、アイドルの物真似がうまくて宴会の人気者だというひともいるだろうが、こうした能力はマネタイズできていないので人的資本には含まれない。それに対して、芸能人に扮した動画をYouTubeにアップして、そこから収益を得ているなら立派な人的資本だ。

なぜこんなわかり切ったことをいちいち書くかというと、「好きなこと、得意なこと」をマネタイズできるかどうかが、現代社会ではますます重要になっているからだ。芸能人やスポーツ選手でも、医師や弁護士などの専門職でも、あるいは起業家や大手企業の経営者・幹部であっても、**成功者というのは「自分の能力を効率的にマネタイズしているひと」**と定義できる。

もちろん、お金にならなくても有意義な仕事というのは世の中にたくさんある。しかしわたしたちが生きている市場経済では、成功は最終的にはマネーによって評価される。リオネル・メッシやクリスティアーノ・ロナウドが成功者なのは、その華麗なプレイによってサッカーファンを魅了したからであると同時に、それによって巨額の報酬を得ているからだ。

ここから、次の一般則が導き出せる。

> 成功にとってもっとも重要なのは、自分がもつアドバンテージをどのようにマネタイズするかだ

健康資本とエロス資本

わたしたちは誰もが、生きるために、あるいは他者の評価を獲得するために、人的資本を労働市場でマネタイズしている。このように考えると、人的資本の重要なサブジャンルとして2つの資本があることがわかる。それが**「健康資本（ヘルス・キャピタル）」**と**「エロス資本（エ**

ロティック・キャピタル）」だ。

健康資本については、わざわざ説明するまでもないだろう。身体的・精神的な不調をきたせば働くことができなくなり、人的資本はゼロになってしまう。こうして現代社会では、身体や精神を最適状態に維持する「フィットネス」がますます重要になっている。

ちょっと考えればわかるように、人的資本は、働ける期間が長ければ長いほど大きくなる。これが「生涯現役」戦略だが、そのためには健康寿命を延ばさなくてはならない。

健康資本については「病気にならない生活習慣」や「メンタルヘルスの整え方」など大量の本が出ていて、ここであらためて解説する必要はないだろうが、エロス資本についてはこれまでほとんど取り上げられることがなかった。誰もがその存在に（うすうす）気づいていながらも、女性の性的な魅力について述べることがポリティカル・コレクトネス（政治的正しさ）に反すると思われたからだろう。

だが、イギリスの女性社会学者キャサリン・ハキムによってようやくこのタブーが破られた。従来のフェミニズムは、若い女性が売春や風俗で自らのエロス資本をマネタイズすることを「女性差別」として否定してきたが、これではエロスという稀少な資本を（愛の名のもとに）男に無料で提供すべきだということになってしまうと、ハキムは指摘したのだ。[*49]

女性のエロス資本は思春期から目立つようになり、10代後半から20代前半で最大になり、30

＊49 キャサリン・ハキム『エロティック・キャピタル　すべてが手に入る自分磨き』田口未和訳、共同通信社

代半ばでほぼ消失する。このことは女性なら誰でも知っていて、さまざまなかたちで資本のマネタイズを試みている。

もっともシンプルなマネタイズが風俗業で、「パパ活」や「援交」などの新奇な社会現象は、エロス資本を前提としてしか理解できない。アダルトビデオ（ＡＶ）に出演したり、風俗業に従事したりするのが、一般的には高卒や高校中退の女性に多いのは、学歴が低いことで人的資本が小さく、その結果、総体的にエロス資本の比重が大きくなるからだろう。そのように考えれば、一見、思慮に欠けたり無謀に見えたりしたとしても、彼女たちの選択には「経済合理性」がある。

ＡＶ出演の背景には貧困や性暴力があるとして、「ＡＶ出演被害防止・救済法」が成立した。悪質な業者が女性を搾取するのを防がなければならないのは当然だが、その一方で、世の中にはエロス以外にマネタイズできる資本をもたない女性がたくさんいる。この事実から目を背け、いたずらに「差別」を糾弾しても、問題はなにも解決しないだろう。

本書ではエロティック・キャピタルの詳細には立ち入らないが、女性の人生に大きな影響を与え、結果として男性の人生をも左右するこの「資本」について、今後、女性の研究者を中心に議論が進むことを期待したい。

メリトクラシーと絶望死

わたしたちが生きているリベラルな知識社会では、人的資本は「学歴・資格」「業績」「経験」の3つによって評価される。これがメリトクラシー（メリットによる政治・社会制度）で、1958年にこの言葉をつくったイギリスの社会学者マイケル・ヤングは「M＝I＋E」と定義した。メリット（M）とは、知能（インテリジェンス：I）に努力（エフォート：E）を加えたものなのだ。

ところがその後、メリットを構成するこの2つの要素のうち、「知能」が隠されて「努力」が前面に出されるようになる。

リベラルな社会では、人種、国籍、身分、性別、性的指向など、本人の意思ではどうしようもない「属性」による評価が禁じられ、この規範に反すると「差別」として批判（キャンセル）の対象になる。

しかしそうはいっても、組織を運営する以上、誰を採用するか、誰を昇進・昇給させるかを決めなくてはならない。評価の基準からあらゆる属性を排除すれば、残るのは「努力」によって獲得できるものだけだ。

ところが「知能」については、どんなリベラルも、教育によっていくらでも向上するとはいえない。明らかに遺伝的要因があるからだが、そうなると知能も（努力ではどうにもならない）属性に含まれてしまう。これはきわめて都合が悪いので、知能を「学歴」で代用し、努力によって獲得できるという〝神話〟が成立したのだ。

もちろんこれが事実ではないことは、教育関係者も含め誰でも知っている。しかしこの虚構がリベラルな知識社会を支える土台になっているため、「言ってはいけない」ことにされている。

日本は「学歴社会」だといわれるが、よりリベラルな知識社会であるアメリカでは学歴による収入の差がずっと大きい。アメリカは1960年代の公民権運動以降、人種や性別で差別したと訴えられると企業は巨額の懲罰的損害賠償を科せられる。それを避けるためにメリトクラシーがより徹底され、メリット以外の評価はいっさい許されなくなった（このためアメリカの履歴書には生年月日を記載する欄や顔写真を貼る欄がない）。

アメリカでは、非大卒に対する大卒の収入プレミアムは70〜100％（2倍）にも達している（日本は30％程度）。その結果、高卒の白人労働者層が仕事を奪われて社会から排除され、ドラッグ（鎮痛剤）、アルコール、自殺の「絶望死」が広がるとともに、トランプの熱烈な支持層になった。[*50]

日本はこれほどではないものの、それでも学歴（大卒／非大卒）によって社会に分断線が引

＊50 アン・ケース、アンガス・ディートン『絶望死のアメリカ　資本主義がめざすべきもの』松本裕訳、みすず書房

かれていることが、社会学者による大規模な調査で明らかになっている。[*51]

こうした事実が広く知られるようになったことで、いまではリベラルな教育者ですら、「教育で社会の分断を解決できる」とはいわなくなった。現実には、教育は社会の分断をなくすよりも分断をさらに大きくしているのだ。

不満だらけのエリート・ワナビーズ

アメリカのようにメリトクラシーが徹底され、大卒が高卒の倍の収入を得られる社会では、誰もが「大卒」の肩書を得ようと必死になる。しかしこれは「合成の誤謬」の典型で、大卒の数が増えれば増えるほど肩書の価値は下がっていく。

知識社会では、必然的に「学歴の軍拡競争」が起きる。その結果が「超学歴化（学歴のインフレーション）」で、欧米では学士（4年制大学卒業）は「低学歴」で、グローバル企業やエリート官僚は修士号か博士号をもっていないと相手にされなくなった。

アメリカでは、トランプを支持する高卒の白人労働者層と、民主党の大統領選挙予備選に立候補したバーニー・サンダースを支持する「レフト（左派）」「プログレッシブ（進歩派）」と呼ばれる若者たちが激しく対立している。

＊51 吉川徹『日本の分断　切り離される非大卒若者（レッグス）たち』光文社新書

この「レフト」とはどういう者たちなのか。それはバイデン大統領が、学生ローンの借り手に対して1人あたり最大1万ドル（約130万円）の返済を免除したことからわかる。いまでは民主党を支持する若者の多くが、多額の奨学金でなんとか大学を卒業したものの、思うような仕事に就くことができず、政治や社会に不満を募らせる準エリート層になっているのだ。

奨学金を免除する費用の原資は、すべての国民が納める税金だ。当然、大学教育を受けていない有権者は大卒への優遇策に反対するだろうが、それは共和党支持者なのでどうでもいいのだろう。

大卒があまりに増えたために、アメリカではレジ係（大卒者が就いている仕事の上位48位。以下同）やウェイター（50位）として働く大卒者が機械技師（51位）より多い。同様に、警備員（67位）や用務員（72位）として働く大卒者はネットワークシステム／コンピュータシステム・アドミニストレーター（75位）より多く、料理人（94位）やバーテンダー（99位）として働く大卒者は司書（104位）よりも多い。

仕事に対して学歴が高すぎるのが「学歴過剰」だが、労働経済学では、受けた教育に比べて仕事の内容が不十分なことを「不完全就業」と呼ぶ。アメリカの大卒者の不完全就業率は年々上がってきており、2000年の25・2％から10年には28・2％に上昇した。リーマンショック後の世界的な不況では、最若年の大卒者の不完全就業率は40％に迫った。[*52] これが「自由の国」

＊52 ブライアン・カプラン『大学なんか行っても意味はない？ 教育反対の経済学』月谷真紀訳、みすず書房

アメリカの現実で、中途半端に学歴が高い若者たちが社会主義的な政策を求めるようになった背景だろう。

知識社会が高度化するにつれて、アメリカではまず黒人やヒスパニックなどが労働市場から脱落し、次いで黒人の生活保護受給者を「福祉の女王」などと罵倒していた高卒の白人労働者階級が脱落した。そしていまでは、低学歴の白人に「レイシスト（人種主義者）」のレッテルを貼ってバカにしていた（中位以下の）大卒が労働市場から脱落しつつある。

憧れの仕事に就けない末端エリートは、「不満だらけのエリート・ワナビーズ（elite-wannabes：エリートなりたがり）」と呼ばれている。

大学に意味はあるのか

知識社会がますます高度化している以上、大学院に進んで修士や博士の肩書を獲得した方がいいのだろうか。

アメリカでは婚活サイトのプロフィール欄に「大学院卒」と書いた男性は、女性からより多くのリプライをもらえるというデータがあるから、この戦略に効果があることは間違いない。メリトクラシーの社会では、学歴はさまざまなところでアドバンテージを発揮するのだ。

しかしここでも、トレードオフの原則が立ちふさがる。現役で大学に入って4年で卒業すれば22歳で社会に出ることができるが、博士号まで取得しようとすると20代半ば、あるいは30歳を過ぎても大学で過ごすことになる。

修士号や博士号は、これだけの年月を埋め合わせるだけの社会的・経済的な利益をもたらしてくれるのか。とりわけ女性の場合、妊娠・出産には生物学的な限界があるので、これは深刻な問題になる。

人的資本として高く評価されるのはマネタイズできる学歴だけなので、工学系・技術系を中心とした理系の修士・博士は採用時の収入に直結するとしても、文系では人的資本を形成できるのは経済学など一部にとどまるだろう。企業が採用したがらない研究者のタマゴは貧困のままで、これでは逆に人的資本を毀損してしまっている。

それに加えて近年、シリコンバレーから「大学で時間を浪費することに意味があるのか」との批判が出てきた。アインシュタインが特殊相対性理論など4つの革命的な論文を発表した「奇跡の年」は1905年で、20代半ばだった。将棋や囲碁と同様に、数学や物理学の分野では、高いパフォーマンスを発揮できるのは20代か、遅咲きでも30代半ばまでとされている。

テクノロジー系のベンチャーでは、中高年より若者の方が成功しやすいのは明らかで、ビル・ゲイツ、スティーブ・ジョブズをはじめ、グーグル、アマゾン、フェイスブックの創業者もみな野心に満ちた賢い若者たちばかりだ。

このようにしてベンチャー投資家のピーター・ティールは、「20 under 20」という奨学金プログラムを始めた。

「高学歴」の二極化

ティール・ファウンデーションが運営する「20 under 20」のプログラムでは、起業を目指す20歳未満の学生20人に、大学を休学するか中退することを条件に、10万ドルの資金が与えられる。

最初のフェローシップ募集は2010年12月に行なわれ、「われわれは次のフェイスブックを探しているわけではない。普通の人間が現在可能だと考えていることの2年から10年くらい先を考えている人を探している」という選考基準に400人の応募者が集まった。*53

第1回の奨学生に選ばれたローラ・デミングはニュージーランドの中国系の家庭に生まれ、8歳のときに「人間はなぜ死ぬのか」を考えるようになったという。早熟の天才である彼女は、12歳でカリフォルニア大学の遺伝子工学の研究室に加わり、14歳でMIT（マサチューセッツ工科大学）に入学したものの、老化の防止と寿命延長を目指すベンチャー企業を立ち上げるた

*53 アレクサンドラ・ウルフ『20 under 20　答えがない難問に挑むシリコンバレーの人々』滑川海彦・高橋信夫訳、日経BP

めに中退した。第3回（2013年）の奨学生には、インドで格安ホテル予約サービス「オヨ・ルームズ」を起業したリテシュ・アガルワルがおり、世界80カ国で4万3000件、100万室を管理するまでに事業を拡大して「世界で2番目に若いビリオネア」になった。

しかし、群を抜いて有名なのは第4回（2014年）の奨学生であるヴィタリック・ブテリンだろう。13歳のときに夢中になったゲーム「ワールド・オブ・ウォークラフト」でいきなりキャラクターの能力値が調整されたことで、中央集権型の組織に疑問をもったブテリンは、ブロックチェーンを使い、仮想通貨だけでなく契約（スマートコントラクト）の管理もできる分散型のプラットフォーム、イーサリアムを開発し、世界を変えようとしている。

若き天才起業家だけでなく、将棋の藤井聡太五冠が象徴するように、知的な競技で若年化が急速に進んでいる。オンライン上のゲーマーのコミュニティでは、いまや小学生がオリジナルのゲームをプログラムしているという。大学どころか高校を中退して起業する10代が続々と現われても不思議はない。

このように考えると、東大など国立大学の受験勉強はコスパもタイパも極端に悪い。合格するには5教科8科目を勉強しなくてはならないが、万葉集や源氏物語を読んだり、鎌倉時代の将軍の名前を暗記することになんの意味があるのかという疑問に答えるのは難しいだろう。

——誤解のないようにいっておくと、これは古典や歴史に価値がないということではない。こうした「教養」は、もっとも知的パフォーマンスが高い時期に無理やり詰め込むのではなく、社会的・経済的に成功したあとで、趣味として楽しむものになっていくだろう。

このようにして高度化した知識社会では、「高学歴」も二極化していく。有名大学で修士号・博士号を取得したり、医師や法律家などの資格をもつ者はこれからも知識社会の成功者でありつづけるだろうが、その頂点に立つのは「教育」になんの価値も見出さず、中退して自ら事業を起こした「とてつもなく賢い若者」なのだ。

◉バイオリンの天才児はなぜデリヘルドライバーになったのか

デリヘル（デリバリー型ヘルス）は性風俗の一形態で、デリヘルドライバーはその名のとおり、デリヘル嬢を客の自宅や宿泊しているホテルに派遣（デリバリー）する仕事だ。ライターの東《とう》良《ら》美《み》季《き》さんはそんな男たちに興味をもち、「東京の闇を駆け抜ける者たち」に話を聞いた。そのなかに「バイオリン」という章がある。[*54]

＊54 東良美季『デリヘルドライバー』駒草出版

中学生の全国大会で優勝

風見隼人《かざみはやと》の親は千葉県庁の職員をしていた共働きの夫婦で、船橋市の公営団地で育った。母親は若い頃音楽大学に通っていて、自宅にはアップライトのピアノがあった。母の弾くピアノを子守り歌に育ったからか、風見は3歳のとき、テレビでオーケストラの演奏を見て第一バイオリン奏者を指差し、「ボク、あれをやってみたい」といったという。

喜んだ母親が町内にあったバイオリン教室に息子を通わせると、「この子は私のところで習わせるにはもったいない。もっと専門の、有名な先生につかせた方がいい」と助言された。そこで小学校1年から、東京の講師のところに週1回、1時間かけて通うようになった。

風見には誰もが認める才能があり、小学校6年生のときにはじめて出場した全日本学生音楽コンクールの東京地区大会本選では「指がもつれて」失敗したものの、リベンジに挑んだ中学生の部の全国大会では満場一致で優勝した。

高校から桐朋学園大学音楽学部の系列校に入学すると、一学年100人ちかくいるなかで男子は3人だけだった。風見は日鼻立ちのはっきりした美少年だったが、人気があったのは容姿が理由ではないという。まわりの女の子たちも音楽家なので、彼の才能をたちまち見抜いて憧れたのだ。

2学年上の女子生徒に「襲われるようにセックスし」て初体験をすませた頃、風見の父親が訪ねてきて、どちらの親とも血がつながっていないと告げられた。夫婦は子宝に恵まれず、親しくしていた産院の院長に「ご縁があったら」と頼んでいたところ、赤ん坊を身ごもった女子大生が現われ、出産したあとに姿を消したのだという。

だがこの話を聞いても、風見はまったくといっていいほどショックを受けなかった。中学の頃から、家に遊びにきた友だちに「お前、親と全然顔似てねえな」といわれ、薄々そうじゃないかと思っていたのだ。

バイオリニストとして成功するには、若手音楽家の登竜門である日本音楽コンクールから、モスクワで開催されるチャイコフスキー国際コンクールや、ベルギーのブリュッセルで開催されるエリザベート王妃国際音楽コンクールで受賞し、凱旋しなければならない。「クラシックの演奏家って、日本一程度じゃダメなんです。ましてや学生日本一なんてまったく話にならない」のだ。

だがここで、風見は伸び悩みはじめた。自身の才能に疑いをもつようになったのだ。

「要するに上には上がいるってことですよ。世の中には本物の天才ってヤツがいるんです」と風見はいう。それに加えて、彼には金と努力が決定的に欠けていた。

尋常ならざる努力ができるのが天才

風見は、奨学金をもらい、学費も免除されてはいたが、それでも寮費や生活費は必要で、親から仕送りをもらいながら、新宿・歌舞伎町のディスコの黒服など、水商売のアルバイトを始めた。「ちくしょう、俺にも金があればバイトなんかせず、全生活を練習にあてて、何十時間でもバイオリンに没頭できるのに」と唇を噛み、夜の仕事を続けた。

しかしその一方で、夜の歌舞伎町は魅力的だった。端正な顔立ちと、バイオリン専攻の音大生という肩書は女の子たちの気を引き、ディスコで踊っていれば派手なボディコンシャスに身を包んだ女たちに声をかけられ、酒を飲み、セックスを楽しむことができた。風見は、「一流の演奏家になりたい、そのためにはもっと練習したい」という気持ちと、夜の世界が誘う甘美な魅力に引き裂かれた。

22歳のとき、風見はすべてを断念した。夜の遊びも金の使い方も激しくなり、「まったく違った道を目指してやれ」と、音大を退学してホストの道を選んだのだ。

「三歳のときからずっとバイオリン一筋だったわけですよね。つまり約二〇年間、少年時代と青年時代のすべてを音楽に捧げていた。それを、そんなに簡単に捨て去ることができるものでしょうか」と訊かれて、風見はこう答えた。

「これは、やったことのない人にはわからないことかもしれない。一流を極めようとした人間にしか知ることのできない感覚なんです。才能っていうのは、努力の上に成り立っているんです。才能を獲得し維持するには、とてつもない壁がある。その壁を突き破るためには、人間の限界を超える努力が必要なんです。逆に言うと、そんな尋常ならざる努力のできる人、それが天才なのかもしれない。(略)。悔しいけれど僕はそう(選ばれし者)じゃなかった。天才じゃなかったんです」

そして短い沈黙のあと、「でもそれより、プライドを捨てきれなかったんだな」と小さく笑った。

そのまま続けていれば、それなりの音楽家になれることはわかっていた。だが風見は、一流オーケストラのコンマス(コンサートマスター、第一バイオリンのトップ奏者が務める)でなければ意味がないと思っていた。だからこそその夢が破れたとき、「ホストならナンバーワンになれるかもしれない」と別の夢に賭けたのだ。

だが酒を飲みすぎてアルコールを受けつけない身体になったことでホストの道も断たれ、デリヘルを経営して一時は成功したもののリーマンショック後の不況で店をたたむことになり、いまは友人の経営するデリヘルでドライバーをしている。

「あのとき、バイオリンをやめていなければって、後悔したことはないですか」と訊かれたとき、風見はおどけたような表情をつくり、「正直言うと、あるかな」と微笑んだ。

検証実験で否定された「1万時間の法則」

前著『幸福の「資本」論』で1万時間の法則について書いたが、それは次のような話だ。

心理学者のアンダース・エリクソンが音楽大学で学ぶ生徒を調査したところ、18歳までに練習に費やした時間で3つのグループに分かれることを発見した。音楽教育専攻の学生たちの平均は3420時間で、これを「Bランク」とすると、「Aランク」の学生は5301時間、「Sランク」の学生にいたっては7410時間もの練習を行なってきていた。トップクラスの学生たちは、もっとも誘惑の多いティーンエイジャーの時期にきびしい練習スケジュールを維持していたのだ。

これだけなら当たり前だと思うだろうが、それぞれの学生がいまどのような練習をしているのかを調べると、さらに興味深い結果が明らかになった。3つのグループが音楽関連の活動にかける時間は週に50時間以上で大きなちがいはなかったものの（課題の練習にかける時間もほぼ同じだった）、上位2つのグループは、その時間の大半を個人練習にあてていたのだ。――

具体的には1週間で24・3時間、1日あたり3・5時間。それに対して「Bクラス」の学生が個人練習にあてる時間は1週間に9・3時間、1日あたり1・3時間だけで、それ以外はグループでの学習だった。

エリクソンの質問に対して「Sクラス」の学生たちは、（たとえ集団で演奏する者であっても）個人練習がほんとうの練習であり、集団でのセッションは「楽しみ」だと答えた。[*55]

この研究を引用して、ベストセラー作家のマルコム・グラッドウェルは、「生まれつきの天才は存在するのか？」という問いに決着がついたとしてこう書いた。

調査は、一流の音楽学校に入る実力を持つ学生がトップになれるかなれないかを分けるのは、「熱心に努力するかどうか」によることを示していた。彼らを分けるのは、ただそれだけ。さらに重要なことに、頂点に立つ人物は他の人より少しか、ときどき熱心に取り組んできたのではない。圧倒的にたくさんの努力を重ねている。[*56]

これについては前著で、「因果関係が逆ではないのか」と指摘した。1万時間も練習できるのは好きだからで、バイオリンが好きになったのは才能があるからだ。得意なことを好きになり、練習によって上達すると（周囲の評価が上がって）ますます好きになる。この好循環によ

*55 アンダース・エリクソン、ロバート・プール『超一流になるのは才能か努力か?』土方奈美訳、文藝春秋

*56 マルコム・グラッドウェル『天才！　成功する人々の法則』勝間和代訳、講談社

って1万時間に達するのだし、つらい個人練習もいとわなくなるのだ。

その後、アメリカの心理学者が行なった検証実験で1万時間の法則が再現できないことが報告された。エリクソンと同じ条件でバイオリン奏者を「非常に良い（Sクラス）」「良い（Aクラス）」「まあまあ（Bクラス）」に分けて調べたところ、Bクラスのバイオリニストが20歳までに平均6000時間の練習をしてきたのに対し、SクラスとAクラスはどちらも平均で1万1000時間の練習を重ねており、両者の練習時間はほとんど変わらなかった。だとしたらなにがスーパーエリートを生み出すのかというと、環境的要因と遺伝子的要因の2つが複雑に絡み合っているからだとされた[*57]。

成功するには努力が必要だが、努力だけでは成功できない。**もって生まれた（遺伝的な）才能が、努力できる環境をつくり出す**のだ。

この指摘を受けたエリクソンは、「1万時間の法則」というのはグラッドウェルの誤解であるとして訂正を申し入れたという。

努力の限界効用逓減の法則

「天才データアナリスト」と呼ばれるネイト・シルバーは、6歳のとき野球に夢中になり、打

＊57 松丸さとみ『悲報……「努力は才能に勝る」は嘘だった』ニューズウィーク日本版（2019年8月28日）

率などを数学や統計によって分析するようになった。シカゴ大学で経済学を学んだあと、世界四大会計事務所のひとつKPMGに就職するが、コンサルタントの仕事がまったく面白くなく、4年で辞めたあとしばらくオンラインポーカーで生計を立てていた。その後、メジャーリーグの打者と投手のパフォーマンスを予測する統計システムを考案し、その手法を選挙に適用して、バラク・オバマとジョン・マケインが争った2008年の米大統領選挙において50州中48州の結果を正しく予測したことで注目されるようになった。

シルバーはポーカープレイヤー時代の体験から、「予測のパレート曲線」という理論を唱えている。ただしこれではわかりづらいので、**「努力の限界効用逓減の法則」**としよう。努力と結果（勝率）の関係についての理論だからだ。*58

シルバーの「努力の限界効用逓減の法則」では、初心者にとって努力は大きな見返りをもたらすが、上達するにつれてその効果は減っていく。ポーカーでいうならば、「弱いハンド（手持ちのカード）のときはフォールドする」「強いハンドならベットする」「相手のハンドを確率的に考える」といった基本を身につけるだけで損失は大きく減る。**20%の努力によって、80%の正確性で一流プレイヤーのようにプレイできるようになる**のだ（図32）。

「20%の努力で80%の能力を獲得できる」というこの法則は、ポーカーだけでなくさまざまなところに応用できる。水泳や柔道、あるいは野球やサッカーでも、10代の頃に数年間真剣に打

＊58 ネイト・シルバー『シグナル＆ノイズ　天才データアナリストの「予測学」』川添節子訳、日経BP

図32｜努力の限界効用逓減の法則

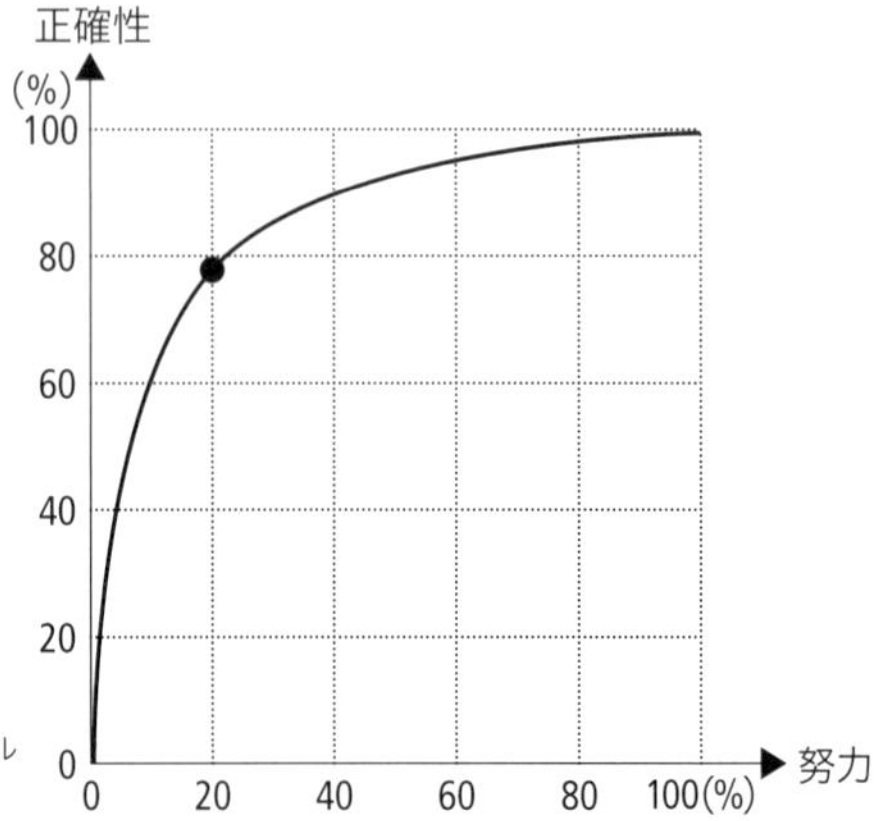

ネイト・シルバー『シグナル&ノイズ』より作成

ち込んで基礎を徹底的に叩き込めば、10人中8人には勝つことができるだろう。

テレビドラマ化されて大ヒットしたマンガ『ドラゴン桜』の合格請負人、桜木建二も、同じことをいっている。試験で高得点をとるには、それぞれの学問について深く知る必要はなく、基本的なテクニックを習得すればいい。それで（東大には合格できないとしても）8割のライバルに勝ち、それなりの大学に入ることができる。これはきわめて実践的な知恵だったので、受験競争に大きな影響を与えた（ただし、誰もが同じ手法を使うようになってハードルが上がった）。

問題は、次のステップに進んだときに生じる。努力が実を結ばなくなるのだ。20%を超えたあたりから努力の限界効用は急速に逓減し、こんどは**80%の努力で20%程度の能力しか獲得できなくな**

図33｜競争の激しい分野での「努力の限界効用の逓減」

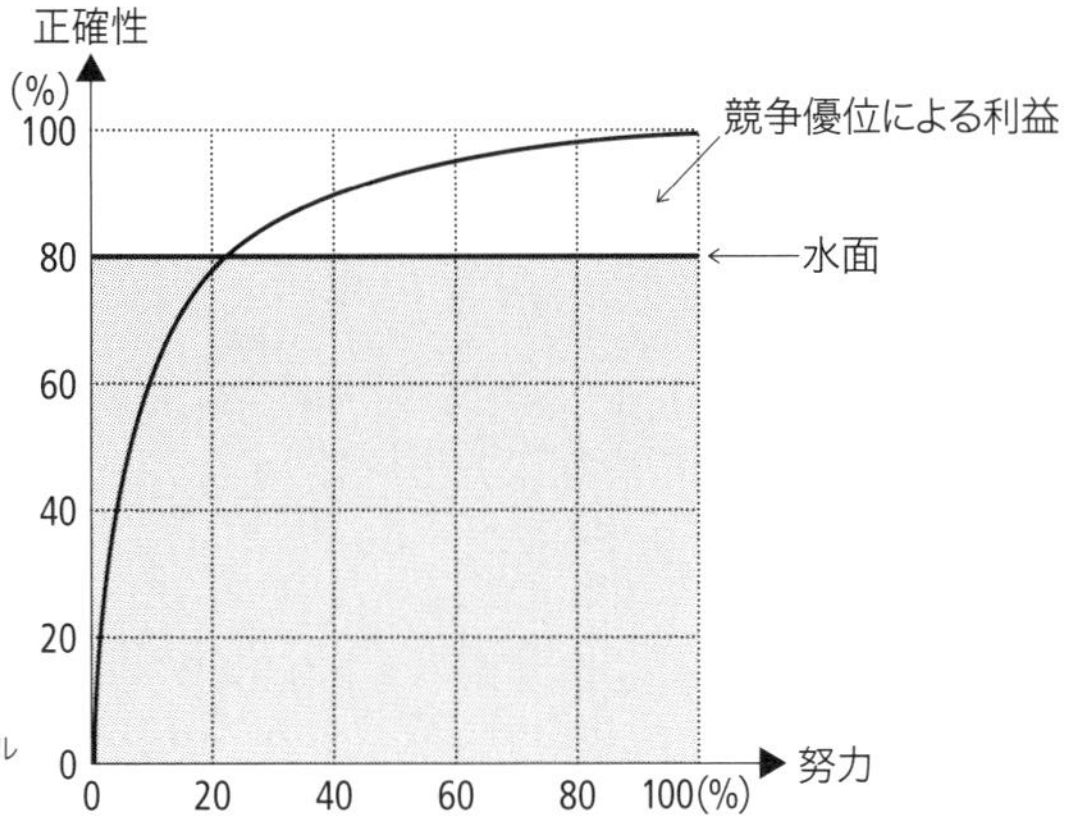

ネイト・シルバー『シグナル＆ノイズ』より作成

る。

これが「Bクラス」と「Sクラス」の差だが、1万時間の練習（80％の努力）をすれば自動的に20％能力が伸びて、頂点（100％）に到達できるわけではない。セミプロからプロへの最後の20％はきわめて困難なので、圧倒的な才能と圧倒的な努力の両方を備えた者しか乗り越えることができないのだ（図33）。——風見隼人はこれを、「その壁を突き破るためには、人間の限界を超える努力が必要なんです」と述べた。

セミプロがプロの食い物にされるとき

デリヘルドライバー風見隼人は、中学生で日本一になるほどのバイオリンの才能に恵まれていたが、それでも最後の20％の壁を超えることができなかった。これはシルバーも同じで、KPMGを辞めたあとオンラインポーカーで大きな利益を得ていたが、急に勝てなくなってしまった。

その理由は、2006年にオンライン・ギャンブル禁止法が制定されたことだ。これによってアメリカ人にオンライン・ギャンブルを提供する会社が取り締まられると、シルバーはタックスヘイブンを拠点とする海外のギャンブルサイトに移った。

これまで常勝だったシルバーは、2006年後半の数カ月で7万5000ドルを失った。そのほとんどはひと晩の損失だった。07年になってもやはり負けつづけ、6万ドルほど失ったところでゲームに勝てる自信がなくなり、残りの資金を引き出してオンラインポーカーから足を洗った。

なぜこんな事態になったのか考えたシルバーは、規制によってポーカー経済の生態系に混乱が生じたことに気づいた。それまではゲームを下支えする弱いプレイヤー(カモ)がいたことで、ゲームの水面は80%以下になり、シルバーは彼らを食い物にして安定した利益をあげることができた。

ところが規制によって素人のプレイヤーが恐れをなしてオンラインポーカーから抜けると、残ったのはポーカーで生計を立てているプロばかりになった。これによって水面は90%ちかくまで上がり、20%の努力しかしてこなかったセミプロのシルバーがこんどは食い物にされることなったのだ。

シルバーの体験は、自分の能力を高めると同時に、競争相手の能力を見極めることの大切さを教えてくれる。たとえ20％の努力しかしていなくても、水面が80％以下なら（カモがたくさんいれば）ちゃんと儲けることができるのだ（図33）。

オンラインポーカーの生態系が変わった

オンラインポーカーはギャンブルのなかでも参加者の学歴が高く、ある調査では52％が最低でも学士号をもっているという。しかしそれでも、基礎をちゃんと学んでいない、直感と自信だけのプレイヤーがたくさんいる。

ポーカープレイヤーを実力によって10のグループに分け、その損益を統計的に算出すると図34のようになる。トッププレイヤーは上位10％で、ワーストプレイヤー（下位10％）はカモの集団だ。

この条件では、トッププレイヤーは100ゲームごとに平均110ドル稼ぐ。これはオンラインカジノではかなりいい収入だ。それに対してワーストプレイヤーは100ゲームごとに400ドル以上も失っている。この「最高のカモ」がいることによって、5番目（平均）以上

図34 カモがたくさんいるときのオンラインポーカーの損益

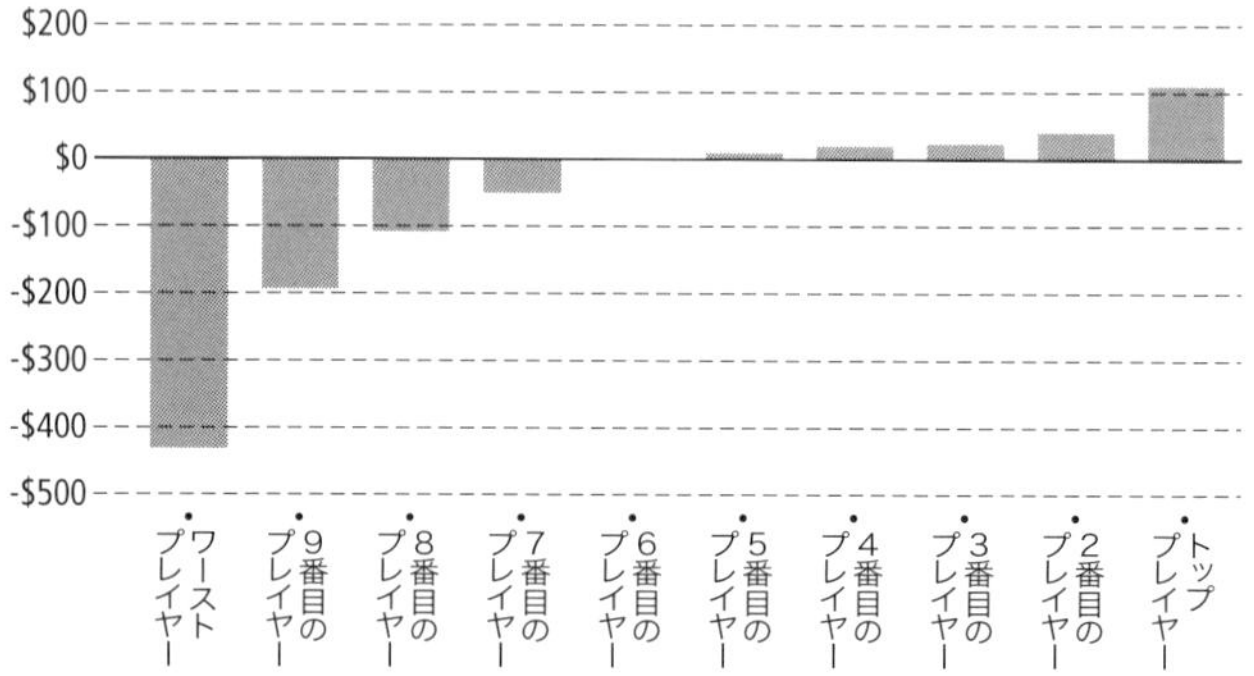

ノーリミットのテキサス・ホールデム（5ドル／10ドル）で100ゲームプレーした場合に得た（失った）金額

ネイト・シルバー『シグナル&ノイズ』より作成

のプレイヤーは全員が収益をプラスにできている。

これはギャンブルだけでなく株式市場やＦＸなどでも同じだ。新たに参入する素人（カモ）が多ければ多いほど、上級プレイヤーの利益は多くなる。――そのため、仕手相場などに手を出す初心者は「養分」と呼ばれている。

それに対して図35では、ワーストプレイヤーが持ち金すべてを失ってゲームから退場してしまった。するとこれによってゲームの生態系が変わり、わずかに勝っていたプレイヤーが負けに転じ、利益を得られるのはトッププレイヤーだけになってしまった。2番目のプレイヤーですらトントンにするのがやっとというきびしい世界だ。２００６年の後半にシルバーが遭遇したのはこんな事態だったのだ。

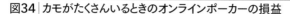

図35 カモがいなくなったときのオンラインポーカーの損益

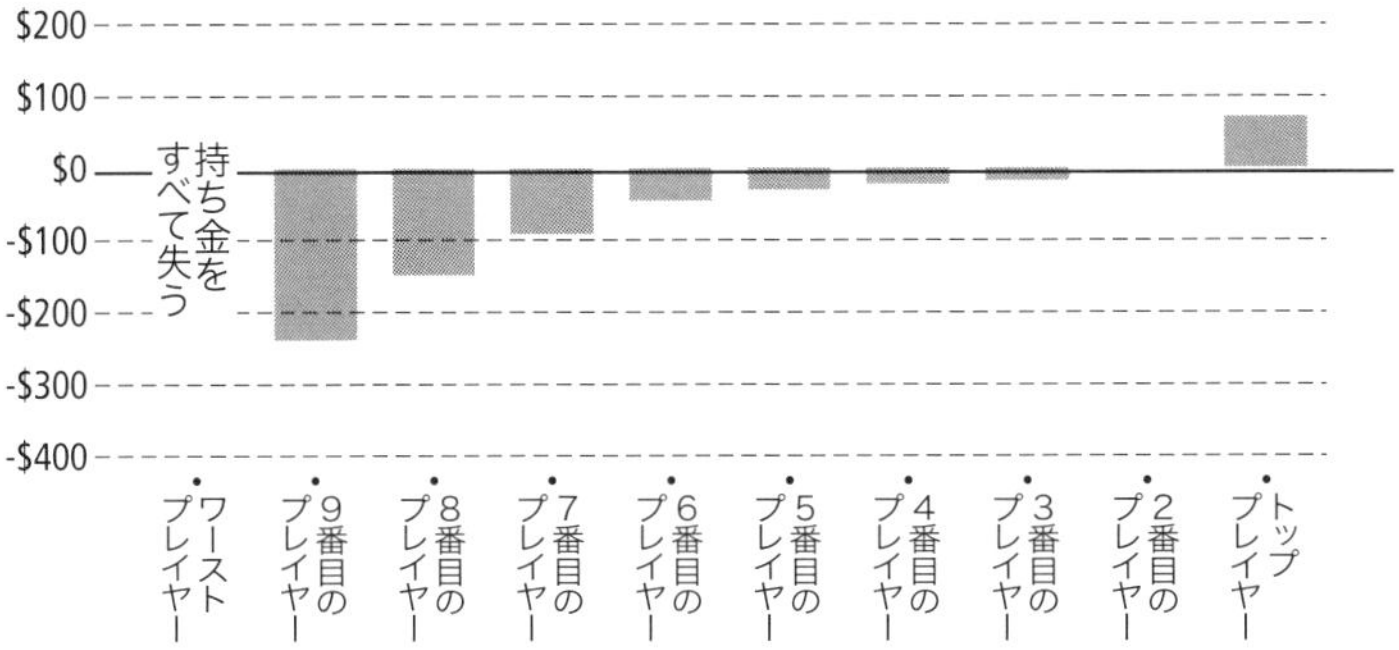

ノーリミットのテキサス・ホールデム（5ドル／10ドル）で100ゲームプレーした場合に得た（失った）金額――カモが持ち金をすべて失った後

ネイト・シルバー『シグナル&ノイズ』より作成

自分の能力が優位性をもつ市場を見つけろ

デリヘルドライバー風見隼人が挑戦したクラシック音楽は、限られたトッププレイヤー（選ばれし者）しか生き残れない世界だった。これは他の芸術やプロスポーツ、囲碁や将棋も同じだろう。スターというのはゲームに独り勝ちする者で、その陰には膨大な数の敗者がいる。

風見はバイオリンの才能では2番目のプレイヤーだったかもしれないが、自分には圧倒的な才能と圧倒的な努力が欠けていることに気づいた。だからこそ、音楽とはなんの関係もないホストの世界でトップを目指そうと考えるようになったのだ。

それに対してネイト・シルバーは、オンラインポーカーでトップになれないと気づいたとき、子どもの頃から好きだった野球の統計分析に関心を移し、さらに選挙分析に転身して、ニューヨーク・タイムズにブログをもち、「世界でもっとも影響力のある100人」に選ばれるなど、大きな名声を獲得することになる。

しかしこれは、風見の選択が愚かで、シルバーが賢かったということではない。風見のバイオリンの才能は、残念ながら、他の分野への転用が難しい。ピアノやチェロなどの楽器はもちろん、指揮者や作曲家にしても、クラシックのそれぞれの分野には成功を目指して努力してきた天才たちがいる。どこにいっても、水面は90%か95%以上なのだ。

それに対してシルバーの数学・統計的な才能には汎用性があった。ポーカーの世界には自分にはとうていかなわないトッププレイヤーがたくさんいるとしても、野球の世界はいまだにスカウトの勘や経験がすべてで、マイケル・ルイスが『マネー・ボール』で描いたように、統計分析によってコストパフォーマンスの高い選手を見つけようとする球団はほとんどなかった。*59水面が80%よりずっと下だったのだ。

シルバーが次に目をつけた選挙も同じで、予測が社会に与える影響がきわめて大きいにもかかわらず、旧態依然とした世論調査を政治評論家や政治ジャーナリストが主観で評価しているだけだった。驚いたことに、その水面は野球よりもさらに低かった。ネイト・シルバーはブルーオーシャン（ライバルのいない独占市場）を見つけたのだ。

＊59 マイケル・ルイス『マネー・ボール〔完全版〕』中山宥訳、ハヤカワ文庫NF

ここから、重要な教訓を得ることができる。それは、

自分の能力が優位性をもつ市場を見つけろ

というものだ。どれほど高い能力をもっていても、優位性がなければなんの意味もない。それに対して、平均よりはすこし上（上位30～40％）の能力しかなくても、競争相手の平均がそれ以下ならじゅうぶんな利益（金銭的な収入と高い評価）を獲得できるのだ。

◉生き物たちの進化が成功法則を教えてくれる

生物学者の稲垣栄洋さんは、「ナンバーワン」と「オンリーワン」についてゾウリムシを使って説明している。

ゾウリムシとヒメゾウリムシをひとつの水槽で飼うと、水やエサが豊富にあるにもかかわらず、最終的にヒメゾウリムシが生き残り、ゾウリムシは駆逐されて滅んでしまう。生き物の世界は弱肉強食なので、ナンバーワンでなければ生き残れない。ところがヒメゾウリムシをミドリゾウリムシに替えると、ゾウリムシとひとつの水槽のなかで共存できるのだ。

競争の本質は競争しないこと

なぜこのちがいが生じるかというと、じつはゾウリムシとミドリゾウリムシは棲む場所とエサが異なる。ゾウリムシは水槽の上の方にいて、浮いている大腸菌をエサにしている。一方、ミドリゾウリムシは水槽の下の方にいて、酵母菌をエサにしている。

このように、同じ水槽のなかでも棲んでいる世界が異なれば、それぞれの場所でナンバーワンになることができる。これを生態学では「棲み分け」というが、「ニッチ」の方がわかりやすいだろう。

この話は前著『幸福の「資本」論』で紹介したが、それは自然界における生き物の戦略がそのまま人的資本の形成に当てはまるからだ。よく誤解されるが、これは「生き物を比喩にビジネスや人生を語る」ということではない。生き物には38億年の長い進化の歴史があり、ニッチ戦略は「ナンバーワン」をめぐる激しい競争のなかで生まれた唯一の正解だ。人間の浅はかな知能で、それを上回る戦略を考えつくわけがない。

その後稲垣さんは、より直截的に生き物の戦略とビジネスの関係について論じるようになる。ここではその要点を簡単に紹介しておこう。[*60]

＊60 稲垣栄洋『38億年の生命史に学ぶ生存戦略』PHP研究所

まず、**「競争の本質は競争しないこと」**にある。なぜなら、**競争には大きなコストがかかる**から。つねに敵との戦いにあけくれていれば、生殖のための資源がなくなってしまう。このようなコスパの悪い戦略は、冷酷な進化の法則によって、たちまち遺伝子プールから排除されてしまっただろう。

これは、**「競争が激しければ激しいほど、生き物は競争を避けるようになる」**ということでもある。その結果、競争せずに棲み分けるニッチ戦略が広まったのだ。

アフリカのサバンナでシマウマとキリンがのんびりと過ごしているのは、シマウマは草原の草を食べ、キリンは高いところにある木の葉を食べるというようにエサ場を分けているからだ。この効率的な棲み分けは、神の叡智や大自然の包容力が生み出したものではなく、ナンバーワンでオンリーワンの種しか生き残れないという自然界の残酷さの結果なのだ。

この残酷さは、人間世界でも同じだ。わたしたちも、それぞれの環境で**「ナンバーワンになれるオンリーワンの場所」**を獲得しなければ生き延びることができない。

戦う場所は絞るが武器は捨てない

自分が生きられるニッチを獲得するために、生き物はどのような方法を使っているのだろうか。それは「ずらす」ことだ。

もっとも重要なのは、**「強者の土俵で戦ってはならない」**という原則だ。圧倒的な才能があり、圧倒的な努力をしないかぎり、自分より優れた者はいくらでもいる。そのような強者ばかりのところで勝負すれば、待っているのは絶滅の運命だ。

ネイト・シルバーは、規制強化によってオンラインポーカーの参加者が強者ばかりになったときに、このことを思い知らされた。そこで、自分の強み（数学・統計能力）を活かせる別の分野に活動の場をずらすことで成功を手に入れた。

ダーウィンは、「唯一生き残ることができるのは、変化できる者である」と述べた。相対的優位性を獲得できるまでコア・コンピタンス（強み）をずらしつづけることは、ビジネスでは「ニッチシフト」と呼ばれる。

ビジネスエリートに信奉者が多いランチェスター戦略は、「弱者の法則」と「強者の法則」に分かれる。弱者は総力戦では勝ち目がないのだから、局地戦に持ち込んだり、奇襲をしかけたりする一点集中主義で戦うしかない。それに対して強者の法則は全面展開主義で、圧倒的な物量（資源）によって広範囲の総力戦に持ち込み、生態系すべてを支配しようとする。

だが、自然界では強者の法則はリスクが高い。ひとつの選択肢にすべての資源を投入することで、外的環境の変化にきわめて脆弱になってしまうのだ。

ここから、強者の戦略は環境がきわめて安定しているところでしか成り立たないことがわかる。その好例が、南極に棲むペンギンだ。

じつは、南極の環境は不安定ではない。ブリザードが吹きすさぶきびしい寒さは毎年のことで、マイナス60度まで下がる気温も想定の範囲内だ。秋が来れば、次にきびしい冬がやってくる。環境の変化を予測できればそれに適応すればいいだけだから、ライバルのいない圧倒的な強者であるペンギンは、鳥類のなかでもメスが卵を1個しか産まないというきわめてリスキーな生殖戦略で繁殖できたのだ。

だが変化が予測不能な環境では、こうした強者の戦略は絶滅への道だ。必要なのは環境に合わせて変化する能力で、これを「可塑性《かそ》」という。

動くことのできない植物は可塑性が大きく、同じ種類で、同じ樹齢だとしても、何十メートルにもなる大木に育つこともあれば、盆栽のような小さな木になることもできる。その本質は**「変えられないものは受け入れる。変えられるものを変える」**ことだ。

雑草の多くは、自分の花粉を自分のめしべにつけて種子をつくる自殖も、他の個体と交配する他殖も両方できる。花粉を運ぶ昆虫がいる場合は、遺伝的多様性をつくり出せる他殖が有利だが、昆虫のいない環境では、自殖を行なって確実に種子を残せるからだ。

環境が予測不能なとき、生き物はひとつの戦略に賭け金の全額を積むようなリスキーなことはしない。**「戦う場所は絞る。しかし、オプション（戦う武器）は捨てない」**というのが雑草の戦略なのだ。

サブジャンルのフラクタル

ネイト・シルバーはオンラインポーカーからメジャーリーグ（野球）、そして選挙へと自分のコアをずらしていったが、ニッチ戦略には「階層をずらす」という、より一般的な戦略もある。

音楽市場は複雑系（ロングテール）の典型で、「とてつもないこと」が起きるロングテールの端にはビートルズやマイケル・ジャクソン、ジャスティン・ビーバーやBTS、女性歌手ならマドンナ、ブリトニー・スピアーズ、テイラー・スウィフト、リアーナのような誰もが知っている超有名人がいる。だったらそれ以外はただのごった煮かというと、そんなことはない。音楽の複雑系はさまざまなジャンルで構成されているのだ。

大衆にもっとも人気のある音楽ジャンルはポップスで、有名ミュージシャンの大半はここに陣地を構える。しかしそれ以外に、テクノ、グランジ、パンク、ヒップホップからヘヴィメタル、プログレ、オールディーズまでいろいろな音楽ジャンルがあって、それぞれに人気者（ロ

図36 ロングテールのフラクタル

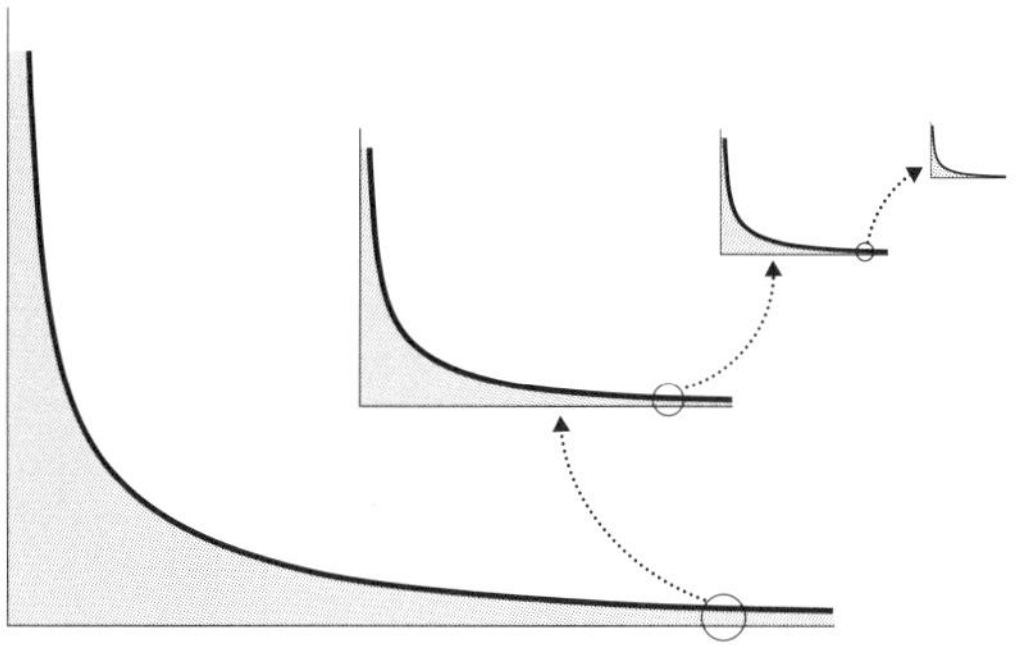

ングテール）がいる。テクノ系のダンスミュージックは、ハウス、ハードコア、トランス、ガバなどのサブジャンルに分かれていて、そこにも（少数かもしれないが）熱烈なファンをもつミュージシャンがいる。

こうしたジャンル分けは理論上はどこまでも続くので、無数のジャンルがある市場では、いずれは誰もがロングテールになる（図36）。

「勝ち組にならなければ意味がない」といわれるが、複雑系の重層構造（フラクタル性）に着目すると、話はすこし変わってくる。「負け組」とひとくくりにされるサブジャンルのなかにも「勝ち組（ロングテール）」がいて、さらにそのサブジャンルに虫眼鏡を当てれば、やはり「勝ち組」が見つかるのだ。

フラクタル世界では、その構造上、サブジャンルがメインジャンルを超える人気を集めることはない（ジャンルとしての人気の変遷はある）。だがそのことで、メインジャンルが「勝ち組」、サブジャンルが「負け組」ということにはならない。テクノファンは、鈍重で退屈なポップスよりも、自分たちの音楽の方がはるかに時代の先端をいっていると思うだろう。

クラシックのバイオリンで全国一位になるほどの優れた才能がありながら、風見隼人がデリヘルドライバーになったのは、彼の努力が足りなかったからでも、遊びにうつつを抜かしたからでもない。クラシック音楽は社会的ステイタスは高いものの、ポピュラーミュージックに比べて圧倒的に市場規模が小さく、そのうえクラシックファンの多くは過去の名盤を聴くから、現役の音楽家が活躍する場はさらに狭くなる。

その結果、クラシックの世界では、世界的なコンクールで入賞するような「圧倒的なナンバーワン」以外は居場所が与えられない。市場がフラクタル構造になっていないので、いちど失敗すると他のジャンルに移ることができなくなってしまうのだ。

ベンチャーは最強の「弱者の戦略」

弱者の戦略には、「分野をずらす」「階層（ジャンル）をずらす」に加えて「新しい場所に移動する」がある。いわば「ベンチャー戦略」だ。

その名もパイオニア（開拓者）プランツという植物は、土が硬く水や栄養分の足りない環境でも成長できる。パイオニアプランツが根を張ることで土は細かくなり、通気性や保水性が改善される。また枯死した茎や葉は分解されて肥料になり、多くの昆虫や小生物が棲みついてだんだんとゆたかな土地になっていく。

すると皮肉なことに、これによって強者の植物が侵入してきて、競争に弱いパイオニアプランツは追い出されてしまう。やがて緑に覆われ、生き物たちの楽園になった環境には、パイオニアプランツたちの暮らすニッチはない。自然界では、誰も特許やブランドを保護してくれない。こうしてパイオニアプランツは、ふたたび新たな未開の地を求め、風に乗せてタネを飛ばすのだ。

しかしこのことは、**「変化の激しい環境ほど弱者にはチャンスがある」**ことを示してもいる。環境が複雑になればなるほど、ニッチは増えていく。そのとき重要なのは、**「スピード」**と**「コストをかけないこと」**だと稲垣さんはいう。無一文の若者たちが自分の才能だけを頼りにＩＴビジネスに挑戦するのは、とにかく早く侵入することで勝機が生まれるからだ。

コストをかけてゆっくり育つ植物は、新天地では成功できない。同様に、鈍重な大企業はテクノロジーの急速な進歩に適応できないので、ベンチャー企業はその間隙を縫って生き延びる道を見つけるのだ。

成功したいなら誰かの「推し」になれ

地球の生態系は想像を絶するほど多様で、標高5000メートルの高地にも、深さ6000メートルを超える超深海にも生き物は暮らしている。生物は自分に適したニッチ(生態的地位)を確保することで、過酷な進化の歴史を生き延びてきた。

80億のひとびとが織りなすグローバル市場も、地球環境に匹敵する複雑な生態系だ。そこにはきっと、君にふさわしいニッチがあるにちがいない——と2010年に拙著『残酷な世界で生き延びるたったひとつの方法』(幻冬舎文庫)で書いた。

その後、インターネットの高速化やSNSの登場によって、若いひとたちが続々とこのニッチ戦略で成功するようになった。ユーチューバーやVチューバーなどの職業は10年前には想像もできなかったし、これから現実世界(の一部)がメタバース(仮想空間)に置き換わり、ひとびとはそこで暮らし、ビジネスをするようになるといわれている。

テクノロジーの急速な進歩によって、世界はますます複雑になっている。それがひとびとを不安にさせ、欧米では知識社会から脱落したひとたちの怒りがポピュリズムとなって社会を揺るがしている。

しかし、ここであまり指摘されないのは、社会が複雑になればなるほどより多くの小さなニッチが生まれ、そこで生きられるひとが増えていくことだ。

出版業界ではかつては女性誌がドル箱だったが、いまでは「絶滅危惧種」になってしまった。これはネット（SNS）によってファッションがパーソナライズ（個人化）したからだ。

1980年代の女性誌全盛時代は、ファッションモデルは長身でやせている白人女性ばかりで、平均的な日本人の体形とはぜんぜんちがっていた。彼女たちが着ている服を高いお金を出して買ってみても、（主観的には満足かもしれないが）ぜんぜん似合わなかった。

2000年代になると、より読者にちかい「読モ（読者モデル）」が全盛期を迎えるが、それでも体形は一人ひとりちがうので、雑誌で見て「いいな」と思った商品でも、実際に身に着けてみるとがっかりすることも多かっただろう。

しかし若い女性のこうした悩みを、SNSのテクノロジーが解決した。いまでは、自分と同じような体形の女性がどのような着こなしをしているかをインスタグラムで確認したり、自分と顔が似ている女性のメイク法をユーチューブで勉強したりすることができる。マス媒体である女性誌は、どうやってもこの個人化の流れに対抗できないから、新しい生態系のなかで徐々にその地位を失っていったのだ。

強者が退場すれば、その分だけ弱者が生き延びるニッチが広がる。このようにして、限定された（自分に似ている）女の子たちにファッションやメイクを教えることが「小さなビジネス」として成立するようになり、やがてはそのなかから有名人（セレブリティ）が登場することになった。

このニッチ戦略は、最近では「推し」と呼ばれている。どんな小さなジャンルでも、そこでナンバーワン（ロングテール）になれば、熱狂的なファンから「推される」ようになる。それが成功への秘訣だというのだ。『成功したいなら誰かの「推し」になれ』という本の著者は歌舞伎町のホストだが、若い世代の成功戦略をよく表わしているタイトルだろう。*61

好きなことと得意なことがちがっていたら？

最後に、人的資本についてよく訊かれる2つの質問に答えておこう。それは、「好きなことと得意なことがちがっていたら？」と「好きなことがなかったら？」だ。どちらも難問だが、まずは答えやすい方から。

仕事を天職にするには、好きなことと得意なことが一致している必要がある。これなら楽しく働きながら、それなりの（あるいは大きな）社会的な評価と経済的な地位を獲得できるだろう。

＊61 越前リョーマ『成功したいなら誰かの「推し」になれ　自分の最高値をたたき出すナンバー1ホスト思考』光文社

しかし、計算が得意なので公認会計士の資格をとったものの、ほんとうはクリエイターになりたかったらどうすればいいのだろうか。

もっともシンプルな戦略は、会計士の専門性を活かした小説やアニメ、マンガに挑戦することだ。これは「分野をずらす」ニッチ戦略で、あなたより才能も経験もあるプロのクリエイターはたくさんいるだろうが、税務や会計監査のことを知っているライバルはほとんどいないだろう。

ほんとうにやりたいことが彫刻や日本画など、会計の専門性とは無関係の分野だということもあるかもしれない。この場合はトレードオフの選択を迫られるが、あくまでも一般論でいうならば、得意なことを生業にして、好きなことを趣味にした方が、人生の総合的な幸福度は高くなる。

会計士として一生懸命働いて、家族や老後のためのじゅうぶんな資金を貯めたあとで芸術の道に進んでもいいだろう。「人生100年時代」なのだから、50歳で経済的独立を達成すれば、お金のことを心配せず、30年は好きなことに思い切り打ち込める。

好きなことがなかったら？

「好きなことがない」と悩んでいるなら、「まずは得意なことをやってみよう」がシンプルな回答になる。得意なことで頑張っているうちにそれが好きになれば天職だし、それなりの収入を得て経済的に独立できれば、好きなことが見つかったときにいつでもそれに乗り換えられる。

「好きなことも得意なこともないんですが」という質問は、もっとも難度が高い。これについてはちょっときびしい言い方になるが、「失敗を恐れているだけではないのか」と考えてみよう。

当たり前の話だが、なにもしていないのに誰かがチャンスをくれるなんてことはない。リスクをとらなければなにも始まらない。

ベイズ的に試行錯誤を繰り返す以外に、専門性を高めて人的資本を大きくし、コア（強み）を活かせるニッチを見つける方法はない。だったら、若いうちにできるだけ多くの失敗をするべきだ。「若いときってそんなもんだよ」と誰も気にしないから。

ところが30代になると、ある程度の経験を積んでいることが前提になるから、失敗に対する周囲の評価がきびしくなってくる。そうなると、「こんなこともできないのか」と思われるんじゃないかと不安になって、ますます失敗を恐れるようになる負の循環にはまり込んでしまう。

日本の社会は同調圧力が強く、日本人はリスクをとりたがらなくなったといわれる。だがそのような社会だからこそ、リスクをとることが有利になる。なぜなら、競争相手が少ないから。——君より優秀なライバルは、会社や役所のタコツボに閉じ込められて貴重な人生の資源（リソース）を無駄に使っているのだ。

覚えておいてほしいのは、**「ゆっくり成功すればいい」**ということだ。SNSを見ると、30代、あるいは20代でベンチャーを立ち上げて成功した「きらきらした」ひとたちばかりが目に入るかもしれない。

だが、きびしい競争を何十年も勝ちつづけることは難しい。若いときにどれほどイケイケでも、事業が行き詰まったり、SNSで炎上したりして失速して、「敗者」として人生の後半を迎えるのはかなりつらい体験だろう。

大事なのは「若くして成功する」ことではなく、「人生の最後に成功する」ことなのだ。

8 社会資本の成功法則

「あなたは友だち5人の平均」ルール

私はあなたに会ったことがないが、それでもどのような人物かきわめて正確に知ることができる。あなたのもっとも親しい友人5人を探し出して、それを平均するのだ。

「あなたは友だち5人の平均である」というのはオカルトでもなんでもなく、ネットワークの科学ではすでに常識になっている。

イーロン・マスク、ジェフ・ベゾス、マーク・ザッカーバーグ、グーグル創業者のラリー・ペイジとセルゲイ・ブリンと友だちなら、あなたは成功者で大富豪にちがいない。問題は、因果関係を逆にして、大富豪になるためにこの5人を友だちにすることはできないことだ。

友だちはあなたが一方的に選ぶのではなく、あなたが友だちとして選ばれなくてはならない。

それがここでのテーマだ。

友だちはなぜよく似ているのか

自分と似た相手と友だちになるのは、ヒトには**「同類性（ホモフィリー）」**という強固な本性があるからだ。「類は友を呼ぶ」ことで、ごく自然に似た者同士が集まり、似ていない者は集団から排除される。

なぜこのような性向が進化の過程で埋め込まれたのかは、ヒトの子どもが成長までの長い期間、年長者の保護を必要とすることで説明できるだろう。現代社会ではこの保護を提供するのは親だが、狩猟採集民の子育てを見れば、これが近代以降のきわめて特殊な風習であることは明らかだ。

人類が進化の大半を過ごした旧石器時代には、出産から次の妊娠までは3～4年程度離れていたらしい（年子が生まれるようになったのは、農耕によって栄養状態がよくなってからだ）。子どもはそれまで母乳で育てられたが、次の子どもが生まれると母親は新生児の世話で手一杯になる。そうなると、幼い子どもの面倒を誰かが見なくてはならない。それはイクメン（子育てに熱心なパパ）ではなく、兄姉や年上のいとこたちだっただろう。

母親の手を離れた子どもは、日中はずっと、共同体のなかの子ども集団で過ごしていたはずだが、すべての子どもが平等に親切にしてもらえたわけではない。年長の子どもたちは、弟妹や幼いいとこの世話はしても、血のつながりのない（あるいは薄い）子どもにはあまり関心を示さなかっただろう。

幼い子どもは援助がないと生きていけないのだから、誰が自分を助けてくれるのかを知ることはまさに死活問題だ。このときに役に立つのが同類性で、自分に似ている年長の子どもは血がつながっている可能性が高く、危機に際してもっとも頼りになるのだ。

こうした同類性は思春期になっても同じで、中学・高校時代を思い出せば誰でも納得するだろうが、「ヤンキー（やんちゃ）」「ギャル」など、クラスでは似た者同士のグループがたちまちつくられる。ヒエラルキー（スクールカースト）もはっきりしていて、ヤンキーやギャルがカーストの上位を占め、「陰キャ（陰気なキャラ）」と呼ばれるおとなしい生徒はカーストの下位に押しやられる。

これは人類が、つねに徒党を組んで生き残ろうとしてきたからだ。ヒトにとっての最大の脅威は、天変地異や捕食動物ではなく、自分と同じように高い知能をもつ生き物に囲まれていることだ。そのうえこの生き物は、槍や石斧《せきふ》のような「大量破壊兵器」をもっている。すこしぐらい身体が大きくても、孤立していると、徒党を組んで攻撃されればひとたまりもない。――

これは男集団の話だが、女も集団から排除されれば子育てをするのは困難だっただろう。共同体同士の抗争においても、共同体のなかで生きていくためにも、仲間はものすごく重要だ。とはいえ、人類の進化の大半において、この仲間とは血族集団のことだった。リベラルの理念では不都合かもしれないが、わたしたちは血によって「奴ら」を差別することで生き延びてきた者たちの末裔なのだ。

ところが集住と農耕が開始され、富が蓄積されて都市がつくられるようになると、新しいタイプの人間関係が生まれるようになった。それが、血のつながっていない者同士の絆、すなわち友情だ。

友だちの同心円

ロビン・ダンバーはイギリスの進化人類学者で、「人間の認知的上限は150人」というダンバー数で知られている。150というマジックナンバーは、かつてなら年賀状をやりとりする相手、いまならLINEに登録された友だちの人数で、「顔と名前が一致する」関係だ。

この人数を超えると、顔を見ても名前がわからない（名前を聞いても顔が思い浮かばない）相手が増えて、集団としての一体感をつくるのが難しくなる。そのため企業は、社員数がこのマジックナンバーを超えると事業部制に移行する。

その後ダンバーは、人間関係（社交）をより詳しく観察するなかで、もうひとつのマジックナンバーがあることに気づいた。それは「3倍」だ。わたしたちの世界は、1・5人から5000人に至る「友だちの同心円」で構成されていて、それぞれの階層の人数は3倍ごとに増えていくというのだ。*62

図37がダンバーの「友だちの同心円」だが、これを説明する前にいくつか注釈が必要になる。これは便宜的に「友だち」だけで構成されているが、現実には、人間関係(わたしたちにとっての「世界」)の中核を構成するのは性愛のパートナー（恋人あるいは夫婦）と家族（親子関係）だ。さらに親戚づき合い（おじ・おばやいとこ）も150人の人間関係のなかに含まれる。

図37｜友だちの同心円

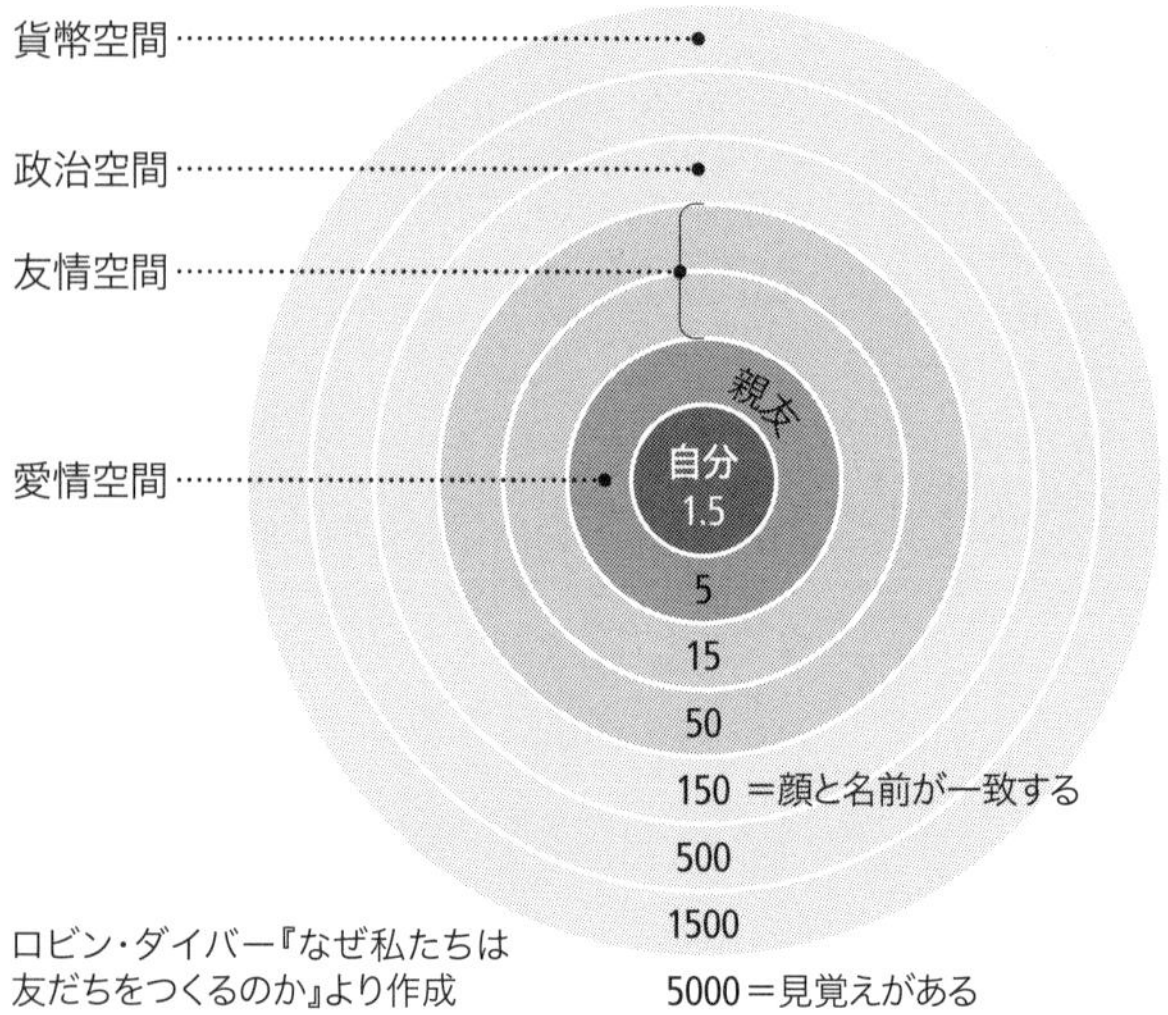

ロビン・ダイバー『なぜ私たちは友だちをつくるのか』より作成

友だちが同心円になるのは、時間資源が有限だからだ。誰かと遊びに行けば、別の誰かと出かけることはできない。さらには、**「親しい関係ほど維持するのに必要な時間資源が大きくなる」**という厳然たる法則がある。

恋人のために費やす時間が、ほかの友だちのために使う時間よりずっと少なければ、もはや恋人とはいわないだろう（その関係は破綻寸前にある）。恋人を安心させるもっとも確実な方法は、高価なプレゼントを贈ることではなく、プライベートの時間の大半を使うことだ。

浮気をすると、その相手にも時間資源を費やさなくてはならない。それをごまかすために、「仕事が忙しい」とか「（同性の）親友と飲みに行く」とかいろいろな言い訳を考えるのだが、やがてウソをとりつくろえなくなってトラブルになる。

愛情や友情は時間資源によって測ることができる

のだ。同様に、子どもたちと家族旅行をしたり、親の介護で実家に通ったりしていると、その分だけ他の社交を減らさなくてはならない。「親しい関係ほど多くの時間資源を費やす」ということの法則は、すべての人間関係に貫徹している。

＊62 ロビン・ダンバー『なぜ私たちは友だちをつくるのか　進化心理学から考える人類にとって一番重要な関係』吉嶺英美訳、青土社

友だちの人数には上限がある

ダンバーの「友だちの同心円」によれば、友だち世界のもっとも中心にあるのは1・5人のグループだ（この半端な数字についてはあとで説明する）。その外側には、5人の「サポート・クリーク」、15人の「シンパシー・グループ」というネットワークの中核層がある。サポート・クリークは「困ったときに助けてくれる関係（親友）」、シンパシー・グループは「共感を分かち合える関係（友だち）」と考えればいいだろう。

この中核層の外側には50人のグループがある。50人というのは1クラスの人数の上限で、AKB48や乃木坂46などアイドルグループの人数でもある。なぜ50人かというと、これが顔と名前だけでなく、性格（キャラクター）まで覚えていられる認知の限界だからだろう。

その外側にあるのが150人の層で、顔と名前が一致するものの、ひととなりまでは知らない関係（知り合い）だ。これがわたしたちにとっての「世界」だが、ネットワークはここで終わるのではなく、その外側にさらに500人、1500人、5000人と広がっていく。

「友だちの同心円」は、外側の円が内側の円をつねに含む。15人のシンパシー・グループ（友だち）の輪の中心には、5人のサポート・クリーク（親友）があるので、新たに「友だち」の輪に加えることができるのは10人になる。そのなかの1人と親友になると、サポート・クリークの1人がひとつ外側の輪（友だち）に移動するか、あるいは絶交して「友だちの同心円」から消える。このような機械的なメカニズムも、時間資源が有限であることから説明できる。

私はこれまで、人間関係＝世界を「愛情空間」「友情空間／政治空間」「貨幣空間」に分けてきた。この分類でいうならば、愛情空間は1・5人の中核とサポート・クリーク（5人）、友情空間はシンパシー・グループ（15人）とその外側の50人、政治空間は認知の上限である150人で構成され、それ以外は感情的なつながりをもたない貨幣空間になる（お金のやりとりだけでつながる関係だ）。

家族と友だちでは、関係の維持に重要なちがいがある。

誰もが経験しているように、日常的に顔を合わせない友だちとは疎遠になっていく。高校に進学して新しい友だちができると、中学時代の友だちは「同心円」の外側に移る。大学進学で故郷を離れた高校生を対象にしたイギリスの縦断研究では、定期的に顔を見せなくなると数カ月で友だちリストから外され、わずか2年で友人からたんなる知り合いに格下げされてしまった。新しい環境の人間関係に適応するには、古い環境の友だちを切り捨てるしかないのだ。

それに対して、大学進学や就職などで実家を離れ、ずっと連絡しなくても、親子やきょうだいの関係は変わらずに維持される。血縁関係は、友だち関係に比べて、メンテナンスのコストがずっと低い。

親子やきょうだいの関係はよほどのことがないかぎり消滅しないし（憎み合うことはあるかもしれない）、長期にわたって安定している。これは、人類の歴史の大半において、社会的ネットワークを構成するメンバーのほとんどが家族や親戚（血族）だったからだろう。それに対して、友だちは進化的に新しい人間関係なので、コストをかけないと維持できないのだ。

「永遠のベストフレンド」は永遠ではない

人間関係の中心にある「1・5人」とはなにか。それは、集団のなかからランダムにAとBを選んだ場合、Aにはもっとも親しい相手が1人しかおらず、Bには2人いるということだ。ここには明らかな性差があり、Aは男、Bは女である可能性が高く、男女の人数はほぼ同じなので、それを平均すると1・5人になる。

男の人間関係の中心にいるのは無二の親友（マブダチ）あるいは性愛のパートナー（妻、恋人）だが、この関係は排他的で、恋人ができるとマブダチはひとつ外側に移る（恋人との関係が破綻すると、マブダチがまたプライベートの中心を占めるようになる）。男はどうやら、いちどに2つの特別な人間関係をうまく維持管理できないらしい。

それに対して女は、性愛のパートナー（夫、恋人）ができても、それまでの大親友との関係が維持される。この相手はほとんどが同性（女）で、「BFF（Best Friend Forever：永遠の大親友）」と呼ばれる。イギリスの調査では女性の98％がBFFがいると回答し、その85％は女性だと答えている。

さまざまな研究によって、男はグループ（チーム）をつくろうとし、女は一対一の関係を重視することがわかっている。進化心理学では、旧石器時代の男はグループで狩猟をし、女は親しい友人と子育てを助け合いながら集落の近くで食べ物を採集していたからだと説明する。この仮説には異論もあるようだが、性差で友だちのつくり方が異なる背景に進化の適応があることは間違いない。

ちなみにこのBFFだが、その関係は実際には「永遠（Forever）」ではなく、環境の変化などによってしばしば破綻するらしい。

女の方が男より人間関係のつくり方がうまい（コミュ力が高い）というのはよくいわれるが、その一方で、女同士が不和になる率は、男友だちと不和になる率の2倍で、女性と女性の関係はとくにもろいとの調査結果がある。全体として女の方が男より人間関係への期待度が高く、これによって相手と親密になる一方で、（期待が高すぎて相手の重荷になるので）関係が破綻しやすくなるらしい。

友だち関係の破綻は、女の方が男より長引く傾向が強いという研究もある。それまでの感情的なつながりが強かっただけに、破綻後の感情的落差も大きい。その結果、女の方が男より友だち関係で悩むことが多くなる。

BFFとは「一生、友だちでいようね」と約束する女同士の友情だが、その約束は果たされないことの方が多いようだ。

5人のチームのなかでキャラが決まる

わたしたちの人間関係の中心にあるのは1・5人の層で、その相手は性愛のパートナーか大親友だ。その外側の階層が「サポート・クリーク」で、お互いに助け合い、支え合う関係になる。時間資源だけでなく、金銭的な援助を含む資源を負担する関係だということもできる。

5人というのはもともとは兄弟姉妹の人数だったのだろうが、いまでは（解散した）SMAPや（活動休止中の）嵐などジャニーズグループの多くが5人構成になっていることの方がイメージしやすいだろう。

『秘密戦隊ゴレンジャー』から始まったスーパー戦隊シリーズのメンバーもほとんどが5人だし、学校のクラスの班も5人が基本だ。この人数だと、お互いのキャラがかぶることなく役割分担ができ、チームをつくるのに適しているのだろう。

人格（パーソナリティ）とはなにかについてはさまざまな議論があるが、遺伝と環境の影響を受けて「わたし」がつくられていくのは間違いない。この「環境」でもっとも重要なのがサポート・クリークの友だち関係で、「グループのなかにリーダーは1人しかいない」など、キャラについての厳格なルールが決まっている（リーダーを目指す者が2人いると、1人がキャラを変えるか、グループから離脱する）。政治家や企業経営者などのリーダーを目指すのは、子ども集団のなかでリーダー役をした体験があるからだろう。*63

それ以外でも（おそらく）、「グループのなかで道化役（お笑い担当）は1人」というルールがある。お笑い芸人を目指す若者がこれほど多いのは、子ども集団のなかで道化役をした経験があるからではないだろうか。

グループにおけるキャラ設定の基本は、ジョージ・ルーカスやスティーヴン・スピルバーグなどハリウッドの監督たちがみな参考にしたという黒澤明の映画『七人の侍』だ。リーダーが志村喬演じる島田勘兵衛、道化役（トリックスター）は三船敏郎の菊千代で、もっとも重要なこの2人以外にも、リーダーの側近や参謀、口数は少ないがいざというときに頼りになる凄腕の剣客、浪人に憧れるうぶな若者など特徴的な役柄がいる。全員を思い浮かべるのが難しいのは、「七人」という人数がサポート・クリークにしてはすこし多いからかもしれない。

＊63 ジュディス・リッチ・ハリス『子育ての大誤解　重要なのは親じゃない』石田理恵訳、ハヤカワ文庫NF

大ヒットしたアメリカのドラマ『フレンズ』では、男女混合の6人がサポート・クリークを構成していた。近年では「親友」の輪にLGBTIQ＋（性的少数者）が加わるなど多様性が増している。

サポート・クリークの5人が友だち関係の中核（フレンズ）だとすると、その外側には（10人を加えた）15人の「イツメン（いつものメンバー）」がいる。この追加の10人は、ふだんは別のサポート・クリークに属しているが、なんらかのイベントのときは必ず顔を出して友情を確認する関係だ。

この15人が一般にいう「友だち」だが、その外側には（35人を加えた）50人の同心円がある。これはいわば「遊び友だち」で、定期的に顔を合わせるわけではないものの、連絡すればすぐに会うことができるような関係だ。

50人の輪の外側が（100人を加えた）150人の同心円で、これがわたしたちの「世界（政治空間）」を構成する。顔と名前が一致し、会えば挨拶するし、機会があればいっしょに遊んだり、仕事をしたりする関係だ（学校や会社のライバルもここに含まれる）。

150人の輪の外側には、500人、1500人、5000人の同心円があるが、この人数になると関係の維持に時間資源を割くことはほとんどなく、「ただの知り合い（そんなひともいたな）」という関係になる。仲間意識はないものの、なんらかの印によって同じアイデンティティをもつことを確認できる集団でもある。現代社会では国籍や宗教を印にすることでこの層が大きく拡張し、「社会（Society）」を構成している。社会の外側には、顔も名前も知らない人間たちの茫漠とした世界が広がっている。

男女間にセックスなしの友情はありえるか

時間は限りある資源なので、わたしたちが社会的交流に使える時間は必然的にゼロサムゲームになる。

ひとは、1日のうちで起きている時間（18時間）の約20％を社交にあてているとロビン・ダンバーはいう。1週間平均でみると1日あたり約3・5時間だ。

この3・5時間のうち、わたしたちはほぼ40％を内側の層の5人（サポート・クリーク）に、さらに20％をそのすぐ外側にある15人の層の残り10人（シンパシー・グループ）に割いている。社交に費やす60％をこの15人に割くと、広い意味での「友だち」を構成するあとの135人については残った時間でやりくりするしかない。1人にかけられるのは社交時間の0・3％、1日あたりわずか37秒だ。いまならLINEのグループでしかやりとりしない関係だろう。

近しい友だちが多すぎると、友だち同士で争いが起こるリスクが高まるため、親しい友人の数にはおのずから上限が決まっている。友だちに対しては責任や義務が生じるので、義務が多すぎると重荷になるし、友だち同士の利害が対立した場合、親友の敵と友だちになるわけにはいかないため、さらにやっかいなことになる。逆にいえば、負担があまりない友だち（知り合い）ならたくさんつくれる。

友だち関係を維持する方法には性差があり、女の子の場合、もっとも効果的なのは、対面であれ電話であれ、とにかくおしゃべりをすることだ。それに対して男の子の友人関係の維持にもっとも効果があったのは、パブに行ったり、フットサルをしたり、登山をしたり、なにかをいっしょにすることだった。

社交のニーズ（遊び）は15人のシンパシー・グループ（友情空間）によって満たされていたが、心理的なニーズ（支援）を満たしていたのはそのなかの5人のサポート・クリーク（愛情空間）だった。

異性愛者の親友が同性でない場合、その関係は「友だち」なのか「性愛のパートナー」なのかという疑問が湧く。これは「男女間にセックスなしの友情はありえるか」という古典的なテーマでもある。

異性の友人関係では、男も女も性的魅力の得点が高い相手と友だちになりたがる。とりわけ男は、性的魅力が原因で異性と友人になろうとするようだ。性愛のパートナーがいる場合でも、女友だちは将来の恋人（セフレ）候補なのだ——思い当たる男性は多いだろう。

それに対して女は、性的魅力だけで男友だちを選ぶことはないが、つき合いが長くなると性的関係をもつこともある。これをまとめると、**「男はセックスを目的として女友だちをつくろうとするが、女の場合、男友だちとのセックスは友情の結果」**になる。

友だちの数（社会的ネットワークの規模）は30歳までは上昇を続け、その後の安定期を経て、60歳からは減少しはじめる。ＳＮＳでもこうした傾向は確認でき、18～24歳のグループで250人ほどいたFacebookの友だちは、その後、直線的に減っていき、55歳以上のグループでは73人になっていた。

若者たちはできるだけ多くの友だち候補と幅広くつき合って相性を試し、人生で最高のパートナーや友人を見つけようとする。そのためには、時間資源をより多くの友だち候補に割り当て、人間関係の質を犠牲にしてでもたくさんの相手とつき合う必要がある。

だが30代になる頃には、なにがよい選択かわかるようになり、見境なく誰とでもつき合うようなことはしなくなる。表層的なつき合いの友だちを手放すことで、それ以降の数十年間、ネットワークの規模は150人前後で安定する。

60歳以降になると、新しい友だちを探して人間関係をつくるエネルギーもモチベーションも衰え、徐々に友だちは減っていく。つまりわたしたちは、「世話をしてくれる親密な人が1人か2人いる状態で人生を始め、高齢になればふたたび、1人から2人の親しい人に世話をされて人生を終えるのだ」とダンバーはいう。

シリコンバレーのネットワーク効果

地球上には80億の人間がいるが、わたしたちにとって重要なのはそのなかの5人、あるいは多くても15人との関係だ。そして、同類性（ホモフィリー）の原則によって、この友だちはあなたによく似ている。

わたしたちが同類に惹かれる合理的な理由のひとつは、同じ境遇を経験したひとの方が役に立つからだ。歯が痛いときは、盲腸の手術をした知人よりも、虫歯で歯医者にかかっている知り合いにアドバイスを求めた方がいい。同様に（思春期前の）子どもたちは、同年齢で性別が同じ相手と友だちになろうとする。

もうひとつの理由は、同類といっしょの方が安心できるからだ。わたしたちはつねに他者の反応を予測しようとしているが、このとき予想外の反応をされると大きな不安を覚える。「わけのわからないことをする相手」は生存への最大の脅威なのだ。

それに対して同じ環境を共有している相手なら、どのような振る舞いをするか予測しやすい。

家族や親戚、中学・高校時代からのイツメンなどとのベタな共同体から出たがらないひとがいるのは、見知らぬ他者が不安を与えるからだろう。

同類を好むのは保守的なひとたちだけではない。シリコンバレーのパロアルト（ハイテク企業の本拠地）では住人の13％が博士号をもっており、しかもこの数字は、教授などが多く住むスタンフォード大学周辺は入っていない。

シリコンバレーの同類性はイノベーションの源泉でもある。地元のカフェで最新のテクノロジーについての会話が聞こえてくれば刺激を受けるし、それが自分の専門分野なら会話に参加して新しい知り合いができるかもしれない。こうした知的ネットワークがあると、伝手《つて》をたどって会社から会社へと転職できるから一種の雇用保障にもなる。

シリコンバレーは家賃がとてつもなく高いわりに歓楽街もなく、けっして住みやすいとはいえないが、それでも世界中から天才たちを引きつけるのはこのネットワーク効果があるからだ。

友だちになる7つの基準

10代の学校の友だち5000組の遺伝子をほかの生徒の遺伝子と比較した調査によると、あなたの友人があなたと共通の遺伝子をもっている確率は、無差別に選んだ近所の誰かとの確率の2倍だ。ひとは無意識のうちに、自分と遺伝的に共通する相手を友だちとして選んでいる。

同じクラスの大学生たちが映画を観ているときに、彼らの脳をスキャンした実験でも、互いに友だちであることを認めていた学生たちの方が、そうではないクラスメイトより、映画のそれぞれの場面での神経反応が似ていた。ここでもひとは無意識のうちに、自分と同じ考え方や感じ方をする相手を友だちとして選んでいるのだ。

「あなたが選ぶ友だちはつねに、そのときの状況下でもっとも自分と共通点の多い相手」だというのが、友だち関係の大原則になる。ダンバーはこれを次の7つの基準に分類している。

- 言語（または方言）が同じ
- 同じ場所で育った
- 同じ教育を受け、同じ経験をしている
- 趣味や関心事が同じ
- 世界観が同じ（道徳観、宗教観、政治観）
- ユーモアのセンスが同じ
- 音楽の趣味が同じ

もっとも親しい5人の友だち（サポート・クリーク）なら共通項は6つか7つあるはずだが、ただの遊び友だちなら1つか2つだ。興味深いのは、それぞれの項目のあいだに優劣も重要性のヒエラルキーもないことだ。同じ学校を出たことと、音楽の趣味が同じことは、友だちになるかならないかを決めるうえで同程度の効果をもつ。

新しく誰かと出会ったときは、相手が「友情の七項目」のうちいくつを自分と共有しているかを評価するのに多くの時間を費やす。この作業には時間がかかるが、いったん評価が決まれば、あとはその人物に割く時間を、同心円のなかの相当するレベルまで減らしていく。

頻繁に会ったり連絡がきたりしていたのに、いつの間にか疎遠になったとしたら、最初は相手の興味を惹いたものの、5人や15人の友だちの輪に入ることができず、150人の知り合いの層にかろうじて引っかかっているからだろう。

「友人関係は生まれるものであって、作るものではなく、あなたはただ友だちを探せばいいだけだ」とダンバーはいう。誰もが、自分とさまざまな面で似ている相手と友だちになろうとしている。できるだけ多くの同世代の相手と出会う機会をもてれば、自分から友だちをつくろうとしなくても、相手があなたを見つけてくれるだろう。

同類婚が格差を拡大する

「友情の七項目」のなかで興味深いのは、趣味のなかで音楽の好みの比重が突出して高いことだ。ヘヴィメタルとクラシックのファンは（おそらく）友だちになることがないし、メタルヘッド（熱狂的なヘビメタのファン）同士ならたちまち意気投合するだろう。

ダンバーは触れていないが、これは音楽の好みがパーソナリティを反映するからではないだろうか。演歌のファンや、テクノのファンを想像すれば、自然とひととなりが思い浮かんでくるだろう。実際、音楽の好みが、ビッグファイブ（パーソナリティの五大要素）のうち「経験への開放性」「外向性／内向性」「楽観的／悲観的（神経症傾向）」「協調性（共感力）」と相関するとの研究がある（「堅実性」だけは音楽の好みからは予測できなかった）。

友だちグループのパーソナリティを調べると、男の場合は「堅実性」、女の場合は「神経症傾向」と強く相関していた。堅実性スコアが高いのは「生真面目」なタイプで、低いとさまざまなことに関心をもつ「移り気」なタイプになる（極端になるとADHDと診断されることもある）。これが男の友情にとって大事なのは、堅実性が異なる相手とは共通の遊びがないからだろう。

一方、神経症傾向のスコアが低いのは「楽観的」、高いのは「悲観的」なタイプで、それが度を超すとうつ病になったりする。女性は一対一の関係をつくろうとするので、神経症傾向が異なると（1人が楽観的でもう1人が悲観的だと）共感し合えないのかもしれない。

性別にかかわらず、外向的なひとは内向的なひとよりも友だちの数が多い（社会的ネットワークが大きい）。だがその一方で、大きなネットワークをもつと、小さなネットワークをもつより、精神的に近しい相手の数が平均して少なかった。

これも友情の維持に必要な時間資源が有限だからで、友人の数が多い外向的なタイプは、1人に多くの資源を割くことができず、つき合いが表層的になってしまう（おそらくは、それでかまわないと思っている）。それに対して内向的なタイプは、数少ない友だちに多くの時間資源を集中的に投資し、親密な関係をつくって感情的なサポート（愚痴を聞いてくれる相手）を得ようとする。

恋愛関係では、ビッグファイブの「経験への開放性」が同じ者同士を引きつける。経験への開放性が高いと、現代美術やテクノミュージック、ミニシアターの映画など、新奇なものに興味を惹かれる。それとは逆に、経験への開放性が低いのは保守的なタイプで、子どもの頃に慣れ親しんだものに固執する（海外旅行先でもビッグマックを食べるアメリカ人とか）。

経験への開放性は趣味に反映され、これが恋愛や結婚の指標になる理由だろう。一夜の火遊びなら顔面偏差値や身体的な魅力で選べばいいが、何十年とひとつの家で暮らし、ともに子育てをすることを考えれば、話も合わなければ好みもちがう相手ではやっていけないだろう。経験への開放性は政治イデオロギーにも反映されるので、アメリカでは支持政党による同類婚が進んでいる（夫がトランプを支持しているのなら、妻がバイデンを支持していることはない）。

「同じ学歴の者同士が惹かれ合う」という同類婚の傾向も顕著だ。アメリカでは、白人男性のエリートは、白人で高卒の元チアガールよりも、自分と同程度のレベルの大学（大学院）を出た有色人種（アジア系など）の女性と結婚する。

日本でも同類婚は進んでおり、高学歴で共働きだと世帯収入の多い「パワーカップル」になる。その一方で、低学歴で妻が（貧困）専業主婦という「ウィークカップル」も増えており、これが経済格差が広がる要因のひとつになっている。

アルファの男を争うのは「敗者の戦略」

ヒトは子育てに大きな投資を必要とするので、オスは生殖行為だけして、メスが出産と育児をすべて担うようには進化してこなかった。ちなみに、メスだけが子育てを行なう種では性選択（選り好み）がきわめてきびしくなり、クジャクの羽のようにオスは限界まで装飾を発達させて競争し、大半のオスはメスから選ばれる（遺伝子を残す）ことなく消えていく。

幸いなことに人間の性選択はそこまで極端ではないが、（誰もが知っているように）性愛のパートナーを獲得するにはやはり競争に勝たなくてはならない。この競争は二段階に分かれていて、最初は女をめぐって男が競争し、次に競争を勝ち抜いたアルファ（キラキラ系）の男をめぐって女が競争する。

これまで小説や映画、マンガなどで繰り返し描かれてきたのは、平凡な女の子がライバルに勝って〝憧れの王子様〟と結ばれるとか、チャラ男が次々と魅力的な女を渡り歩くとか、第二段階の競争についてばかりだった。

それに対して第一段階の競争（女の選り好みによって男が脱落する）は「モテ／非モテ問題」と呼ばれているが、（一部のサブカルチャーを除けば）これについて誰も触れたがらなかったのは、そこに不穏なものがあることに気づいていたからだろう。――具体的に知りたければ、映画『ジョーカー』を観るといい。

本書は恋愛を扱うものではないが、男は女の若さに惹かれ、女は男のステイタス（権力や収入）に惹かれるという明らかな性差がある。[*64] だがこれは、アルファの男（モテ）以外はなにをやっても無駄だということではない。

一夫一妻制では、アルファの男をめぐる女の競争は「敗者の戦略」になる。ベンチャー企業

＊64 橘玲『女と男　なぜわかりあえないのか』文春新書

の創業者や年収数千万円の外資系勤務で、30代・高身長というアルファにとっては、一人の女に愛を捧げるより、次々と相手を乗り換えていくことが進化の最適戦略になる。出会い系アプリや婚活アプリの登場で、こうした「疑似ハーレム」が簡単につくれるようにもなった。

賢い女ほどこの罠に気づいて、出産の生物学的限界を意識する頃には、より競争のゆるいベータの男から長期のパートナーを選ぶようになるだろう。

なお、男がどうやって最初の壁を攻略するかは、ジェフリー・ミラーとタッカー・マックスの『モテるためには必要なことはすべてダーウィンが教えてくれた　進化心理学が教える最強の恋愛戦略』（橘玲監訳、寺田早紀、河合隼雄訳、SBクリエイティブ）を読んでほしい。

「引き寄せの法則」とネットワーク科学

恋愛ほどではないものの、友だちづくりにもやはり競争が発生する。サポート・クリーク（親友）の席は5つ、シンパシー・グループ（友だち）の席はそれに加えて10しかなく、誰かがそこに座れば、別の誰かが出ていかなければならない。

友だち選びが重要な理由は、あなたは友だちに似てくるからだ。この効果は「肥満は伝染する」として有名になった。[*65]

＊65 ニコラス・A・クリスタキス、ジェイムズ・H・ファウラー『つながり　社会的ネットワークの驚くべき力』鬼澤忍訳、講談社

同類性の法則があるから、太っているひとは、同じように太っているひとと友だちになりやすい。だが研究者がより詳細に調べたところ、太った友だちができると、その後に体重が増えていることがわかった。太っているひとが身近にいると、安心してつい食べすぎてしまうのだ。

同様に、幸福や不幸も伝染する可能性がある。地域の人間関係のネットワークを調べると、幸福なひとほど多くの隣人とつながり（ネットワークのハブの位置にいる）、不幸なひとはあまりつき合いがない（ネットワークの端にいる）。幸せかどうかは向社会性（社交）と密接な関係があるから、幸福なひとと友だちになり、地域の人間関係の輪のなかに入れば幸福度は上がる。逆に不幸なひととつき合うと、地域の人間関係からいっしょに排除されてしまい、幸福度が下がるのだろう。

幸福なひとと友だちになれば自分も幸福になれるとしたら、成功したひとと友だちになれば自分も成功できるはずだ。オーストラリアのテレビプロデューサー兼作家のロンダ・バーンは『ザ・シークレット』（山川紘矢、山川亜希子訳、角川書店）で「引き寄せの法則」を唱え、世界中で3000万部を売り上げる大ベストセラーになった（邦訳は2007年発行）。

なにかを強く願うと、そのことに引き寄せられて願いが実現する（思考は現実化する）という法則は自己啓発本の定番で、ポジティブなことを考えれば人生は上向きになり、ネガティブなことにこだわると不幸が訪れるとされる。この考え方はポジティブ心理学にも取り入れられて、いまも大きな影響力をもっている。

同様に、自分がこうなりたいと思う相手と同じように振る舞えば、同類性の法則によって、自分に引き寄せられてくるはずだ。こうして友だちのネットワークが「幸福なひと」や「成功者」ばかりになれば、自分も幸福な成功者になれる――という理屈になる。

「引き寄せの法則」は疑似科学とされているが、それなりに筋は通っている。問題は、自分をカメレオンのように簡単に変えられないことと（行動遺伝学によれば、パーソナリティは思春期までに決まり、それ以降は年をとってもほとんど変わらない）、相手があなたのために数少ない友だちの席を空けてくれるとは限らないことだ。

とはいえ、理想の友だちをつくることは難しいとしても、友だち関係を断つことはできる。あなたが5人の友だちの平均ならば、マイナスの友だち（反社会的な人物とか）を席から外せば、それだけで平均値が上がる。こちらは疑似科学ではなく、ネットワークの科学から導き出される成功法則だ。

中国で広く使われているアリペイ（アント・グループ）の芝麻《ジーマ》信用はユーザーの信用力を点数化しているが、その基準のひとつが友だちのネットワークだ。信用力の高いユーザーとつながると自分の信用が上がり、逆に信用力の低いユーザーとつながっていると、自分の信用も下がってしまう。こうして誰もが、点数の低い友だちを切り、点数の高い友だちとつながろうとするようになったという。

「異形の未来世界」である中国では、ネットワーク科学の成功法則がすでに実践されているのだ。

◉ネットワークの科学が教える成功法則

わたしたちは言葉を介して社会のなかでコミュニケーションする。同様に市場は、貨幣と商品・サービスを交換する複雑系のネットワークだ。このように現在では、世界を単純な数式で記述するのではなく、ネットワークとして把握しようとする試みがあらゆる分野で行なわれている。

運と実力のどちらが大事？

成功するためには実力と運の両方が必要だといわれる。しかし、その割合はどうなっているのだろうか。実力さえあればいずれは成功できるのか、それとも運がすべてなのか。これを調べたのが2006年のミュージック・ラボ実験だ。*66

＊66 マシュー・J・サルガニック『ビット・バイ・ビット　デジタル社会調査入門』瀧川裕貴他訳、有斐閣

研究者は新人バンドの曲をダウンロードできるウェブサイトをつくり、バナー広告で約1万4000人の被験者を集めたうえで、「独立条件」と「社会的影響条件」にランダムに割り振った。

独立条件では、被験者はバンド名と曲名だけを教えられ、その曲を評価するとダウンロードできる。気に入った曲があれば自分のPCに保存するだろうが、他の参加者がどう評価したかはわからない。

社会的影響条件では、参加者は8つの世界（パラレル・ワールド）にランダムに割り振られ、自分より前の参加者がどれくらいその曲をダウンロードしたかを見られるようにした。それぞれ参加者が異なるので、曲のダウンロード数も（微妙に）異なる。参加者はみな同じ曲のリストを提示されたのだから、どの世界でどの曲がたくさんダウンロードされるかは運（偶然）によって決まる。

この研究が大きな反響を呼んだのは、成功にとって運が決定的に重要なことを明らかにしたからだ。たとえば52Metroという（無名の）バンドの「Lockdown」という（無名の）曲は、ある世界では48曲中一番人気で、別の世界では40位だった。

とはいえ、実力がなんの関係もないというわけではない。独立条件でダウンロード数の多かった「魅力的な曲」は、どの世界でも必ず上位に入るわけではないものの、下位になることはまれだった。その一方で、独立条件で「魅力がない」とされた曲は、どの世界でも上位に入ることはできなかった。

もうひとつの興味深い発見は、魅力的な曲（実力のあるバンド）ほど、社会的影響条件の効果を強く受けたことだ。独立条件で「魅力的」とされた曲は、ある世界でいったん高く評価されると圧倒的な成功を収めた。ところが別の世界でよい順位を獲得できないと、それほど成功できなかったのだ。

このことは音楽だけでなく、ネット上で評価されるさまざまな商品・サービスにおいて、最初の評価がきわめて重要なことを示している。別の実験でも、ランダムに星の数を付けた場合、最初に（たまたま）５つ星だった商品はその後も高評価を維持することがわかっている。

しかしそうなると、最初に1つ星を付けられてしまったら、その商品やサービスは二度と日の目を見ることができないのだろうか。じつはそんなことはなくて、「最初に低評価だと次に高い評価がつきやすい」という結果が出ている。後続のユーザーが、理不尽な非難（クレーム）を不快に感じ、それに反発するからのようだ。

このようにして公正な評価が回復されるのはよいことだが、それを考慮しても、最初に高い評価を獲得するメリットには大きなものがある。この「予言の自己実現」効果はあまりにも顕著なので、アメリカでは多くの作家やクリエイターがAmazonなどのレビューで、偽名を使って自分の本を褒めちぎり、ライバルを貶《けな》す「ソックパペット（靴下人形）」、つまり自作自演をしているという。

成功の「普遍の法則」

アルバート＝ラズロ・バラバシは複雑系（ネットワーク）研究の第一人者だが、最新のネットワーク科学から、成功を生む要因を科学的に解明したと宣言した。そこから導かれる5つの成功法則は「普遍の法則」であり、「万有引力の法則や運動の法則を書き換えられないのと同様に、個人のニーズや信念（たとえどれほど正しいか強く信じていても）に合わせて、『成功の法則』を書き換えることはできない」のだという。*67

まずはその5つの法則を紹介しよう。

【成功の第一法則】

パフォーマンスが成功を促す。パフォーマンスが測定できないときには、ネットワークが成功を促す。

【成功の第二法則】

＊67 アルバート＝ラズロ・バラバシ『ザ・フォーミュラ　科学が解き明かした「成功の普遍的法則」』江口泰子訳、光文社

パフォーマンスには上限があるが、成功には上限がない。

【成功の第三の法則】

過去の成功×適応度＝将来の成功

【成功の第四法則】

チームの成功にはバランスと多様性が不可欠だが、功績を認められるのは一人だけ。

【成功の第五の法則】

不屈の精神があれば、成功はいつでもやってくる。

バラバシは、「成功とは、あなたが属する社会から受け取る報酬である」と定義する。莫大な富を得たとしても、離島にたった一人で暮らしているのなら、あるいは核戦争で人類が絶滅してあなたしか生きていないのなら、なんの意味もないだろう。富に対して報酬を与えてくれる社会がないからだ。

徹底的に社会化された動物であるヒトが求めているのは、社会からの承認であり評価だ。だとすれば成功法則とは、より効率的に評判（社会的承認）を獲得する戦略のことだ。

ここから、人間のつながり（ネットワーク）を分析することの重要さがわかる。愛情や友情もまた、（ある程度は）コスパで語ることができるのだ。

パフォーマンスが測定できるときは実力で勝負しろ

ネットワークの科学を使って成功への最短距離を行くにはどうすればいいのだろうか。その第一法則は、「パフォーマンスが成功を促す。パフォーマンスが測定できないときには、ネットワークが成功を促す」だった。

前段の「パフォーマンスが成功を促す」は、**パフォーマンス（上手い／下手）が計測できる領域では、強い者・優秀な者が社会からの高い評価を獲得する**という法則だ。

その典型がテニスのような一対一の個人スポーツで、そこでは「優れた運動能力（アスレティシズム）という、ただひとつの要素が成功を約束する」。ランキング上位に駆け上がるテニス選手は、プロに転向して20回ほど大会に出場した時点で頭角を現わすという。

若いときの知的パフォーマンスも、将来の成功を予測する強い指標になる。

アメリカは日本以上の学歴社会で、卒業10年後の年収の中央値は、アイビーリーグ（東海岸の有名私立大学）の卒業生は平均7万ドルを超えるが、それ以外の大学の卒業生は3万４００0ドルと半分に満たない。収入分布の上位グループでは格差はさらに広がり、アイビーリーグの卒業生のうち、上位10％が卒業後10年以内に稼ぐ年収は平均20万ドル以上なのに、それ以外の大学の卒業生の上位10％の平均は7万ドルと3分の1にしかならない。

これだけを見れば、親は「わが子をなんとしても有名大学に入れなければ」と思うだろうが、バラバシはこれは錯覚だという。

プリンストン大学の2人の経済学者が大学卒業後の長期的な成功を調べたところ、アイビーリーグに落ちてランクの劣る大学に入った学生も、同程度に優秀であれば、アイビーリーグの卒業生と同じだけ稼いでいた。一流高校に通う生徒の学力調査でも、学校が生徒の学力を高めたのではなく、もともと成績優秀な生徒が優れた成績をとりつづけていることがわかっている。

アイビーリーグの優秀な学生が高給を稼ぐのは、大学の「優れた教育」やブランドの恩恵ではなく、彼ら／彼女たちがもともと高い能力をもっているからだ。同等の能力の持ち主なら、一流大学に入学を許されなかったとしても、いずれ同じ結果を出すようになる。日本もそうだろうが、先進国のような（比較的）平等な社会では、優秀な人材は遅かれ早かれ正当な評価を獲得できるのだ。

もうひとつ興味深いのは、「長期にわたる成功を決める唯一の要因は、たとえ合格しなかったにしろ、その生徒が出願した最難関大学にあった」との知見だ。だがこれは、落ちてもいいから一流大学を受ければいいということではない。

最難関大学に願書を出すということは、本人のなかで、自分はそこにふさわしいという自信

＝野心があるからだろう。試験の成績がすこし足りなくて落ちたとしても、この野心を失わずにもちつづけることができれば、やがては「自分のいるべき正しい場所」に到達できるのだ。

パフォーマンスが測定できないときはネットワークのハブに行け

すべての競争がテニスのように、個人のパフォーマンスを正確に計測できるわけではない。それが「成功の第一法則」の後半で、「パフォーマンスが測定できないときには、ネットワークが成功を促す」となる。その例として、バラバシはアートを挙げる。

１９１７年、マルセル・デュシャンが男性用小便器に署名し、「泉」と名づけて展覧会に出品した。この「美術作品」は当時はまったく受け入れられず、実物は廃棄されたが、半世紀後にデュシャン公認で制作された17点のレプリカのひとつに、美術オークションで２００万ドルちかい値段がついた。

ただの小便器がなぜ2億円以上の価値をもつのか？　その秘密を探るためにバラバシは50万人におよぶアーティストのビッグデータを分析して、美術館やギャラリーのあいだの作品移動に「見えないつながり」があることを発見した。**ある作品が特定のギャラリーに展示された場合、その後に有名美術館に展示される可能性が高い**という、はっきりとした傾向があったのだ。

これは、ギャラリーのオーナーや美術館のキュレーターのあいだに強固な「つながり」があるからだ。この「成功のルート」を詳しく調べると、アーティストをスーパースターの座に押し上げる美術館やギャラリーはごく限られた数しかないことがわかった。この〝成功のメリーゴーラウンド〟から隔絶した「離島」のギャラリーに作品が展示されても、そこから著名な美術館に作品が送り込まれる可能性はきわめて低いのだ。

バラバシは、「三流の美術館やギャラリーでキャリアをスタートさせるなど、ネットワークの周縁で活動を始めて成功したアーティストは50万人のうちたった227人」だという。確率でいうとわずか0・05％程度にすぎない。

プロテニスとちがって、アートの世界にはある作品（たとえばデュシャンの小便器）がほかの作品より優れているという客観的な指標がどこにもない。そのため、作品の価値はネットワーク（「一流」とされるギャラリーやキュレーターの評価）で決めるほかはない。そして、幸運にも「価値がある」とされた美術作品は、その後も価値を維持するばかりか、ますます値を上げていく。なぜなら、そうすることが「美術業界」の関係者全員の利益になるから。

この仕組みをバラバシは、「アートの成功ルールは決まっている」として以下のように説明する。

ある絵画を手に入れたら、その絵画がその後もずっと、最低でもその価値を維持することが、蒐集家、アーティスト、ギャラリーの利益にかなう。蒐集家なしにギャラリーは成り立たない。美術館も同じだ。蒐集家は美術館の理事会メンバーに名を連ね、自分のコレクションのなかから著名な作品を寄贈する。彼らは仲間の蒐集家にも影響を及ぼす。もしあなたがアーティストで、作品がオークションに出品され、落札者が現れそうにない時には、あなたのギャラリーの経営者か蒐集家が、たとえお互いに競り合うことになっても絵画を買い戻してくれる。そうすれば、落札価格によって作品の価値を維持できるからだ。

パフォーマンスが計測できない世界では、**成功するかどうかを決めるのは、ネットワークのどこに位置しているかなのだ。**

レベルの高い競争では無意識の要素が結果を決める

成功の第二法則は、「パフォーマンスには上限があるが、成功には上限がない」だ。「パフォーマンスに上限がある」のは、人間の能力に限界があるからだ。ウサイン・ボルトは超人的だが、それでも車より速く走ることはできない。どんな暗算の天才でも、コンピュータより速く計算することはできない。

「成功には上限がない」とは、それにもかかわらず、ごくわずかなパフォーマンスのちがいがとてつもない成功（富）の格差につながることをいう。

大谷翔平は素晴らしい野球選手だが、実業団野球の選手と比べて10倍の能力があるわけではないだろう。しかし両者が野球で得る評判や富は、100倍、1000倍、あるいはそれ以上になる。

パフォーマンスに上限があるのなら、いったん「一流」の域に達すれば、ほとんど差はないことになる（能力の限界効用は逓減する）。それでもテニスでは、フェデラーとジョコヴィッチが対戦すればどちらかが勝利する。

しかし、アートほど曖昧ではないものの、テニスほど明快でない多くの競争についてはどうだろう。たとえば音楽では、2人の一流ピアニストのどちらが優れているかを判断することは素人には容易ではない。そしてじつは、これはプロの聴き手でも同じだ。

このことを証明した興味深い実験がある。[*68] そこでは、プロの音楽家と一般人を被験者にして、3人の候補者のなかから、誰があるクラシック音楽のコンクールで優勝したかを、①音だけの演奏を聴く、②音の入った動画で演奏を聴く、③音を消した動画のみで演奏を見る、という3つの方法で予想してもらった。

*68 Chia-Jung Tsay (2013) Sight over sound in the judgment of music performance, *PNAS*

音楽の優劣を判断するのだから、よけいな情報を排した①の方法（音だけの評価）がもっとも正確で、③の方法（映像だけの評価）はバカげていると思うだろう。実際、実験に参加したプロも一般人もそのように考えた。

ところが結果はというと、動画なしで音だけを頼りにした①のグループの正解率は、プロも一般人もわずか25％だった。3択なのだからあてずっぽうでも33％のはずで、これはあまりにも低い。

それに対して優勝者をもっとも正確に選んだのは、（驚くべきことに）音のない動画を見た③のグループで、プロも一般人も正解率は50％だった。演奏を聴いていない被験者は、演奏を聴いた被験者より正解率が2倍も高かったのだ。

なぜこんな奇妙なことになるのか。それをバラバシはこう解説する。

音楽コンクールの最終選考に残ったのだから、3人のピアニストの演奏にほとんどちがいはない（パフォーマンスには上限がある）。だとすれば、優勝するかどうかを決めるのは「演奏」以外の要素になるほかはない。つまりは、「情熱的に鍵盤を叩く様子」だ。

音を聴かず動画だけを見たグループは、誰がいちばん「優れたピアニストに見えるか」を客観的に評価することができた。それが、高い正答率に結びついたのだ。

このことは、誰が優れているか判断できないほどレベルが高い競争では（決め手となるデータがないとき)、「人間の決定に影響を与えるのは、ほんのちょっとした要素か、時にはまったく無意識の要素」であることを示している。

最初の評価は重要だが、最後は実力がものをいう

成功の第三法則は「過去の成功×適応度＝将来の成功」で、「過去の成功」とは社会的評価、「適応度」とはパフォーマンス(実力)のことだ。

いったん成功した者は、そのことによってますます成功する。これが「富める者はますます富み、貧しい者はますます貧しくなる」という「マタイ効果」で、ネットワーク理論でいえば、**「新しいノード、すなわちネットワークの結節点は、リンクをたくさん獲得しているノードを優先的に選択する」**となる(優先結合)。

先に紹介した「ミュージック・ラボ実験」だけでなく、ネットの署名活動の実験でも、研究者がランダムに署名したキャンペーンは、署名しなかったキャンペーンよりもその後の署名が多く集まったなど、優先結合の効果は多くの研究で確認されている。

ただし、成功のすべてが社会的影響で決まるわけではない。「2つのノードの知名度が同じ場合には、どちらが多くのリンクを集めるかは、ひとえに適応度で決まる」からだ。これは、「最

後は実力がものをいう」という希望のもてる結果でもある。

ミュージック・ラボ実験でも、ほんとうにいい曲は最初に低い評価をつけられても徐々に順位を上げていった。**「優れたパフォーマンスは社会的影響という逆境をものともせず、堂々と返り咲く」**のだとバラバシはいう。

成功するプロジェクトに参加しろ

成功の第四法則は、「チームの成功にはバランスと多様性が不可欠だが、功績を認められるのは一人だけ」だ。

グループ・パフォーマンス(チーム作業)の研究では、意外なことに、メンバー個人の知性や、メンバーのモチベーションの高さ、満足度といった要素はあまり重要ではなかった。「集団的知性」は、個人の知性ややる気の総和ではないのだ。

ではなにが決定的な要素になったかというと、「コミュニケーションのとり方」だ。

感情のシグナルを読む個人の能力が平均よりも優れているチームは、そうでないチームよりも作業をうまくこなした。少数のメンバーが会話を独占するチームよりも、メンバーが平等に会話するチームの方が、集団的知性が高かった。こうした共感力は女性の方が一般に優れているから、結果的に、**女性メンバーがいるチームの方が集団的知性が高くなった。**

もうひとつのポイントは、**「1人の貢献度が大きいグループの方がパフォーマンスが高い」**ことだ。この1人は通常はリーダーで、「リーダーがこなす作業が多ければ多いほど、プロジェクトは成功していた」。

それに対してリーダーが多すぎると、口論や足の引っ張り合いやいじめが横行し、人間のもっとも醜い部分をさらけだす。バラバシは、「成功するチームにはバランスと多様性が必要だ。その一方、リーダーが欠けてもならない」「リーダーを信頼して、そのまわりに専門的で多様な支援体制を築く」ことが重要だという。

ここで例に挙げられるのが、「ジャズの帝王」マイルス・デイビスの傑作『カインド・オブ・ブルー』だ。その圧倒的な成功は、絶対的なリーダー（マイルス）の下に個性豊かなジャズメンが集まり、緊張感をもちながらもお互いに協力し合って「新しいジャズ」をつくるために献身したことによってもたらされた。

このような共同作業は大きな成功を収めることができるが、その場合、功績を認められるのはリーダー一人だ。『カインド・オブ・ブルー』は、あくまでもマイルスの作品なのだ。

ここからは、「成功するにはよいチームをつくるだけでなく、そのチームのリーダーにならなければならない」というかなり利己的な法則が導き出される。とはいえ、『カインド・オブ・

ブルー』に参加したジョン・コルトレーン（テナーサックス）やビル・エヴァンス（ピアノ）などはのちにモダンジャズを代表するミュージシャンになっているから、功績をリーダーに独り占めされたとしても、大成功するプロジェクトに参加することにはやはり大きな見返り（報酬）があるだろう。

成功できるかどうかはある程度決まっている

成功の第五法則は、「不屈の精神があれば、成功はいつでもやってくる」だ。これをバラバシは「S=Qr」という数式で説明する。

ダ・ヴィンチからニュートン、エジソン、アインシュタインまで、「ほとんどの天才は39歳までに歴史に名を刻んでおり、創造性は若者、あるいは中年初期までの特権だ」とされる。だがバラバシは、研究論文のビッグデータを解析した結果、これを俗説だと切り捨てる。

たしかに、優れた（引用回数の多い）研究論文が発表されたのは研究を始めて20年以内がほとんどで、25年以降は5％、30年を過ぎると1％以下になる。しかしその理由は、年をとった研究者が論文を発表しなくなるからだ。逆にいえば、論文1本あたりの成功確率は、年齢にかかわらず一定だった。

これが「不屈の精神があれば、成功はいつでもやってくる」の意味で、シニア層には大きな希望だが、努力すれば誰でも成功できるというわけではない。

研究者を成功に導くのは、斬新なアイデアを思いつくことと、そのアイデアをかたちにすることだ。バラバシは、アイデアを事前に予想することはできないが、それを結果に結びつける能力は定量化できるとして、これを「Qファクター」と名づけた。ランダムなアイデアを「r」とするならば、成功（S）は「S=Qr」という単純な式で表わせる。新製品の開発やベンチャービジネスであれ、科学的な発見であれ、「成功」はアイデアの値（r）と個人のQファクターの掛け合わせなのだ。

データからQファクターを計測したバラバシは、奇妙な結果に戸惑う。「長い研究生活を通して、科学者のQファクターにはまったく変化が見られなかった」のだ。「高かろうが低かろうが、ともかく科学者は与えられたQファクターとともに研究生活に入り、退職する時までQファクターは変わらない」らしい。

「創造的な仕事に就く人のQファクターは、時を経ても変化しない」というのは、ある意味、残酷な事実でもある。Qファクターが低いと、よいアイデアを（ランダムに）思いついたとしても、それをかたちにすることができないから、成功への扉は閉じたままだ。これは要するに、「その分野で成功できるかどうかは、（ある程度）生得的に決まっている」ということでもある。

Qファクターがどこまで実証的に受け入れられているかはわからないが、バラバシがここで述べているのは、「ひとは適性のあることしか頑張れない」という話と重なる。だからこそ、バラバシはこう書いている。

「もしあなたが何度やっても成功できないのなら、職業の選択を間違えている可能性がある」

人間関係を選択する働き方へ

リベラルな社会では、生まれてきたことは別として、ものごころついたあとは、人生のあらゆることを個人が主体的に選択すべきだとされる。このようにして、職業選択も、誰と結婚するかも、子どもを産むか産まないかも、あるいはヨーロッパの一部の国ではいつ死ぬかも本人の自由になった。

しかしそれでも、世の中には選択できないものがある。養子でもないかぎり、自分の親や子ども、きょうだいを選ぶことはできない。そうなると、人生におけるこの重大な選択に失敗したと感じるひとたちが現われる。この不満から、「親ガチャ」や「毒親」という言葉が生まれたのだろう。

家族以外にも、選択できない人間関係はたくさんある。就学年齢に達すると、子どもたちは地域のなかからランダムに選ばれた同世代の子どもたちと同じクラスになり、友だち関係をつくるよう「強制」される。

会社の人間関係も、学校と同様に、個人が選択することはできない。会社には〝パワハラする上司〟〝足を引っ張る同僚〟〝仕事ができないくせにわがままな部下〟がいるが、それがどれほど苦痛でも、ほとんどの場合、社員は会社の人間関係を選択できない。

先進国では飢餓のような極端な貧困はなくなり、戦争や内乱を心配する必要もなくなった。その結果、現代社会ではほとんどの困難が人間関係からもたらされるようになった。だとしたら、根本的な解決策はひとつしかない。人間関係を自分で選択できるようになることだ。

アメリカの作家で、日本の「Manga」の熱烈なファンとしても知られるダニエル・ピンク（クリントン政権下でアル・ゴア副大統領のスピーチライターでもあった）は、早くも２００１年にフリーエージェント社会の到来を宣言した。[*69] ひとびとが自分らしく生きようとすれば、会社に所属する窮屈な働き方ではなく、リスクをとってでも「フリー（自由）」になりたがるはずだというのだが、この予言は20年後のいま、現実のものになりつつある。

アメリカのZ世代（30代以下の若者層）のあいだで、「静かな退職（Quiet quitting）」が広がっているという。「実際に仕事を辞めるわけではなく、必要最低限の業務はこなすものの、

＊69 ダニエル・ピンク『フリーエージェント社会の到来　組織に雇われない新しい働き方』池村千秋訳、ダイヤモンド社

仕事への熱意が低く会社への帰属意識も薄い」ことで、仕事は〝生計のための必要悪〟で、定時に帰宅し、休日出勤はせず、有給休暇はすべて取得して、余暇の時間を「自分らしく」生きることに使う働き方をいうようだ。

だが、人的資本が成功にとって大きな影響力をもつ知識社会（メリトクラシー）では、「静かな退職」は敗者の戦略になる可能性が高い。余暇を楽しむのは大切だろうが、その間もライバルは人的資本を大きくしているのだ。

それに対して、いまシリコンバレーなどで急速に広がっているのが、いつ、どこで、誰と、どんな仕事をするのかを選択できる働き方だ。これは「ギグワーク」と呼ばれる。

よいチームの条件

ギグワーカーはウーバーイーツのドライバーや配達員のことだと思われているが、もともとはジャズメンやロックミュージシャンの「ギグ」、つまり気の合った仲間同士の即興演奏から生まれた造語だ。

ギグワークの典型は映画製作で、プロデューサーが企画を決めて資金を集めると、そのプロジェクトのために監督や俳優などが集められ、多様な才能をもつクリエイターたちのギグによって作品がつくられる。ここで重要なのは、個人の才能だけではなく、その仕事（役）なら誰が向いているかを知っているネットワークだ。

集団は個人の総和を上回るパワーを発揮することもあれば、暴走して大きな損害を生むこともある。なぜこんなことになるのかについては多くの研究があるが、それをまとめると、よいチームの条件は次のようなものになるだろう。*70

①能力の劣る者を集団から排除する（ヒトには生得的な平等指向があるので、能力の高い者は、無意識に能力の劣る者に引きずられてしまう）。

②明確なミッションを与え、序列をつくらず、誰もが対等の立場で自由に意見をいえるようにする（意見の対立がアイデンティティの対立になると収拾がつかなくなる）。

③集団の多様性を高めてイノベーションを促す（全員が高い能力をもつが、文化や宗教、性的指向などが異なると、思いがけないアイデアが出て創発効果が生まれる）。

こうした集団を意識的につくろうとしているのがGAFAなどシリコンバレーのハイテク企業で、世界中から（とてつもなく）賢い若者を集め、「未来を変えるムーンショット」というミッションを与え、多様なメンバーに対等の立場で徹底的に議論させることでイノベーション

＊70 橘玲『バカと無知』新潮新書

の競争に勝ち残ろうとしている。

それに対して日本の企業は、「日系日本人、中高年、男、特定の大学の学部卒（ほとんどが文系）」というなんの多様性もないメンバーが派閥や序列をつくり、アイデンティティ（自尊心）をめぐって対立しているのだから、グローバルな競争から脱落していくのも当然なのだ。[*71]

「友だち」の存在しない世界

フリーランスになっても一人で仕事をするわけではなく、重要なのは誰と仕事をするかを決められることだ。47歳で早世した瀧本哲史さんは、これを「友だちから仲間へ」と論じた。[*72]
友だちとは、愚痴を聞いてくれたり、夢を語り合ったりする関係だ。それに対して仲間（チーム）は、ミッションに向けて協力し合い、ともに夢を実現する関係ということになる。瀧本さんが例に挙げるのは映画『七人の侍』で、もともとは友だちどころか知り合いですらない男たちが「野武士から村を守る」というミッションのために集まり、強い仲間意識で困難な仕事に成功するが、それが終わるとチームは解散してばらばらになっていく。
近代的な軍隊は、同世代の（多くは同じ地方出身の）若者を強制的にひとつの集団に「監禁」し、生死を共にする「戦友」へとつくり替えていった。近代的な学校制度では、同い年の子ど

＊71 橘玲『不条理な会社人生から自由になる方法　働き方2.0vs4.0』PHP文庫

＊72 瀧本哲史『君に友だちはいらない』講談社

もを強制的にひとつのクラスに「監禁」し、「友だち」になることを強要する。同様に工場や会社は、「同期」と「先輩／後輩」というベタな人間関係によって工員・社員を管理する制度をつくりあげた。すべてに共通するのは、「誰と友だちになるか」を自分では決められないことだ。友だちとは、（本人の意向とは無関係に）制度によって与えられた母集団から選ぶものなのだ。

ところがいまや、SNSなどのテクノロジーが「友だちづくり」の前提を大きく書き換えつつある。誰とつながり、誰をブロックするかを自分で決められるというのは、人類史上まったく新しい人間関係の世界だ。

それに加えて、ブロックチェーンを使ったスマートコントラクトでは、会社のようなバックオフィスを介することなく、当事者同士で契約を結び、その履行を管理することができる。このテクノロジーが広く普及すれば、ひととひととのつながりはすべて契約関係になり、友情（契約を度外視した絆）は必要なくなっていくかもしれない。

私は人間関係を「愛情空間」「友情空間（政治空間）」「貨幣空間」に分類しているが、友情空間が消失すれば、愛情空間と貨幣空間が拡張するほかはない。

ヒトが幸福感を覚えるのは共感力のような向社会性が満たされたときだが、もっとも強い絆を形成するのは愛情であって友情ではない。

愛情は、嫉妬や憎しみのようなさまざまな強い負の感情の源泉でもある。昨今、小説でもマンガ・アニメでも半径15メートル以内の狭い人間関係だけで世界が完結するものが増えているのは、それだけ人生において愛情空間の比重が高まっているからだろう。

その一方で、フリーエージェント化したクリエイティブクラスは、貨幣空間のネットワークのなかで、よりよい仕事（より大きな収益）を実現しようとしている。「最高のチーム」に参加したときに出会うのは、「友だち」ではなく、大きな人的資本と高い評判をもつ「仲間」だ。どうしたら、そんな仲間をつくることができるのだろうか。最後にそれを考えてみよう。

テイカーでなくギバーになれ

テイカー（Taker）は「受け取るひと」、ギバー（Giver）は「与えるひと」のことだ。自己啓発本では「受け取るよりも与えるひとになりましょう」といわれるが、これはどこかウソっぽい。

1万円もっているとして、それを誰かにギブしてしまえば一文無しだ。お腹がすいているときに食べ物をぜんぶギブしてしまえば飢え死にしてしまう。「ギバーになりましょう」なんて、しょせんきれいごとだ……。

これはもちろん正しいが、なぜこんなことになるかというと、有限のものをギブしようとするからだ。財布のなかのお金も、ポケットにある食べ物も、誰かにギブすれば自分の取り分はそれだけ減ってしまう。自分のものを困っているひとにどんどんギブする「無私」の人物が大きく紹介されたりするが、なぜみんなが注目するかというと、そんなひとはめったにいないからだ。

だが、もっているものが減らないとしたらどうだろう。それなら、気前よくみんなにあげてもいいのではないか。

ギブしても減らないものは2つある。

ひとつは、面白い情報を教えること。もうひとつは、面白い知り合いを紹介することだ。ネットワーク社会の「ギバー」とは、この2つをせっせとやっているひとのことだ。

若い起業家のパーティに呼ばれたことがあるが、そこで交わされていた会話の大半は、「Aさんがこんな商売で成功した」とか、「Bさんがこんな相手とつき合ってヒドい目にあった」とかの情報交換と、「その仕事なら、あのひとが向いてるよ」「こんど紹介してあげるよ」などの人脈の交換だった。

「いいね」が貨幣と同じになる評判経済は、「ネットワーク経済」でもある。そこでは「面白いことを教え合う」「ひととひとをつなぐ」ことでコミュニティがつくられていく。情報も人脈もどれだけギブしても減らないし、それはばかりかどんどんつながり（ネットワーク）が大きくなっていくのだ。

その一方で、現代社会では、ますます人的資本の形成に大きな資源を投入しなければならなくなっている。

このトレードオフを解決する方法は、おそらくひとつしかない。

労働市場が流動化した新しい世界では、わたしたちはギバーとなってネットワークをつくりつつ、ギグのためのアドホックな（その場かぎりの）仲間を募って、人間関係のコストを最小化しようとするだろう。それによって浮いた時間資源は、家族や恋人との小さな愛情空間に注ぎ込むことができる。

このようにして、「友だち」はさして必要でなくなっていくのだろう。だがそれでも、「仲間」同士の友情は残りつづけるにちがいない。

エピローグ

シンプルで合理的な「成功のライフスタイル」

スピリチュアル系の成功法則

自己啓発本などの「成功哲学」は、大きく2つの系譜に分けられる。

ひとつは「スピリチュアル系」と呼ばれるもので、19世紀後半のアメリカで興ったキリスト教覚醒運動（霊性運動）を源流として、「強く願えば夢はかなう」「思考は現実化する」など、個人の意識を変えれば世界も変わり（意識と宇宙はつながっている）、幸福な人生や物質的な成功が実現できるとする。

ニューヨークの牧師ノーマン・ヴィンセント・ピールは、二度の世界大戦を経てアメリカが世界の覇権国になっていく時代に「ポジティブ・シンキング（積極的考え方）」の効用を唱え、アメリカンドリームを目指すひとびとに大きな影響を与えた。[*73] ドナルド・トランプの父親はピ

＊73 ノーマン・ヴィンセント・ピール『【新訳】積極的考え方の力』月沢李歌子訳、ダイヤモンド社

ールの教会の熱心な信者で、トランプの最初の結婚式はピールのもとで行なわれた。

アメリカの神学者ラインホルド・ニーバーは、広く知られることになった「ニーバーの祈り」で、「変えることのできないものを受け入れるちから」「変えるべきものを変える勇気」「変えられないものと変えるべきものを区別する知恵」を神に求めた。

成功哲学は強い現状肯定の思想で、変えることのできないもの（現実世界）は基本的によいもので（なぜなら神が創造したのだから）、変えるべきものは自分自身であり、正しい意識をもつことで世界と調和できるとする。

この楽観的な思想は「スピ系」などと揶揄されるが、精神療法で行なわれている認知行動療法やポジティブ心理学などともつながっている。相手の意図をネガティブに曲解していてはコミュニケーションは成立しないし、努力は必ず報われるわけではないとしても、努力しなければなにも成し遂げられないのだから、ここまではきわめて常識的な話だ。

さらには、近年、再評価が著しい古代ローマのストア哲学も、「コントロールできるもの」を権内、「コントロールできないもの」を権外として、権外の出来事を無視し、権内のものごとに集中すべきだとする。[*74]

このように「スピ系」の成功哲学は、さほど奇異な主張をしているわけではない。けっきょくのところ、わたしたちは変えられるものしか変えることができないし、それでなんとかやっ

＊74 エピクテトス著、アンソニー・A・ロング編『2000年前からローマの哲人は知っていた　自由を手に入れる方法』天瀬いちか訳、文響社

ていくしかないのだ。

成功哲学に問題があるとすれば、「世界（現実）は変えられないとしても、思考（認知）は変えられるはずだ」と考えていることだろう。しかし行動遺伝学は、考え方（マインドセット）を含むあらゆる性向に遺伝が濃い影を落としていることを半世紀かけて証明してきた。[*75] もちろん環境の影響はあるものの、思春期を過ぎればパーソナリティは安定する。「変えられるはずだ」と思っていることのなかにも、「変えられないもの」がある。

成功哲学のもうひとつの問題は、必然的に、強固な自己責任論に帰結することだ。「強く願えば夢はかなう」のなら、夢がかなわないのは強く願っていないからだし、努力していないからなのだ。——ちなみに心理学の実験では、「強く願えば夢はかなう」という効果は否定されている。脳は「強く願ったこと」と「現実に起きたこと」をうまく区別できず、ダイエット後の姿を想像すると、ダイエットに成功したと勘違いして、食べすぎてかえって体重が増えてしまうのだ。[*76]

幸せになろうとするほど、幸せから遠ざかる

わたしたちはみな、すこしでも幸福になろうと懸命に努力している。だが、スペインの心理

*75 安藤寿康『「心は遺伝する」とどうして言えるのか　ふたご研究のロジックとその先へ』創元社

*76 エリック・バーカー『残酷すぎる成功法則』橘玲監訳、竹中てる実訳、飛鳥新社

学者エドガー・カバナスと、イスラエルの社会学・人類学者エヴァ・イルーズは、それを「ハッピークラシー（幸せの専制）」と呼ぶ。*77

わたしたちはみな、「成功すれば幸せになれる」と信じて、そのために懸命に努力している。だが2000年代になって急速に広まったポジティブ心理学は、因果関係を逆転させて、「幸せなひとが成功する」と説く。だとすれば、やるべきは「幸せのマインドセット」を身につけることで、そうすれば社会的・経済的な成功が「引き寄せられて」くる。

いうまでもなくこれは、ちまたにあふれる成功哲学と瓜二つだ。唯一のちがいは、ポジティブ心理学がこれを、脳科学や心理学の多くの研究に基づいた「科学的事実」だと主張したことだ。

「誰でも、自己と周囲の世界をよりポジティブな見方でとらえるだけで、人生を立て直し、最高の自分になれる」というのは素晴らしい話だが、そうなると、仕事で結果を出せなかったり、健康に問題があったり、不幸せなひとは、社会や会社、家庭や人間関係を責めるのではなく、自分自身に目を向けるべきだということになる。なぜなら、自分をポジティブに変えさえすれば、どのような状況でも（そのひとなりの）幸せを手にすることができるのだから。

ところで、「科学」であるポジティブ心理学にはじゅうぶんなエビデンスがあるのだろうか。困惑するのは、この20年ちかく、なにが人生を価値あるものにするかを突きとめるために

＊77 エドガー・カバナス、エヴァ・イルーズ『ハッピークラシー 「幸せ」願望に支配される日常』高里ひろ訳、みすず書房

6万4000件もの研究が行なわれたものの、「その成果はばらばらで、曖昧で、決定的ではなく、結果同士が矛盾するような域を出ない」ことだ。

ポジティブ心理学が提唱するさまざまなエクササイズ（感謝の気持ちを書く、など）をプラセボ（記憶エクササイズ）と比較した追試実験でも、統計的に優位な差は見つけられなかった。研究者は、「ポジティブ心理学エクササイズは誰にでも効果があるわけではなく、むしろ、これらのアクティビティを信じている『幸せ探し人』には効果があるのだろう」と述べている。

さらに困惑するのは、「幸せ」が絶対的な基準になったことで、かえって幸福度が下がっていることだ。幸せになろうと努力すればするほど、自己改善の〝無限ループ〟に落ち込んで、ますます苦しくなってしまうのだという。

「きりのない自己改善」と「絶えることのない消費」が、幸せ産業の隆盛を支えている。美容、ファッション、フィットネス、ダイエット、セックスセラピー、人間関係の管理、セルフモニタリング、アンガーマネジメント、リラクゼーション、レジリエンス、感情的スキルなどなど、無数ともいえる「エモディティ（感情商品）」が「幸せ市場」で売られている。

だが皮肉なことに、それによって、「幸せになろうとするほど、幸せから遠ざかる」という事態が生じている。だとすれば、目指すべきは「幸福（ポジティブな感情）」を増やすことではなく、より合理的・効率的に「幸福の土台」をつくることになるのではないだろうか。

「合理的意思決定理論」という成功法則

成功哲学のもうひとつの系譜は、経済学（ゲーム理論）や意思決定理論で研究されてきた「合理的意思決定」で、第二次世界大戦後の科学万能主義（原爆や月面着陸の驚異）を背景に、あらゆる選択・行動は論理的に説明できるし、合理的な解を求めることが可能だと主張した。いわば、「進化的合理性（直観）から論理的合理性（理性）へ」というパラダイム転換だ。

行動経済学は、わたしたちの意思決定がさまざまなバイアスやノイズによって歪められていることを明らかにした。だとすれば、こうした歪みを修正して論理的・数学的に正しい意思決定をすればいいではないか、と考えるのは当然だ。

行動経済学を社会政策に応用したのが「ナッジ」だ。個人の自由意思を尊重したまま、よりよい方向にナッジする（そっと肘でつつく）ことで、ひとびとを正しい意思決定に導けるとする。よく知られているのは、「デフォルトを変えたがらない」というバイアスを利用して、入社と同時に自動的に給与連動型の企業年金に加入させる制度だ。従業員は定額払いに変更することもできるが、罪悪感を覚えるらしく（将来よりも現在を大切にするキリギリスだと社内に宣言することになる）、給料が増えるとより多くの掛け金を積み立てるようになり、退職後はより多くの年金を受け取ることができる。[*78]

私が勧めたいのは、「家に帰ったらすぐに歯磨きをする」という工夫だ。わたしたちは子どものときから、「歯磨きをしてから寝る」ように習慣づけられている。この条件づけはきわめて強固なので、先に歯を磨いておくと、「ここでなにか食べたらまた歯を磨かなくてはならない」と思い、夜食の欲望にブレーキをかけることができる。

とはいえ、わたしたちは日常的に無数の選択を（無意識に）行なっており、そのすべてに複数のバイアスがかかわっている。それをいちいち意識化し、論理的合理性に照らしてバイアスをチェックすることなど不可能だし、仮にできたとしても一日の大半がその作業に忙殺されてしまうだろう。

さらなる問題は、合理的意思決定理論は、①すべてのデータが揃っていて、②データの分布がベルカーブになり、③複数回の試行が可能なときにしか役に立たないことだ。こうした条件を満たす事象（ギャンブルなど）は徹底的に研究され、大きな成果をあげたものの、その結果、残されたのは、①じゅうぶんなデータがなく、②データの分布がロングテールで統計学が使えず、③一回の選択が大きな影響を与える問題ばかりになってしまった。

やっかいなことに、人生における重要な選択（結婚や出産）はこの条件を満たさないものばかりだ。合理的意思決定理論は、理屈のうえではどれほど正しくても、個人の意思決定ではほ

＊78 リチャード・セイラー、キャス・サンスティーン『実践　行動経済学』遠藤真美訳、日経BP

とんどの問題で使いものにならない。

これはゲーム理論も同じで、一対一の関係など限定された設定で相手の行動を予想したり、法規制の必要性を議論するときには強力なツールになるが、複数の要素が加わって状況が複雑になるにつれて予測精度は落ちていく。「どうすればカーディーラーから最安値で車を買えるか」というような問いには有効だが、人生のさまざまな困難に答えてくれる（不幸な未来が変わる）わけではない。[*79]

人生はたった4000週間しかない

イギリスのジャーナリスト、オリバー・バークマンは、80歳くらいまで生きるとしても、あなたの人生は生まれてからわずか4000週間しかないという。だからこそ、時間を上手に使うことがわたしたちの最重要課題になる。人生とは、時間の使い方そのものなのだ。[*80]
日本でもベストセラーになったこの本（邦題は『限りある時間の使い方』）で、バークマンはタイムマネジメントやライフハックを勧めているわけではない。そればかりか、時間を思いどおりコントロールして「生産性」を上げようとする努力は役立たずで逆効果だという。
メールの処理能力を高めれば受信箱がすっきりして気分がいいかもしれないが、「メールの

*79 ブルース・ブエノ・デ メスキータ『ゲーム理論で不幸な未来が変わる！　21世紀のノストラダムスがついに明かした破綻脱出プログラム』田村源二訳、徳間書店

*80 オリバー・バークマン『限りある時間の使い方』高橋璃子訳、かんき出版

返信が早い」と評判になり、みんなが急ぎの用事をどんどん送ってくるようになる。多くのタスクをこなせばこなすほど、「ものすごく仕事が早い」という期待値が上がり、あちこちからどっさり仕事が降ってくる。「時間が足りない」という問題を解決しようと効率化すればするほど、「生産性の罠」にはまってしまうのだ。

こうした事態に対してバークマンは、時間に対するマインドセットを変えることを促す。真っ先に必要なのは、「この欠点だらけで、傷つきやすくて、ものすごく短くて、思い通りにならない人生が、たった一度きりのチャンスだ」という事実を認めることだ。時間を自分の自由に使おうとすればするほど、わたしたちは孤独になっていく。現実を直視すれば、「人生はもっと生産的で、楽しいものになるはずだ」と述べる。

「時間と戦っても勝ち目はない」というのは説得力のある主張だが、では具体的にどうするかというと、「いま、ここ」に意識を集中し、「何のためでもないこと（ヨークシャーの荒涼とした湿原を目的もなくただ歩く）」をし、「ちっぽけな自分」を受け入れ、「価値のある共同作業」に参加するのだという。

バークマンが指摘するように、根本的な問題は、「自分でスケジュールを決め、自分でやることを選択し、他人の干渉を受け入れない（個人主義的な）自由」が、現代のリベラルな社会で賞賛されていることだ。その結果わたしたちは、「他の何かを感じないために、まるで薬を飲むように、忙しさで脳を満たしている」状態を求めるようになった。まさに、現代社会に蔓延する「忙しさ依存」のパンデミックだ。

もちろんどれも重要な指摘だが、私の疑問は、マインドセットを変えるだけでこの状況を大きく改善できるのか、というものだ。散歩から戻れば受信箱に大量のメールがたまっているし、仕事の締め切りも迫ってくる。なにをしたところで、ひとびとを駆り立てる情報の洪水から逃れることはできない。

そこで本書では、すこしでも自由を拡張できるように人生を合理的に設計することを提案した。「コップに水が半分入っている」と認知（マインドセット）を変えるのではなく、半分の大きさのコップに水を移す戦略だ。

当たり前の話だが、大量のメール（そのほとんどは意味のないCCメールだろう）が送られてきたり、とうてい処理できないほどの仕事を押しつけられたりしない環境をつくっておけば（自分で仕事を選択できるようになれば）、「問題」そのものが物理的になくなるのだ。

「選択しない」という選択

わたしたちが人生で使える資源は限られている。あることを選択すると、そのために資源を消費するから、別の選択をする資源が減ってしまう。だとすれば、もっとも効果的なのは、有限の資源をなにに投じるかを最初から決めておくことだろう。これが「選択しない」という選択だ。

人生の優先順位の低いものは徹底して定型化することで、優先順位の高いものにより多くの資源を投じることができる。

ファッションの優先順位が低いなら、なにを着ていくのかを毎日選択するのはコストが大きすぎる。「服はユニクロか無印良品」と決めて、季節ごとにサイズの合ったものを買い換えることで選択コストを最小化できるだろう。

スティーブ・ジョブズはこのような理由で、イッセイミヤケの黒のハイネックのカットソーかTシャツ、ジーンズとスニーカーに決めていた。会社勤めの場合は、毎日同じ服というわけにはいかないだろうが、そんなときは、スタイリストがそのひとに合った服を定期的に送ってくれるサブスクのレンタルサービスもある。

食事の優先順位は低いが、健康には気をつかうのであれば、簡単につくれてかつ身体にいいレシピをいくつか決めておいて、それをローテーションするのはどうだろう。近所のスーパーマーケットやコンビニの食材を使って、食事の支度から片づけまでを1時間で終わらせることができれば、タイパはかなり上がるはずだ。

この場合、「安い」や「美味しい」はあまり気にしない方がいい。「安くて美味しくて健康にもいい」と条件が増えていくと、それだけ選択のコストが大きくなってしまう。

これではあまりに味気ないというなら、週に1回は夫婦や恋人同士で、近所の洒落たレストランで食事をすればいいだろう。そのためにはちょっと家賃が高くても、食事ができる場所がたくさんあるところに暮らす方が便利だ。外食のためにわざわざ電車や車で出かけるのでは、その分タイパが悪くなる。

こうしたライフスタイルは一般に「ミニマリズム」と呼ばれるが、「着るものや食べるものなどどうでもいい」ということではない。

人生の優先順位のなかでファッションが上位に来るのなら、休日をつぶしてセレクトショップを回り、いろいろな服を試着してみるのは楽しいにちがいない。同様に、料理が優先順位の上位に来るなら、漬物をぬか床からつくったり、かつお節を削ったりするのもいいだろう。

だがここにはきびしい時間制約があるので、すべてを同時に行なうことはできない。家族と過ごしつつ趣味に没頭するとか、買い物三昧を楽しみながら本格的な懐石料理を自宅でつくるとか、そういうことができない以上、なにを優先してなにを優先しないかは自分で決めるしかないのだ。

人的資本と社会資本のトレードオフ

優先順位の低いものを定型化してしまえば、優先順位の高いことに資源（リソース）のほとんどを投入できるようになる。

知識社会では、大きな人的資本をもつことが成功のためにますます重要になっている。そのためには、好きなこと／得意なことに多くの資源（とりわけ時間）を投入しなければならない。しかしそうなると、金融資本や社会資本のために使う資源がなくなってしまう。

資産運用でインデックスファンドの積み立て投資を勧めるのは、ほとんどのひとにとって、企業の財務諸表を分析したり、相場のリアルタイム・チャートを一日中見ていることの優先順位は高くないからだ。もちろん資産形成は大事だが、手間も時間もかかるアクティブな投資スタイルよりも、市場平均に連動するインデックス投資の方が長期的にはパフォーマンスが高いことが繰り返し証明されている。

投資を職業にするのでないかぎり、コスパ・タイパ・リスパで総合的にインデックスファンドの積み立てより優れているものはない（さらにはiDeCoやNISAで税の優遇まで用意されている）。だとしたらなぜ、他の選択肢を検討する必要があるのだろうか。

ほとんど触れられないのは、社会資本を維持するのにも大きなコストがかかっていることだ。友だちとの絆の強さは、友だちと過ごす時間によって正確に予測できる。どれほど固い友情も、進学や就職によって物理的な距離が離れてしまえば、同時に心理的な距離も離れていく。

家族は友だちよりも強い絆で結ばれているものの、その関係はやはり時間資源の量に反映されるだろう。子育てを妻（専業主婦）に丸投げする夫が家族の絆を維持できたのは、不足する時間資源をお金によって補っていたからだ。

ここから、人的資本と社会資本のあいだにきびしいトレードオフがあることがわかる。

なぜ筋トレするのか？

人生の資源が有限で、それを人的資本に投じることが成功法則だとすれば、なぜ筋トレが流行するのだろうか。「健康のため」「モテたいから」などが理由だろうが、過度なワークアウトはかえって健康を損ねるし、女性は筋肉ムキムキの男を（自分にしか興味がない）ナルシシストだと思って警戒する。

しかし、筋トレにはそれ以上に合理的な理由がある。ライバルより優秀だという強いシグナリングになるのだ。

必死に勉強してテストでよい点数をとるよりも、友だちと同じように遊んでいながら、楽々と満点をとる方がずっとカッコいい。同じパフォーマンスならば、より小さな努力で達成した方が、潜在的な能力の証明として高い社会的評価を得られるのだ。

それに加えて、さまざまな研究で、パーソナリティの「堅実性」が高い方が成功できることがわかっている。目標を達成するために懸命に努力することは、「グリット(やり抜くちから)」ともいわれる。環境が次々と変化する旧石器時代には高い堅実性はさして役に立たなかっただろうが、現代の知識社会では、約束を平気で破ったり、仕事の納期をまったく守れないようでは、誰からも相手にされない。

腹筋を6つに割るためには、日々の節制と運動の習慣、すなわち強い意志力が必要になる。さらには、筋トレに資源を投じながらも仕事のパフォーマンスを維持することで、潜在的な能力の高さを効果的にアピールできる。

「ビジネスパーソンはアートに造詣がなければならない」というのも同じ類の話だ。現代アートについて(耳学問でも)それなりの蘊蓄《うんちく》を語れるようになるには、その分野に一定の時間資源を投じなければならない。さらにアート作品を購入することで、(どうでもいいものに散財できるほど裕福だという)金融資本のシグナリングもできる。

ここで間違ってはならないのは、因果関係を逆にすることだ。成功者が筋トレをしているからといって、筋トレをすれば成功できるわけではない。同様に、現代アートに詳しくなれば成功が引き寄せられるわけでもない。これらの「無駄」は、成功した者が顕示する（見せびらかす）からこそ強い印象を与える。勉強でも仕事でも高いパフォーマンスを達成できないのに、筋トレだけしていては、たんなる「筋肉バカ」と思われるだけだ。

「ホス狂い」という選択について

成功において「人生の優先順位を決める」ことがもっとも重要だと述べたが、そもそもこの選択が間違っている場合はどうなるだろう。

風俗で働いてホストの推しになることに人生を捧げる女性たちがいて、「ホス狂い」と呼ばれている（そう自称している）。歌舞伎町のホスト刺殺未遂事件をきっかけにホス狂いの女性たちを取材したライターの宇都宮直子さんによると、一見、不合理きわまりないこの選択には、明らかな合理性がある。*81

女性の「ロマンス願望」は、『風と共に去りぬ』で描かれたように、アルファの男（レット・バトラー）とベータの男（アシュレー）に愛され、両者のあいだを揺れ動くことだ。この設定はその後、少女マンガやロマンス小説の定番になり、内気な少女が完璧な容姿のヴァンパイア

＊81 宇都宮直子『ホス狂い　歌舞伎町ネバーランドで女たちは今日も踊る』小学館新書

たちに愛されるという『トワイライト』に引き継がれている。――男の「ヒーロー願望」は紀元前のむかしから神話や伝承で描かれてきた「英雄の旅（ヒーローズ・ジャーニー）」だが、女の「ロマンス願望」が成立するのになぜ20世紀まで待たなくてはならなかったかというと、「自立した女性」が登場するまでに3000年かかったからだ。

1年間に2800万円以上をホストに注ぎ込んだ40代の女性経営者は、お金のちからによって、アルファのホストとベータのホストからともに愛される状況を人為的につくろうとした。これは、男にだまされて貢がされているというより、お金によって男（ホスト）を支配していると考えるべきだろう。

「歌舞伎町の女王」と呼ばれる華やかな容姿の20代の女性は、アダルトビデオ（AV）の女優業と「太いパパ」、海外営業で稼いだお金を、大阪から出てきたホストを新宿でナンバーワンにするためにすべて投じた。「私、自己肯定感がめちゃくちゃ低いんですよ」という彼女にとって、AVや風俗の仕事は自分の価値を金額によって確認できるし、数百万円かけてシャンパンタワーをすることは、自分がそのホストを推すライバルたちの上に立つことの客観的な証明になる。ホストクラブは、自己肯定感を引き上げる「麻薬」なのだ。

ホス狂いの女性たちのキーワードは「頑張る」で、「王子（ホスト）がトップを取るために頑張っているから、私も（風俗で）頑張る」などと使われる。現代社会では、頑張って結果が出ることは少ない。とりわけ、学校生活で友だちをつくるのが難しかったり、学業からドロップアウトした経験があるのなら、「頑張っても無駄」とずっと思い知らされてきただろう。

だがそんな女性でも、エロス資本を活用すれば、頑張ることが評価され、報われるようになる。さらには、「自己犠牲が大きければ大きいほど、頑張る価値が高い」という倒錯した心理が生まれることもある。

歌舞伎町のホストクラブに通う若い女性は、「宝くじで当たった100万円に価値はない。60分1万円で、100人のおじさんを相手にしてボロボロになったお金を、『推し』に使うから意味がある」と語ったという。[*82]「推し文化」は共感と承認欲求、自己犠牲が複雑に絡まり合っている。

だとすれば、これを「不合理な選択」として否定することができるだろうか。カルト宗教にはまったり、ギャンブルに全財産を注ぎ込むのも同じだが、「自分らしく生きる」ことを最大限認めるリベラルな社会では、他人に危害を加えないかぎり、どのような選択も尊重されるべきだ（ジョン・スチュアート・ミルの「他者危害原則」）。

ホストに貢いでボロボロになるのも、ドラッグで廃人同然になるのも、「そのひとが選んだ人生」と考えるのがリベラルな社会だ。実際、リベラル化が進む欧米では、アルコールやドラッグの依存症は本人がその状況から抜け出したいと思えば支援されるが、その意思を示さなけ

＊82 佐々木チワワ『「ぴえん」という病　SNS世代の消費と承認』扶桑社新書

れば放置される。

とはいえ、さまざまな研究が示すのは、**「未来の自分にやさしくする」と長期的にはよい結果になる**ことだ。短期的な幸福（進化的合理性）より長期的な幸福（論理的合理性）を重視した方が、人生をトータルで見たときの効用は大きくなる。

ひとには人生の優先順位を不合理に決める自由があるが、「ホス狂い」になることは未来の自分にやさしい選択だろうか。

機械に選択をアウトソースする

フィットネス（歩数や走った距離）や睡眠の時間と質、体重や栄養などのさまざまな数値を端末によって計測することは「セルフトラッキング」といわれる。自己をビッグデータとして数値化し、それをＡＩによって最適化するのだという。

いまはまだ限界があるが、将来的には、一人ひとりの生体データをもとにして、最適な食事や睡眠、運動や栄養をＡＩが指示し、それに従うことでより健康的な生活が送れるようになるとされている。こうしたテクノロジーに抵抗があるひともいるかもしれないが、確実にいえるのは、**「機械へのアウトソース」が選択のコストを大きく引き下げる**ことだ。

さらに興味深いのは、他者との関係性すらも数値化して管理しようとするひとたちが現われたことだ。

日々の運動をセルフトラッキングして、そのデータを友人と共有すると活動量が増える。研究によれば、アプリ上で友人が1キロ余分に走るごとに、それに影響を受けて同じ日に300メートル余分に走るようになった。走る速さや時間、カロリー消費にも同じ効果がある。ランニングは「伝染」するのだ（ただしこの効果は、自分より下位にいると思っていた相手に追い抜かれたときだけのようだ）。

スポーツだけでなく、アプリでセックスライフをトラッキングするひとたちもいる。妻の合意のもとに、2週間にわたりセックスの時間、行為の種類、場所、満足度などを記録したところ、妻からの評価はいつも満点になり、夫婦関係も良好になったという例が報告されている。*83

機械に選択を任せたり、選択を支援させることは、これからますます増えていくだろう。なぜなら、その方が圧倒的に楽だから。

いまでは、恋人選びをデートアプリのリコメンド（推薦）に任せるのも当たり前になった。SNSでは、誰と友だちになるか、どんなニュースを読むか、どの広告を見てなにを買うかまでアルゴリズムが（一定程度）決めている。

社会はますます複雑になり、市場には膨大なコンテンツや商品が溢れている。わたしたちは

＊83 堀内進之介『データ管理は私たちを幸福にするか？　自己追跡の倫理学』光文社新書

みな「選択疲れ」に陥っていて、だからこそ「コスパ」や「タイパ」というわかりやすい基準に頼ろうとする。その結果、日々の生活の面倒なことはすべて機械に任せてしまうのが合理的になるのだ。

認知能力が高いひとほど機械を上手に利用する

どんなときに機械を信用し、どんなときは自分で判断すべきなのか。ソーシャルメディアの社会的な影響を研究するシナン・アラルは、これを「予見」と「重要性」で説明する。*84 機械の提案に従った場合と、自分自身の判断に従った場合とで、どちらがよい結果につながるかを「予見」することと、その意思決定がどの程度「重要」なものかの判断だ。

機械の提案が価値の高いものだと予見でき、同時に、機械に従うか否かの意思決定の重要性が低ければ、機械を信用することで資源を節約できる。スパム・フィルタリングをサーバー側のAIに任せ、必要なメールが紛れ込んでいないか定期的にチェックするのは、機械任せにせず、すべてのメールに目を通すよりも、はるかにコスパもタイパも高いだろう。

興味深いのは、自分の認知についてじっくりと内省するタイプ（直感ですぐに判断するのではなく、よく考えてから判断するタイプ）は、機械からの提案を歓迎する傾向にあることだ。一

＊84 シナン・アラル『デマの影響力　なぜデマは真実よりも速く、広く、力強く伝わるのか?』夏目大訳、ダイヤモンド社

方、あまり自分の認知について内省しないひとは、アルゴリズムの提案に強い嫌悪感を示すらしい。

このことは、認知能力の高いひとほど機械（AI）を上手に利用し、そうでないひととのあいだの「格差」が開いていくことを示唆している。

人間に代わって機械に選択させるというのは、テッキー（テクノロジー至上主義者）の奇矯な意見ではない。行動経済学を創始したダニエル・カーネマンは、同じ犯罪でも裁判官によって刑期が大幅に異なったり、同じ検査データでも医師によって診断や治療方針がちがったりする「ノイズ」は社会の許容範囲を超えているとして、じゅうぶんなデータの揃っている事例の判断は機械に任せるべきだと主張している。*85

わたしたちは機械に依存しつつも、あるいは依存しているからこそ、より自由に生きられるようになるかもしれない。重要なのは機械にハックされるのではなく、機械を利用（ハック）することだ。

SNSの魔界に迷い込まないためには

GAFAのようなグローバル企業やロシアなどの外国政府が、SNSを使ってユーザーや有

＊85 ダニエル・カーネマン、オリヴィエ・シボニー、キャス・R・サンスティーン『NOISE　組織はなぜ判断を誤るのか?』村井章子訳、早川書房

権者の脳をハッキングしようとしているとして、欧米で大きな社会問題になっている。その効果には諸説あるものの、脳の報酬系を的確に刺激できれば、脳は自動的にその刺激を追い求めるようになる。——カジノのスロットマシンは、適度な快感を与えつつ、「ゾーン」に入ることで日常の嫌なことを忘れさせてくれるセラピー的な効果をもつように設計されている。

「シンプルで合理的なライフスタイル」は、テクノロジーによる脳のハッキングに対抗するもっとも強力な方法でもある。ファッションであれ、食べ物であれ、いったん合理的に設計してしまえば、それ以外の選択を考慮する必要はないのだから、どれほど巧妙なプロモーションも無視できる。逆に、人生の優先順位の高い分野では、これまで培った知識や経験によって「ハック」を簡単に見抜くことができるだろう。すべての販促は、マス＝平均的な消費者をターゲットにしているのだ。

それでも残るのは、ＳＮＳの「評判依存症」だ。ソシオメーター理論によれば、ヒトは他者からの評価や承認によってメーターの針が上がり、幸福や満足を感じるように進化してきた。逆に、批判によってメーターの針が下がると、殴られたり蹴られたりするのと同じ痛みを感じることもわかっている。

人類はこれまで１５０人程度の小さな共同体のなかで「評判ゲーム」を行なってきたが、ＳＮＳはそれを80億人規模にまで拡張することを可能にした。このようにしてイーロン・マスクやリアーナのような、ツイッターのフォロワー数が1億人を超えるセレブリティが登場した。わたしたちの脳はこのような異常な環境に適応するようにつくられていないから、若者（とりわけ女の子）がSNSの虜になり、自殺や抑うつ、拒食症などが社会問題になるのも無理はない。

評判が金融資本や人的資本と異なるのは、保存できないことだ。金融機関に預けたお金や株券が消えてなくなることはないし、組織のなかでの肩書きや獲得した社会的地位も（ある程度は）安定しているだろう。だが、ひとびとはつねに新しいものに興味をもち、むかしのことは忘れてしまうので、いったん手に入れた評判も半年後、1年後には跡形もなく消えているかもしれない。

SNS社会では、わたしたちはみな評判を獲得しようとするだけでなく、手にした評判を維持することにさらに必死になる。いわば、自己実現の無間地獄だ。

こうした事態に対処しようと、「スマホ断ち」を勧めるひともいる。実際、Facebookを1日15分以上使う18歳を超えたアメリカ人3000人ちかくを集めた調査では、アカウントを解除した参加者は幸福感が増したと回答していた。ここまではよい話だが、こうしたプラスの効果にもかかわらず、参加者の95％は調査終了から100日以内にFacebookに戻っていた。現代社会では、SNSなしに社会生活を送ることはできないのだ。

この困難な問いに唯一の解を示すことはできないが、ネットワーク研究者の調査では、陰謀論にはまるようなひとたち（政治的な過激主義者）は実生活ではステイタスが低いことがわかっている。社会からも性愛からも排除されていても、SNSの巨大な拡声器が、カルト化した小さな世界のなかでの意見を社会全体に広げてくれる。それは、日々の生活ではとうてい得られない自尊心をもたらすのだろう。[*86]

そう考えれば、SNSの魔界に迷い込まない効果的な方法は、人的資本に投資し、実生活での社会的ステイタスを上げることではないだろうか。

もちろんこれは、ナンバーワンでなければ幸福になれないということではない。ロングテールのフラクタル構造を考えれば、それがささいなものであっても、どこかのサブジャンルでテールの端を確保し、ファンの評判を獲得することで（誰かの「推し」になれば）自己肯定感が得られるはずだ。

限界効用逓減の法則によって、脳は1万人のフォロワーと1億人のフォロワーのあいだに、1000倍ものちがいがあるとは考えないだろう。一方、100人のフォロワーと1万人のフォロワーのあいだには、100倍以上のちがいがある。

いずれにせよわたしたちは、テクノロジーの急速な進歩によって、グローバルな「評判格差社会」に放り込まれてしまった。これは「自分では変えられない環境（重力問題）」なので、そのなかでなんとかやっていくしかない。

＊86 クリス・ベイル『ソーシャルメディア・プリズム　SNSはなぜヒトを過激にするのか？』松井信彦訳、みすず書房

ベイズ的な生き方で成功確率を上げる

人生の優先順位を決め、それ以外のものを（ミニマリズムの手法で）徹底的に合理化すれば、その分だけ大事なことに多くの資源を投入できる。

このとき「成功」にとって重要なのは、「自分にはこれしかない」と結論を決めることなく、トライ・アンド・エラーを繰り返すことだ。**「ベイズ的な生き方で成功確率を上げる」**といってもいい。

就活でたまたま内定をもらった会社が、自分にとって最適な選択だったという確率は、宝くじに当たるのと同じくらい低いだろう。だとしたら、「この仕事は自分には向いてないいんじゃないか」「自分がほんとうにやりたいことは別にある」と思ったら、さっさと転職して新しい可能性に賭けるべきだ。好きでもないし得意でもない仕事のために人生の時間を無駄にするほどバカバカしいことはない。

そのうえで「好きなこと、得意なこと」が見つかったら、そこに人的資本のすべてを集中し、まずは20％の努力で80％のパフォーマンスを達成できるようにする。これだけで、10人のうち8人には勝てるようになる。

そこから「一流」への道はきびしいが、その壁を超えることができなくても、分野やジャンルをずらしたり、新しい場所を探したりすることで、いずれは自分だけのニッチを見つけることができるだろう。そうなれば、あとはできるだけ長く人的資本を活用して、生涯で得る収入と評判を最大化すればいい。——生き物の38億年の進化の歴史を考えれば、これが唯一の「成功法則」だ。

ベイズ的な生き方をするには、**つねに複数の選択肢をもっておく**必要がある。

年功序列・終身雇用の日本的な働き方では、たまたま就職した会社に40年以上、人生を拘束されてしまう。これが、「日本のサラリーマンは世界でいちばん仕事が嫌いで、会社を憎んでいる」という事態を生んでいる。

こんな悲惨なことにならないためには、いつでも会社を辞められるようにしておかなくてはならない。そのために必要なのは、自分や家族の当座の生活を支えるだけの金融資本（一般には年収3年分）と、次の仕事をすぐに見つけられる人的資本とネットワーク（会社内ではなく業界内での評判）だ。

FIRE（ファイアー）は〝Financial Independence, Retire Early（経済的に独立し、早期リタイアする）〟の略で、リーマンショック以降、アメリカのZ世代のあいだで広まり、日本にも飛び火した。しかし、「経済的独立」は自由のために重要だとしても、「アーリーリタイア」すれば人的資本を毀損し、かえって自由を失ってしまう。「人生100年時代」には、「好きな仕事をずっと続ける」ことが最適戦略になる（夫婦でこれができる「生涯共働き」なら最強だ）。FIREは、**「経済的独立を達成し、嫌な仕事はさっさと辞めよう（好きな仕事をずっと続けよう）」**という運動だと考えるべきだ。

最後に、人生には一度の選択が不均衡に大きな影響をもち、トライ・アンド・エラーが不可能なものがある。これまでは結婚がそうだったが、先進国では（日本でも）離婚や再婚が当たり前になり、「相性が合わなかったらやり直せばいい」と誰もが思うようになった。だが、子どもがいる場合は話が別だ。

現代社会において唯一、やり直せない選択は親（とりわけ母親）になることだ。[*87] しかしその一方で、出産には生物としての限界があるので、「親にならない」という選択もやり直すことができない。

将来的には、生殖テクノロジーによってこの問題は解決されるのかもしれないが、現時点では、一回かぎりの選択についての正解はない。

すべてのことに合理的な解があるわけではないし、もしそれが可能だとしても、そんな人生は面白くも楽しくもないのではないだろうか。

＊87 オルナ・ドーナト『母親になって後悔してる』鹿田昌美訳、新潮社

あとがき

日本人は合理性を憎んでいる。だからこそ、合理的に生きることが成功法則になる

じつは本書は、最初の構想では「成功」についての本の前半部分だった。後半では成功とパーソナリティの関係を論じ、これで成功法則の一般論と個別論が一冊にまとまる予定だったのだ。

それがなぜこうなったのかというと、「合理的」とはなにかをちゃんと考えると、かなり大変だとわかったからだ。

書きはじめたときは、「論理的・数学的な知能が重視される高度化した知識社会では、合理的な方が成功しやすいことは明らかなのだから、幸福の土台(金融資本、人的資本、社会資本)を合理的に設計しよう」というシンプルな話をすればいいと思っていた。

しかし、この原則がかなりの程度通用するのは金融資本だけだし、金融資本の大きさと幸福度がつねに相関するわけでもない(無限の富を獲得できれば無限に幸福になれるわけではない)。

人的資本（仕事）では、「やりがい」という心理的価値が大きな比重を占めるようになる。社会資本になると、愛情や友情に合理性（損得勘定）を持ち込むのは冒瀆だと見なされている。とはいえ、人間関係にはコストがともなうのだから、意識しているかどうかは別として、わたしたちはコスパやタイパを考えて、誰とつき合い、誰とつき合わないかを決めているはずだ。

本書で述べたように、合理性の根本には、「人生に投じることができる資源は有限」という冷酷な法則がある。人類史上、ありえないほど「とてつもなくゆたかな」社会を実現したわたしたちは、物質的・金銭的な資源制約から（ある程度）解放されたが、それに代わって、「1日は24時間」という時間資源の制約を強く意識するようになった。

それと同時に、社会的な動物として進化してきたわたしたちは、ものごころがついたときから共同体（社会）のなかに埋め込まれている。ヒトという種の最大の特徴は、自分と同じくらい賢い生き物に囲まれていることだ。それは幸福の源泉であると同時に、不安や脅威を引き起こす元凶でもあった。

こうした人間的な特徴を無視して「合理的な人生設計」を説いても、それは「機械（ロボット）のように生きなさい」という話にしかならない。しかしそれでも、合理的に考えることは、ビジネスだけでなく人生のさまざまな場面で役に立つだろう。[*88]

それに加えて日本社会では、コロナ禍の対応で露呈したように、政府から個人まで「合理性」

＊88 スティーブン・ピンカー『人はどこまで合理的か』橘明美訳、草思社

を嫌うひとがものすごく多い。

日本人は合理性を憎んでいる。だからこそ、合理的に生きることが成功法則になる。そのようなことを考えているうちに、この分量になってしまった。

書店にはさまざまな成功哲学を説く自己啓発本が並んでいるが、それぞれの本に熱烈な支持者がいる一方で、「役に立たない」「期待はずれだ」という批判も多い。その理由（のひとつ）は、個人によってパーソナリティ（性格）にちがいがあるからだ。

政治家や起業家、芸能人、スポーツ選手など、世間的に「成功者」とされるひとたちの性格を調べると、外向的なひとが圧倒的に多い。ここから「外向的な性格になりなさい」という成功法則が導き出されるが、生来、内向的なひとにとっては、このようなアドバイス（強要）は苦痛なだけだろう。

それに加えて、「成功者のなかに外向的な性格のひとが多い」ことと、「外向的な性格なら成功できる」ことは同じではない。

近年の脳科学では、外向性とは「刺激に対する感度の閾値が高い」ことで、それによって強い刺激を求めるようになると考える。それに対して内向的なひとは、「刺激に対する感度の閾値が低い」ため、強い刺激を避けるようになる。そう考えれば、「成功者」のなかに外向的なパーソナリティが多いことは当たり前で、刺激を避けるひとは政治家や芸能人になろうなどとは思わないだろう。

強い刺激を求めることは、つねに成功を約束するわけではない。ドラッグやギャンブルの依存症者には外向的なパーソナリティが多い。外向的なひとは社交的で魅力があるが、浮気しやすく、離婚と再婚を繰り返すというデータもある。その結果、最近では「内向的な方が（専門職などで）経済的に成功しやすい」といわれるようになった。*89

パーソナリティには遺伝と環境がかかわっているが、思春期までに「キャラ」が決まると、それ以降はほとんど変わらないとされる。だから本書の続編は、**「成功するためには、人生の土台を、あなたのパーソナリティに合わせて合理的に設計せよ」**という話になる。

本書はできるかぎり一般的・汎用的な「合理性」について論じたが、そこに私自身のパーソナリティが反映されていることは述べておくべきだろう。

自営業者になって以来、1年のうち3カ月ほどは海外を旅し、それ以外は「本を読む、原稿を書く、ときどきサッカーを観る」という生活を20年以上続けてきた。感染症が広まると、自宅と仕事場を毎日、徒歩で往復するだけの生活になり、それが3年ちかくになるが、この新しい日常を苦痛と感じたことはない。

＊89 ジル・チャン『「静かな人」の戦略書　騒がしすぎるこの世界で内向型が静かな力を発揮する法』神崎朗子訳、ダイヤモンド社

これはもともと私が内向的なパーソナリティで、年齢とともにそれが強まっているからだろう（若い頃は、もっと刺激的な体験を求めていたと思う）。編集者との打ち合わせやインタビューの多くはリモートになり、会食の機会もほぼなくなって、気がつくと私のライフスタイルはミニマリストに近いものになっていた。

本書で「シンプルで合理的な人生設計」を提案したが、それがこうした「コロナ体験」に影響されていることも間違いない。その意味で、私とは異なるパーソナリティのひとには「役に立たない」と思われるかもしれないが、その場合はご容赦いただきたい。――逆にいえば、私と似ている読者にはきっと役に立つはずだ。

この本を書きながら繰り返し考えたのは、「どれほど合理的に人生を設計しても、それでも不合理なことはしばしば起こる」ということだ。

それが人生だし、だからこそ面白いのだろう。

2023年2月

橘　玲

［著者］
橘 玲（たちばな・あきら）
作家。2002年、金融小説『マネーロンダリング』（幻冬舎）でデビュー。『お金持ちになれる黄金の羽根の拾い方』（幻冬舎）が30万部の大ヒット。その他著書に『国家破産はこわくない』（講談社＋α文庫）、『幸福の「資本」論 ―あなたの未来を決める「3つの資本」と「8つの人生パターン」』（ダイヤモンド社刊）、『橘玲の中国私論』の改訂文庫本『言ってはいけない中国の真実』（新潮文庫）など。ダイヤモンド・オンラインでの連載や有料メルマガ「世の中の仕組みと人生のデザイン」配信など精力的に活動の場を広げている。

シンプルで合理的な人生設計

2023年3月7日　第1刷発行
2023年5月12日　第4刷発行

著　者――橘 玲
発行所――ダイヤモンド社
〒150-8409　東京都渋谷区神宮前6-12-17
https://www.diamond.co.jp/
電話／03･5778･7329（編集）　03･5778･7240（販売）
装幀――――遠藤陽一（DESIGN WORKSHOP JIN, Inc.）
校正――――富澤由紀子（ディクション）
製作進行――ダイヤモンド・グラフィック社
印刷――――信毎書籍印刷（本文）・新藤慶昌堂（カバー）
製本――――ブックアート
編集担当――尾川賢志

ISBN 978-4-478-11747-7